广州铁路职业技术学院资助出版
职业教育校企合作双元开发活页式教材
高等职业院校技能型人才培养新形态一体化教材

铁路传输系统设备维护

主　编 ◎ 申彦春　徐振华
副主编 ◎ 林欣荣

西南交通大学出版社
·成　都·

内容简介

本书的主要内容包括：传输技术发展历程；铁路传输系统的基本知识；SDH/MSTP 的基本原理；SDH/MSTP 设备与光接口；SDH/MSTP 系统的组网与保护；传输系统的测试与维护；PTN 的基本原理；PTM 设备的组成与工作原理；PTN 的组网与保护；DWDM 的基本原理、工作方式；OTN 的基本原理；OTN 设备组成和工作原理。

本书可作为高职院校轨道交通通信专业教材，也可作为从事轨道交通企业通信设备维护岗位工作职工的培训教材，还可作为从事通信设备维护的工程技术人员和科技人员的参考用书。

图书在版编目（CIP）数据

铁路传输系统设备维护 / 申彦春，徐振华主编. —成都：西南交通大学出版社，2020.11
ISBN 978-7-5643-7889-9

Ⅰ. ①铁… Ⅱ. ①申… ②徐… Ⅲ. ①铁路通信－高等职业教育－教材②铁路运输－信息系统－高等职业教育－教材 Ⅳ. ①U285②U29-39

中国版本图书馆 CIP 数据核字（2020）第 240566 号

Tielu Chuanshu Xitong Shebei Weihu
铁路传输系统设备维护

主 编 申彦春 徐振华
责任编辑 / 穆 丰
封面设计 / 何东琳设计工作室

西南交通大学出版社出版发行
（四川省成都市金牛区二环路北一段 111 号西南交通大学创新大厦 21 楼 610031）
发行部电话：028-87600564 028-87600533
网址：http://www.xnjdcbs.com
印刷：四川玖艺呈现印刷有限公司

成品尺寸 185 mm × 260 mm
印张 12.75 字数 262 千
版次 2020 年 11 月第 1 版 印次 2020 年 11 月第 1 次

书号 ISBN 978-7-5643-7889-9
定价 48.00 元

课件咨询电话：028-81435775
图书如有印装质量问题 本社负责退换

前言

PREFACE

随着我国铁路运营里程的不断增加和大量线路的开通，铁路行业需要大量的通信专业技术人员。按照“十四五”铁路规划，新增城际铁路和市域（郊）铁路运营里程3000千米，新增城市轨道交通运营里程3000千米。因此，对铁路行业人员需求持续增加。其中，包括铁路传输设备维护人员。铁路传输设备维护人员主要负责对传输设备进行日常检修与维护，包括计划性检修和周期性检修，对损坏、老化的设备进行维修或更换。

本书根据国家《铁路通信工国家职业标准》，职业教育与成人教育司颁布的高等职业学校专业教学标准中的《铁道通信与信息化技术专业教学标准》，中国国家铁路集团有限公司制定的《高等职业学校铁道通信与信息化技术专业建设指导标准》等编写而成。为职业教育校企合作双元开发活页式教材，高等职业院校技能型人才培养“十三五”新形态一体化教材，适用于铁路传输设备维护人员理论知识学习和技能训练。书中配置了形式各样的数字资源，包括微课、动画、实训操作视频、习题等，扫描书中二维码即可获取。本书编写团队为广东省精品开放课程“铁路传输系统”建设团队。该课程已经在学银在线平台开课3期。欢迎各位老师、同学们进入在线课程，和编写团队进行在线互动学习。课程网址：

https://www. xueyinonline.com/detail/214532808。

本书分为4个项目，共11个任务，系统讲述了铁路传输系统设备维护的主要技术。

项目1介绍铁路传输系统，主要内容包括：传输系统的概念和分类；传输技术发展历程；铁路传输系统的结构、基本知识；光传输系统的结构、介质、器件和设备。

项目 2 介绍如何构建 SDH 传输网，主要内容包括：SDH/MSTP 的基本原理；SDH/MSTP 设备与光接口；SDH/MSTP 系统的组网与保护；传输系统的测试与维护。

项目 3 介绍如何构建 PTN 承载网，主要内容包括：PTN 的基本原理；PTM 设备的组成和工作原理；PTN 的组网与保护。

项目 4 介绍如何构建 OTN 光传送网，主要内容包括：DWDM 的基本原理、工作方式；OTN 的基本原理；OTN 设备组成和工作原理。

本书由广州铁路职业技术学院申彦春、徐振华担任主编。具体编写分工为：任务 1、9、10、11 由申彦春编写，任务 2、3、6、7、8 由徐振华编写，任务 4、5 由广州通信段工程师林欣荣编写。作者在编写过程中得到了中国铁路广州局集团有限公司广州通信段、中兴通讯有限公司、南京柯姆威科技有限公司的大力支持，在此表示衷心的感谢。

限于编者水平，书中难免存在疏漏及不妥之处，敬请读者批评指正。

编　者

2020 年 9 月

铁路传输系统设备维护数字资源

序号	二维码	资源类型	页码
1	二维码 1.1 传输系统和传输技术介绍 微课	微课	P001
2	二维码 1.2 SDH 技术 微课	微课	P002
3	二维码 1.3 PTN 技术 微课	微课	P003
4	二维码 1.4 WDM 技术 微课	微课	P004
5	二维码 1.5 OTN 技术 微课	微课	P005
6	二维码 1.6 铁路传输系统 微课	微课	P005
7	二维码 1.7 光传输系统 微课	微课	P007
8	二维码 1.8 铁路传输系统主要设备 微课	微课	P008
9	二维码 1.9 光纤和光缆结构 动画	视频	P010
10	二维码 1.10 无源光器件 图片	图片	P011
11	二维码 1.11 铁路传输系统 习题	文档	P011
12	二维码 2.1 SDH 帧结构和速率 微课	微课	P012
13	二维码 2.2 SDH 复用和映射 微课	微课	P013
14	二维码 2.3 管理单元指针 动画	视频	P015
15	二维码 2.4 字节间插复用 动画	视频	P015
16	二维码 2.5 SDH 基本复用映射结构 动画	视频	p016
17	二维码 2.6 SDH 开销 微课	微课	P017
18	二维码 2.7 MSTP 原理 微课	微课	P023
19	二维码 2.8 MSTP 应用 微课	微课	P027
20	二维码 2.9 SDH/MSTP 的基本原理 习题	文档	P028
21	二维码 3.1 SDH/MSTP 设备的网元类型 微课	微课	P028
22	二维码 3.2 中兴 SDH 设备介绍 微课	微课	P030
23	二维码 3.3 中兴 SDH 设备升级能力 动画	视频	P033
24	二维码 3.4 ZXMP S325 的特点 微课	微课	P034
25	二维码 3.5 ZXMP S325 的结构 微课	微课	P034
26	二维码 3.6 网元控制单元 微课	微课	P038
27	二维码 3.7 NCP/SAI/OCS4/OCS16 单板 图片	图片	P038
28	二维码 3.8 交叉时钟线路单元 微课	微课	P039
29	二维码 3.9 光线路单元 微课	微课	P041
30	二维码 3.10 OL1/4 分系统 微课	微课	P042

续表

序号	二维码	资源类型	页码
31	二维码 3.11 OL1/4 分系统各单板 图片	图片	P043
32	二维码 3.12 OL1/4 分系统功能配置和 TPS 保护 动画	视频	P045
33	二维码 3.13 光放大单元 微课	微课	P046
34	二维码 3.14 EP1 分系统 微课	微课	P046
35	二维码 3.15 EP1 分系统各单板 图片	图片	P047
36	二维码 3.16 EP1 分系统功能配置和 TPS 保护 动画	视频	P049
37	二维码 3.17 EP3 分系统 微课	微课	P049
38	二维码 3.18 EP3 分系统各单板 图片	图片	P050
39	二维码 3.19 EP3 分系统功能配置和 TPS 保护 动画	视频	P051
40	二维码 3.20 EOS 分系统 微课	微课	P051
41	二维码 3.21 EOS 分系统各单板 图片	图片	P053
42	二维码 3.22 EOS 分系统功能配置和 TPS 保护 动画	视频	P054
43	二维码 3.23 ATM 分系统 微课	微课	P054
44	二维码 3.24 RPR 分系统 微课	微课	P055
45	二维码 3.25 电源分系统 微课	微课	P057
46	二维码 3.26 ZXMP S325 开局 微课	微课	P058
47	二维码 3.27 华为 SDH 设备 OSN 系列产品 微课	微课	P060
48	二维码 3.28 OSN3500 系统 微课	微课	P063
49	二维码 3.29 OSN3500 系统所用单板 图片	图片	P065
50	二维码 3.30 SDH 功能单元 微课	微课	P065
51	二维码 3.31 PDH 功能单元 微课	微课	P067
52	二维码 3.32 以太网功能单元 微课	微课	P067
53	二维码 3.33 交叉时钟接口单元 微课	微课	P068
54	二维码 3.34 系统控制功能单元 微课	微课	P069
55	二维码 3.35 辅助接口单元与电源接口单元 微课	微课	P070
56	二维码 3.36 风扇单元与光放大单元 微课	微课	P071
57	二维码 3.37 SDH/MSTP 设备与光接口 习题	文档	P073
58	二维码 3.38 OSN3500 设备巡检 视频	视频	P073
59	二维码 3.39 SDH 系统硬件安装 实训项目	文档与视频	P073
60	二维码 3.40 OSN 系统硬件安装 实训项目	文档与视频	P074
61	二维码 4.1 SDH 拓扑结构 微课	微课	P074

续表

序号	二维码	资源类型	页码
62	二维码 4.2　传输网管的基本操作　微课	微课	P075
63	二维码 4.3　2M 业务配置　微课	微课	P077
64	二维码 4.4　以太网业务配置　微课	微课	P080
65	二维码 4.5　以太网业务验证　动画	视频	P082
66	二维码 4.6　SDH 同步技术　微课	微课	P082
67	二维码 4.7　时钟源配置　微课	微课	P090
68	二维码 4.8　公务配置　微课	微课	P091
69	二维码 4.9　保护的概念　微课	微课	P094
70	二维码 4.10　保护的原理　微课	微课	P097
71	二维码 4.11　二纤双向通道环保护原理　微课	微课	P100
72	二维码 4.12　二纤双向通道环保护配置　微课	微课	P102
73	二维码 4.13　二纤双向复用段保护原理　微课	微课	P104
74	二维码 4.14　二纤双向复用段保护环工作原理　图片	图片	P105
75	二维码 4.15　二纤双向复用段保护配置　微课	微课	P105
76	二维码 4.16　四纤双向复用段保护原理　微课	微课	P106
77	二维码 4.17　四纤双向复用段保护配置　微课	微课	P107
78	二维码 4.18　SDH/MSTP 系统的组网与保护　习题	文档	P108
79	二维码 4.19　OSN3500 网管配置　视频	视频	P108
80	二维码 4.20　SDH 时钟配置　实训	文档及视频	P109
81	二维码 4.21　SDH 2M 业务配置　实训	文档及视频	P109
82	二维码 4.22　SDH 以太网业务配置　实训	文档及视频	P109
83	二维码 4.23　SDH 通道保护配置　实训	文档及视频	P109
84	二维码 4.24　SDH 复用段保护配置　实训	文档及视频	P110
85	二维码 4.25　OSN 时钟配置　实训	文档及视频	P110
86	二维码 4.26　OSN 2M 业务配置　实训	文档及视频	P110
87	二维码 4.27 OSN 以太网业务配置　实训	文档及视频	P110
88	二维码 4.28 OSN 通道保护配置　实训	文档及视频	P110
89	二维码 4.29　OSN 复用段保护配置　实训	文档及视频	P111
90	二维码 5.1　设备维护作业　微课	微课	P112
91	二维码 5.2　常用工具、材料、仪表　微课	微课	P115
92	二维码 5.3　单板维护　微课	微课	P115

续表

序号	二维码	资源类型	页码
93	二维码 5.4　设备电源维护　微课	微课	P116
94	二维码 5.5　网管维护作业　微课	微课	P116
95	二维码 5.6　网管维护作业图示　图片	图片	P120
96	二维码 5.7　光功率测试　微课	微课	P120
97	二维码 5.8　误码测试　微课	微课	P121
98	二维码 5.9　OTDR 测试　微课	微课	P122
99	二维码 5.10　常见告警的分析　微课	微课	P122
100	二维码 5.11　传输设备常见故障处理　微课	微课	P123
101	二维码 5.12　传输系统的测试与维护　习题	文档	P126
102	二维码 5.13　传输机房维护　视频	视频	P126
103	二维码 5.14　传输机房上下电操作　视频	视频	P126
104	二维码 5.15　传输网检修作业　视频	视频	P126
105	二维码 5.16　传输网业务主备倒换作业　视频	视频	P126
106	二维码 5.17　通信电源检修作业　视频	视频	P126
107	二维码 5.18　配电柜检修　视频	视频	P126
108	二维码 5.19　蓄电池检修　视频	视频	P126
109	二维码 5.20　光功率计测试　实训	文档及视频	P127
110	二维码 5.21　误码仪测试　实训	文档及视频	P127
111	二维码 5.22　光纤熔接机测试　实训	文档及视频	P127
112	二维码 5.23　线路故障处理　实训	文档及视频	P127
113	二维码 5.24　设备故障处理　实训	文档及视频	P127
114	二维码 5.25　数据故障处理　实训	文档及视频	P128
115	二维码 5.26　设备供电维护　实训	文档及视频	P128
116	二维码 6.1　PWE3 技术　微课	微课	P129
117	二维码 6.2　PWE3 业务承载　动画	视频	P131
118	二维码 6.3　分组传送技术　微课	微课	P132
119	二维码 6.4　MPLS 网络模型　动画	视频	P133
120	二维码 6.5　LSP 的形成　动画	视频	P134
121	二维码 6.6　报文转发过程　动画	视频	P137
122	二维码 6.7　PTN 的基本原理　习题	文档	P139
123	二维码 7.1　中兴 PTN 设备　微课	微课	P139

续表

序号	二维码	资源类型	页码
124	二维码 7.2　ZXCTN6200、6300　微课	微课	P140
125	二维码 7.3　RSCCU2　微课	微课	P143
126	二维码 7.4　ZXCTN 6200 业务板　微课	微课	P145
127	二维码 7.5　PTN 设备组成和工作原理　习题	文档	P150
128	二维码 7.6　PTN 系统硬件安装　实训	文档及视频	P150
129	二维码 8.1　6200 设备初始化　文档	文档	P150
130	二维码 8.2　创建网元　微课	微课	P152
131	二维码 8.3　基础数据配置　微课	微课	P153
132	二维码 8.4　以太网业务类型　微课	微课	P154
133	二维码 8.5　配置 EPL 业务　微课	微课	P156
134	二维码 8.6　配置 EPTREE 业务　微课	微课	P157
135	二维码 8.7　配置 EPLAN 业务　微课	微课	P158
136	二维码 8.8　同步技术　微课	微课	P159
137	二维码 8.9　时钟源配置　微课	微课	P163
138	二维码 8.10　PTN 保护　微课	微课	P164
139	二维码 8.11　PTN 的组网与保护　习题	文档	P169
140	二维码 8.12　IP 承载网组网及实践　实训	文档及视频	P169
141	二维码 8.13　PWE3 业务配置　实训	文档及视频	P170
142	二维码 8.14　VPLS 业务配置　实训	文档及视频	P170
143	二维码 8.15　PTN 链型网保护配置　实训	文档及视频	P170
144	二维码 8.16　PTN 环型网保护配置　实训	文档及视频	P170
145	二维码 8.17　PTN 综合业务组网配置　实训	文档及视频	P170
146	二维码 9.1　DWDM 的基本概念　微课	微课	P171
147	二维码 9.2　DWDM 的基本原理　习题	文档	P176
148	二维码 10.1　OTN 帧结构和速率　微课	微课	P177
149	二维码 10.2　OTN 复用和映射　微课	微课	P180
150	二维码 10.3　OTN 的开销　微课	微课	P183
151	二维码 10.4　OTN 的网络结构和网元类型　微课	微课	P185
152	二维码 10.5　OTN 的基本原理　习题	文档	P185
153	二维码 11.1　OTN 产品介绍　微课	微课	P186
154	二维码 11.2　OTN 产品　习题	文档	P188

续表

序号	二维码	资源类型	页码
155	二维码 11.3　OTN 点对点业务配置 实训视频	视频	P188
156	二维码 11.4　OTN 穿通业务配置 实训视频	视频	P188
157	二维码 11.5　OTN 网元（OTM）硬件安装 实训	文档及视频	P188
158	二维码 11.6　OTN 网元（OADM）硬件安装 实训	文档及视频	P189
159	二维码 11.7　OTN 系统光纤连线 实训	文档及视频	P189
160	二维码 11.8　OTN 设备 WDM 业务配置 实训	文档及视频	P189
161	二维码 11.9　OTN 设备 PWE3 分组业务配置 实训	文档及视频	P189
162	二维码 11.10　OTN 设备 VPLS 分组业务配置 实训	文档及视频	P190
163	二维码 11.11　OTN 设备 SDH 业务配置　实训	文档及视频	P190
164	二维码 11.12　OTN 网络保护配置　实训	文档及视频	P190
165	二维码 11.13　OTN 综合业务组网　实训	文档及视频	P190

目 录

CONTENT

项目 1　铁路传输系统认知

任务 1　认识铁路传输系统

1.1　传输系统分类

二维码 1.1
传输系统和传输技术介绍 微课

传输系统按其传输媒质可分为有线传输系统和无线传输系统两类，如图 1.1 所示。

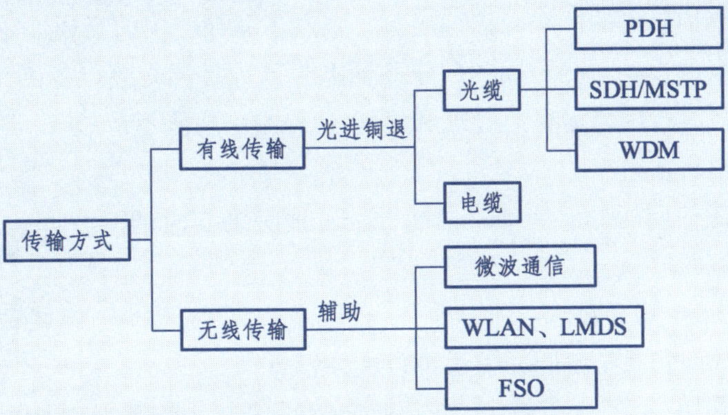

图 1.1　传输方式分类

1.2　传输技术发展历程

1.2.1　PDH 技术

20 世纪 70 年代开始，国际电信联盟通信标准化组织（ITU-T）的前身国际电报电话咨询委员会（CCITT）提出由先后 3 批 PDH 建议形成的完整的 PDH 体系。PDH 即准同步数字系列，进入 20 世纪 80 年代后，大量的数字传输系统都采用了 PDH，铜导线主宰了整个通信网。然而，随着光通信技术的发展以及数字交换的引入，人们对通信的距离、容量、智能性等方面的需求越来越大，采用 PDH 的传输方式便暴露了很多弊端。

（1）世界上有 3 种 PDH 系列，国际互通困难，如图 1.2 所示。

（2）上/下支路困难，无法从高速信号中识别和直接提取低速支路信号。

这种情况导致上/下支路必须采用背靠背设备，逐级分接出要下的支路，将不下的支路再逐级复接上去，造成设备的极大浪费。

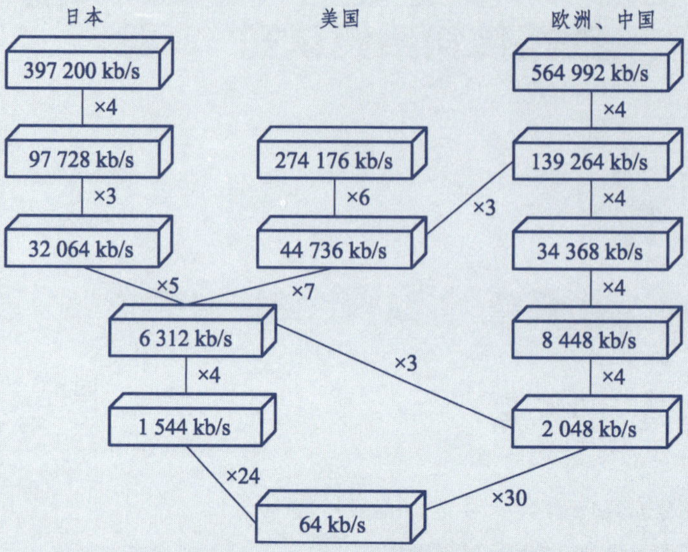

图 1.2　三种 PDH 系列速率

（3）没有世界性的标准光接口规范，限制了联网应用的互通性。

不同厂家的设备，甚至同一厂家不同型号的设备的光接口各不相同，不能互联，横向不兼容，网络运行、管理和维护（OAM）功能不足。

（4）开销比特很少。

不利于传输网的分层管理、性能监控、业务的实时调度、传输带宽的控制、告警的分析定位。

（5）没有统一的网管接口。

各厂家的网管系统不同，无法进行统一网管。

二维码 1.2
SDH 技术 微课

1.2.2　SDH 技术

在原有的技术体制中花大力气对 PDH 网进行修补是得不偿失的，只有从根本的改革才是出路，于是就出现了光传输网技术。美国贝尔公司首先提出了同步光网络（SONET），美国国家标准学会（ANSI）于 20 世纪 80 年代制定了有关 SONET 的国家标准。当时 ITU（国际电信联盟）采纳了 SONET 的概念，进行了一些修改和扩充，重命名为同步数字体系（SDH），并制定了一系列国际标准。它主要有以下特点：

（1）SDH 是世界性的统一标准。

SDH 由 ITU-T 制定，不仅适用于光纤，也适用于微波和卫星传输。其具有统一的接口规程特性，包括速率等级、信号结构、复用和映射等，因此有很好的横向兼容性，能与现有的 PDH 完全兼容。

（2）能从高速 SDH 信号中直接插/分出低速支路信号。

同步复用方式和灵活映射，使低速支路信号在 STM-N 帧中的位可预见。由于大大简化了 DXC（数字交叉连接设备），减少了背靠背的接口复用设备，SDH 改善了网络的业务传送透明性。

（3）强大的 OAM 功能，使网络的监控功能大大加强。

SDH 帧结构中安排了信号的 5%开销比特，它的网管功能显得特别强大，并能统一形成网络管理系统，对网络的自动化、智能化、提高信道的利用率以及降低网络的维管费起到了积极作用。

（4）组网灵活。

由于 SDH 具有多种网络拓扑结构，它所组成的网络非常灵活，能增强网监、运行管理和自动配置功能，优化了网络性能，同时也使网络运行灵活、安全、可靠，使网络的功能非常齐全和多样化。

1.2.3 MSTP 技术

随着各种数据业务的需求持续增大，以及 TDM、ATM、以太网等多业务混合传送需求的增多，城域网原本的语音业务的定位无论在容量还是接口都不再能达到传输汇聚的要求。为满足需要，思科公司提出多业务传送平台（MSTP）的概念。

MSTP 充分利用了 SDH 技术的优点——给传送的信息提供保护恢复的能力以及较小的延时性能，同时对网络业务支撑层加以改造，利用 2.5 层交换技术实现了对二层技术（如 ATM、帧中继）和三层技术（如 IP 路由）的数据智能支持，所以它也被称为基于 SDH 技术的多业务传送平台。MSTP 最适合工作于网络的边缘，如城域网和接入网，用于处理以 TDM 业务为主的混合业务。

1.2.4 PTN 技术

随着目前 TDM 业务比例逐渐减少以及“全 IP 环境”逐渐成熟，传输网在保证传统业务正常运行的前提下，应满足 IP 化对传送网分组化的要求。这需要分组技术和传输技术的相互融合，于是就产生了分组传送网（PTN）。

PTN 是一种以分组作为传送单位，以承载电信级以太网业务为主，兼容 TDM、ATM 和 FC 等业务的综合传送技术。PTN 技术基于分组的架构，继承了 MSTP 的理念，融合了以太网和 MPLS（多协议标签交换）的优点，成为下一代分组承载的技术选择。

PTN 网络具有以下技术特点：

（1）多业务统一承载。

采用 PWE3 仿真技术兼容 TDM、ATM、FR 等业务，支持隧道技术，全面满足全业务发展需要，降低网络 TCO（总体拥有成本）。

二维码 1.3
PTN 技术 微课

（2）智能感知业务，提供端到端的区分服务。

业务感知有助于根据不同的业务优先级采用合适的调度方式，具体做法如下：

对于 ATM 业务，业务感知基于信元 VPI / VCI 标识映射到不同伪线处理，优先级（含丢弃优先级）可以映射到伪线的 EXP 字段。

对于以太网业务，业务感知可基于外层 VLAN ID 或 IP DSCP。

对时延敏感性较高的 TDM E1 实时业务按固定速率的快速转发处理。

（3）高精度时钟同步技术支撑传送网络分组化。

采用 IEEE 1588v2 + G.8261 方案，有效提高时间同步精度；支持 SSM、BMC 协议，实现时间链路的自动保护倒换，保证时间的可靠传送需求；同时支持带内（Ethernet）和带外（1PPS+TOD）同步接口，部署灵活；100%负载流量情况下精度稳定，满足业务大规模组网下基站同步需求。

（4）精细化业务监控。

具有电信级的 OAM 能力，支持多层次的 OAM 及其嵌套，为业务提供故障管理和性能管理。PTN 的 OAM 功能，基于硬件机制分层监控，实现快速故障检测和定位、性能监测、端到端业务管理，支持连续和按需的 OAM，保证分组传送网络中业务的电信级服务质量。基于物理端口、逻辑链路、隧道、伪线等各种粒度的层次化的 OAM，使网络运维更透明、操作管理更简便。

（5）全程电信级保护机制。

PTN 具有业内最全面的电信级保护机制，具备完善的设备级保护、网络级保护以及网络边缘级保护功能，确保 50 ms 快速倒换，采用多重保护，可靠性达到电信级 99.999%。

（6）统一的网络管理。

采用中兴统一网管平台 NetNumen U31，实现 PTN、SDH/MSTP、WDM、OTN（光传送网）统一管理；提供端到端的路径创建和管理功能，提供强大的 QOS、OAM 管理功能，提供实时告警和性能监控功能；符合传统传送网要求的网元管理和友好界面，易于操作和维护，使分组网络首次具备了可管理、易维护的属性。

1.2.5　ASON 技术

自动交换光网络 ASON 在 SDH 原有的传送平面和管理平面基础上，引入控制平面，使传输、交换以及数据网络相互结合在一起；在 SDH 网络原有的多种大容量交换机的路由器的支持下，完成合理化配置与网络连接管理，实现对网络资源的实时动态控制与按需分配。

1.2.6　WDM 技术

二维码 1.4
WDM 技术 微课

波分复用（WDM）技术是指在一根光纤中同时传输多个波长的光载波信号——在给定的信息传输容量下，可以显著减少所需要光纤的总量。WDM 技术的主要特点有：

（1）节约光纤资源。

WDM 技术能在一根物理光纤上提供多个虚拟的光纤通道。

（2）升级扩容方便。

只要增加复用光通路数量与相关设备，就可以增加系统的传输容量。

（3）实现超长距离传输。

EDFA（掺铒光纤放大器）可对 WDM 系统的各复用光通路的信号同时进行放大，以实现系统的超长距离传输。

1.2.7 OTN 技术

OTN 是作为传送网技术提出的，它继承了 SDH 传送网的许多方法，因此在网络体系、帧结构、功能模型、物理层接口、开销安排、性能监测、分层结构、速率等级、映射复用方法、网络保护、同步和管理等方面，都与 SDH 十分相似。与 SDH 技术和 WDM 技术相比，OTN 具有以下三大亮点：

二维码 1.5
OTN 技术 微课

（1）超大容量的光传送系统。

OTN 提升了交叉连接的容量，可进行每秒太字节的大容量调度。SDH 应用以来，以 VC-12 作低阶交叉支持 E1 语音信号，而以 VC-3/VC-4 作高阶交叉实现对业务的管理，而 OTN 单路数字信号速率已达 40 Gb/s，若将 4 个 SDH 的 10 Gb/s 支路信号复用成 1 路 40 Gb/s 线路信号，即使用 VC-4 来实现交叉连接，也需要对 256 个 VC-4 进行处理，这么小“颗粒”的复用方案不仅硬件复杂，对调度、管理和操作也是很大的负担。换成 OTN 就简单得多，按它的速率等级，4 个 10 Gb/s 信号可以很方便地复接成 40 Gb/s 传输。

（2）全业务传送。

OTN 可以满足运营商的多种需求，用尽量少的基础设施来提供尽量多的业务类型，把宽带接入、大企业数据、视频信号、下一代网络（NGN）、第三代/第四代/第五代移动通信技术等兼有网络和通信特点的业务统一到同一个传送平台上。它能透明传送各种客户数据，如 N × 64K、2 M、STM-N、10 M/FE/GE 以太网、ATM、MPLS，甚至 OTN 信号自身（ODUk）以及自定义速率数据流，具备强大的 IP、ATM、TDM 综合传送能力。OTN 是目前唯一能在 IP 以太网交换机和路由器间全速传送 10 G 以太网业务的传送平台。另外，OTN 还有跟 SDH 类似的虚级联功能，支持链路容量自动调整（LCAS）。

（3）智能化。

相对 SDH，OTN 增加了控制平面，使超大带宽的光信号能够自动交换、自动选路，对光、电通信路径统一进行标记，从而能够对多种传送“颗粒”进行控制，达到传送网智能化的目标。

1.3 铁路传输系统

作为铁路通信系统的大动脉，我国铁路传输网承载着所有系统的信息传输，如 GSM-R（专用移动通信）、调度通信与数据、会议电视、视频监控等业务。随着近几年铁

二维码 1.6
铁路传输系统 微课

路信息化、客运专线建设的加快，其承载的语音、数据、图像、视频等信息更加丰富，可靠性要求也会更高。我国铁路传输网的网络结构总体上可分为三层，从高到低依次为骨干层，汇聚层和接入层，如图 1.3 所示。

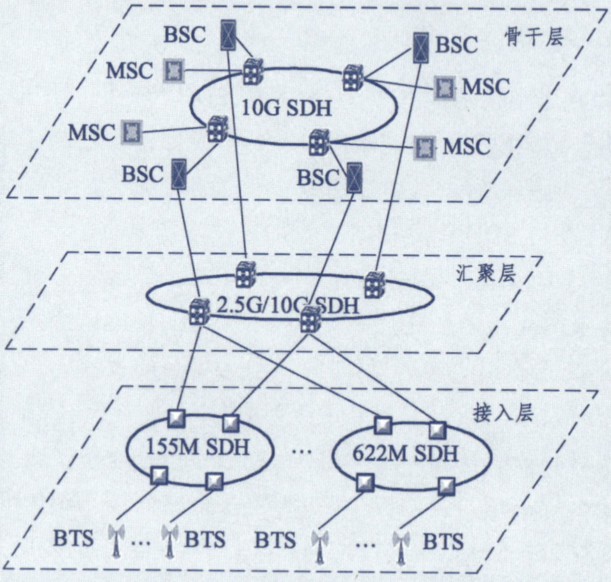

图 1.3 传输网三层结构示意图

骨干层连接中国国家铁路集团有限公司和 18 个铁路局集团公司，为路局至总公司、路局与路局之间的直达业务互通提供传输通道，同时为汇聚层大颗粒业务提供迂回保护通道。汇聚层以各路局为单位，构建路局内的骨干光传送网络（如波分系统及 SDH 系统），实现局内各站段间大颗粒业务传送、各站段至路局调度所的业务传送，同时为沿线 SDH 接入层提供保护。接入层为铁路沿线每个区间节点及较大的接入业务站点提供接入服务。

现有全路骨干层传输系统主要划分为五大环：京沪穗核心环，以及东南环、西南环、西北环及东北环共 4 个片区环。铁路通信回归国家铁路局后，东北环一（16 波系统）、京沪穗环一（北电设备）、西南环、西北环、东南环网络的管理划转铁路。现有全路骨干光传输系统概况如表 1.1 所示。

表 1.1 铁路传输网骨干层五大环概况

序号	波分系统名称	波道数量	设备厂家	开通年份
1	京沪穗环一	40×10 G 系统	北电公司	2001
2	东南环	40×10 G 系统	北电公司	2002
3	西南环	32×2.5 G 系统	华为公司	2002
4	西北环一/二	40×2.5 G/40×2.5 G 系统	中兴公司/马可尼	2006/2001
5	东北环一	16×2.5 G 系统	中兴公司	2003

广铁集团汇聚层传输系统由核心环、湘南环、湘北环、粤东环、粤西环、海南环以及茂名-湛江-海口链组成，网络拓扑结构如图 1.4 所示。

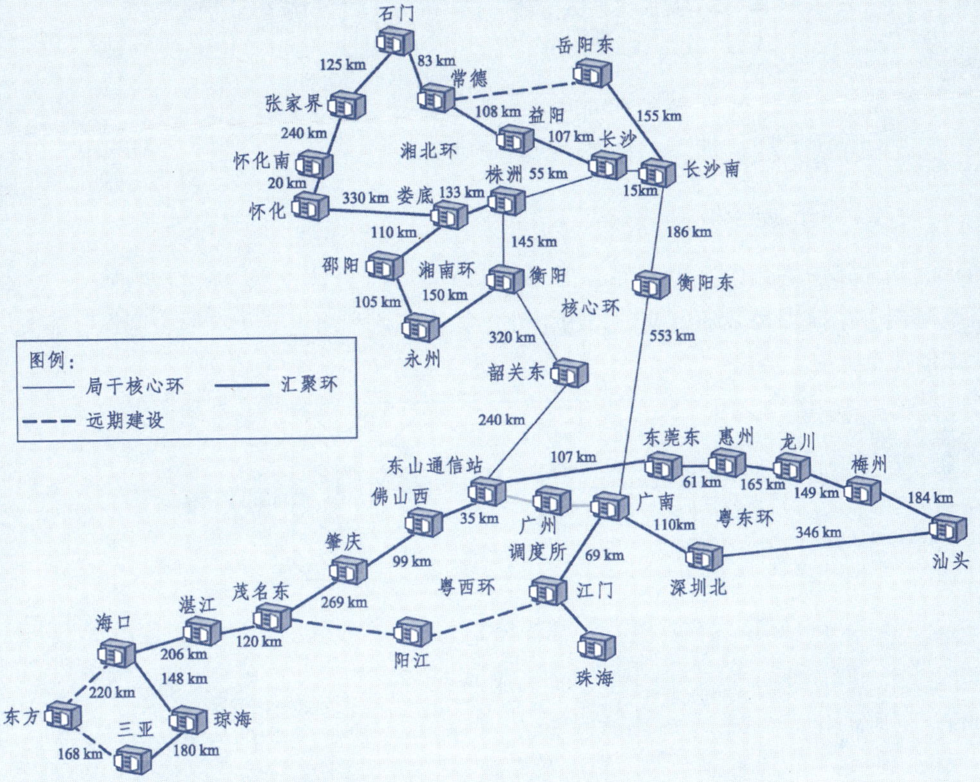

图 1.4　传输系统的结构——汇聚层和接入层（广铁集团）

铁路传输网骨干层和汇聚层传输系统目前主要采用 DWDM+SDH/MSTP 制式，接入层传输系统目前主要采用 SDH/MSTP 制式，传输网目前主要采用环形网和链形网的拓扑结构。

现代铁路传输系统主要指有线传输系统，采用的传输媒介包括架空明线、电缆、光缆，远距离传输采用光缆，所以它也是光传输系统。

1.4　光传输系统

光传输系统由数据源、光发送端、光学信道和光接收机组成，如图 1.5 所示。其中，数据源包括所有的信号源，它们是话音、图像、数据等业务经过信源编码所得到的信号；光发射机和调制器则负责将信号转变成适合在光纤上传输的光信号；光学信道包括最基本的光纤，还有中继放大器 EDFA 等；而光学接收机则接收光信号，并从中提取信息，然后转变成电信号，最后得到对应的话音、图像、数据等信息。

二维码 1.7
光传输系统 微课

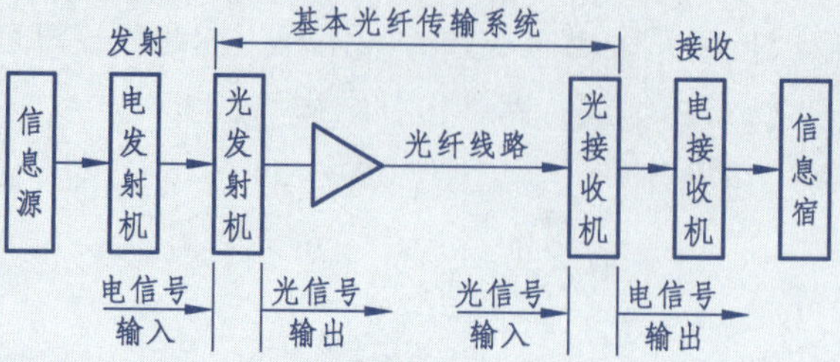

图 1.5　光纤通信系统结构图

1.4.1　光源器件

光传输中常用的光源器件有半导体激光器和半导体发光二极管两种。半导体激光器工作原理是激励方式，利用半导体物质（即利用电子）在能带间跃迁发光，如图 1.6 所示。

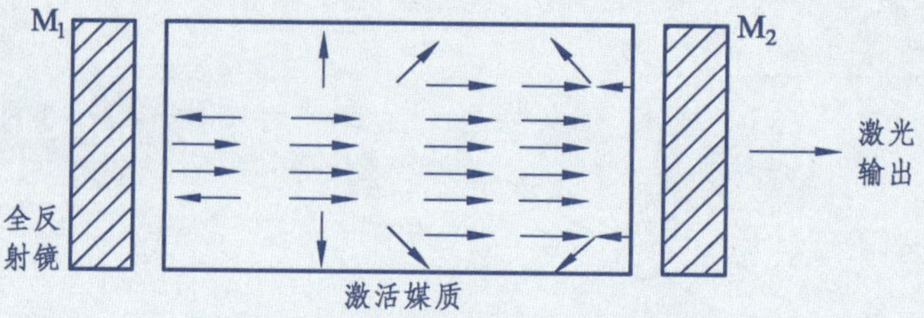

图 1.6　激光器工作原理示意图

激光器用半导体晶体的解理面形成两个平行反射镜面作为反射镜，组成谐振腔，使光振荡、反馈，产生光的辐射并放大，输出激光。

二维码 1.8
铁路传输系统主要设备　微课

1.4.2　光纤和光缆

光纤是光导纤维的简写，是一种由玻璃或塑料制成的纤维，可作为光传导工具。光导纤维由两层折射率不同的玻璃组成，如图 1.7 所示。内层为光内芯，直径在几微米至几十微米，外层的直径为 0.1 ~ 0.2 mm，一般内芯玻璃的折射率比外层玻璃大 1%。根据光的折射和全反射原理，当光线射到内芯和外层界面的角度大于产生全反射的临界角时，光线透不过界面，全部反射，如图 1.8 所示。

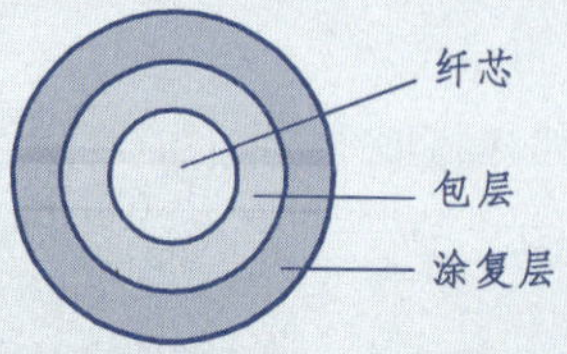

图 1.7　光纤截面图

图 1.8　光纤全反射原理图

损耗（dB/km）：光波在光纤中传输，随着传输距离的增加，光功率强度逐渐减弱，光纤对光波产生衰减作用，称为光纤的损耗。光纤的损耗限制了光信号的传播距离。

光纤的损耗主要有三种。吸收损耗：制造光纤的材料本身造成的损耗，包括紫外吸收、红外吸收和杂质吸收。散射损耗：由于材料的不均匀使光信号向四面八方散射而引起的损耗称为瑞利散射损耗。弯曲损耗（辐射损耗）：由光纤的弯曲引起。决定光纤衰减常数的损耗主要是吸收损耗和散射损耗，弯曲损耗对光纤衰减常数的影响不大。

光纤的色散主要有材料色散、波导色散、偏振模色散和模间色散 4 种。其中，模间色散是多模光纤所特有的，是指多模传输时，光纤各模式在同一波长下，因传输常数的切线分量不同、群速不同所引起的色散。

材料色散是指光纤材料的折射率随频率（波长）而变，而使信号的各频率（波长）群速度不同引起的色散。波导色散是指由于光纤传输的是有一定宽度的频带，而不同频率下传输常数的切线分量不同、群速不同所引起的色散。偏振模色散是指由于实际的光纤中基模含有两个相互垂直的偏振模，沿光纤传播过程中，由于光纤难免会受到外部的作用，如温度和压力等因素变化或扰动，使得两模式发生耦合，并且它们的传播速度也不尽相同，从而导致光脉冲展宽，引起信号失真。

色散限制了光纤的带宽-距离乘积值。色散越大，光纤中的带宽-距离乘积越小，在传输距离一定（距离由光纤衰减确定）时，带宽就越小，带宽的大小决定了传输信息容量的大小。

根据不同光纤分类标准所要求的分类方法，同一根光纤将会有不同的名称。按照光纤的材料，可以将光纤的种类分为石英光纤和全塑光纤；按照光纤剖面折射率分布的不同，可以将光纤的种类分为阶跃型光纤和渐变型光纤；按照光纤传输的模式数量，可以将光纤的种类分为多模光纤和单模光纤。

光纤主要特点：

（1）传输频带宽，通信容量大。

采用波分复用（WDM）或光频分复用（OFDM）是增加光纤通信系统传输容量最有效的方法。

（2）损耗很小，中继距离长。

用作光纤的二氧化硅玻璃介质的纯净度高，光纤的损耗低。因此，其中继距离可以很长，这样可在通信线路中减少中继站的数量，以降低成本并提高通信质量。

（3）抗电磁干扰能力强。

光纤是由纯度较高的电绝缘玻璃材料（二氧化硅）制成的，是不导电和无电感的，在有强烈电磁干扰的地区和场合中使用，光纤也不会产生感应电压、电流，光纤通信线路不受各种电磁场的干扰和闪电雷击的损坏。

（4）不产生串话，保密性强。

光在光纤中传播时，几乎不向外辐射。光泄漏非常微弱，即使在弯曲地段也无法被窃听。因此在同一光缆中，数根光纤之间不会相互干扰，即不会产生串话，所以光纤通信和其他通信方式相比有更好的保密性。

（5）线径细、重量轻。

光纤的直径很小，只有 125 μm 左右，因此制成光缆后，直径要比相同容量的电缆小得多，而且重量也轻。

（6）资源丰富，节约有色金属和原材料。

电缆是由铜、铝、铅等金属材料制成的，而光纤的原材料是石英，在地球上资源丰富，而且用很少的原材料就可以拉制很长的光纤。

（7）容易均衡。

在电通信中，信号的各频率成分的幅度变化是不相等的。频率越低，幅度的变化越小；频率越高，其幅度变化则越大。这对信号的接收极为不利，为使各频率成分都受到相同幅度的放大处理，就必须采用幅度均衡。对光纤通信系统则不同，在光纤通信的运用频带内，光纤对每一频率的损耗是相等的，一般情况下，不需要在中继站和接收端采取幅度均衡措施。

（8）抗化学腐蚀、使用寿命长。

石英材料具有一定的抗化学腐蚀能力，比由铜或铝组成的电缆抗腐蚀和氧化能力强，绝缘性能好，适用于强电系统，使用寿命长，一般认为光缆的寿命为 20—30 年。

（9）光纤接头不放电、不产生电火花。

进水和受潮对金属导线意味着接地和短路。光纤由玻璃制成，不产生放电，也不存在发生火花的危险，所以安全性好。它适用于矿井下、军火仓库、石油化工等易燃易爆的环境中，是比较理想的防爆型传输线路。

光纤通信存在一些缺点，如：需要光/电和电/光变换部分；光直接放大难；电力传输困难；光纤质地脆、机械强度低，弯曲半径不宜太小；对切断、连接技术要求比较高；分路、耦合比较麻烦等。

光缆是利用置于包覆护套中的一根或多根光纤作为传输媒质并可以单独或成组使用的通信线缆组件，如图 1.9 所示。光缆一般由缆芯、加强钢丝、填充物和护套等几部分组成，另外根据需要还有防水层、缓冲层、绝缘金属导线等构件，如图 1.10 所示。

二维码 1.9
光纤和光缆结构 动画

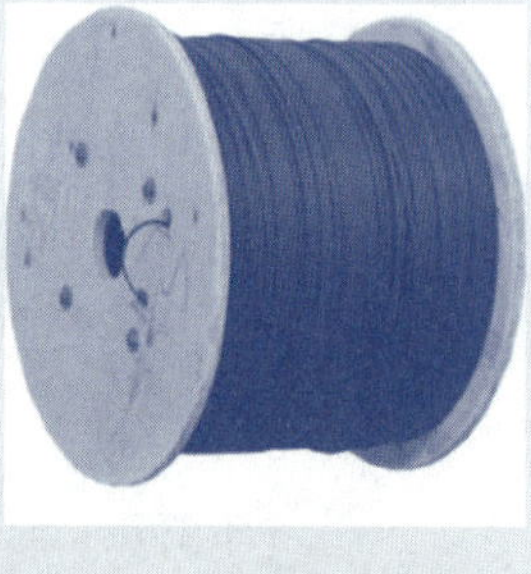

图 1.9　光缆外形图

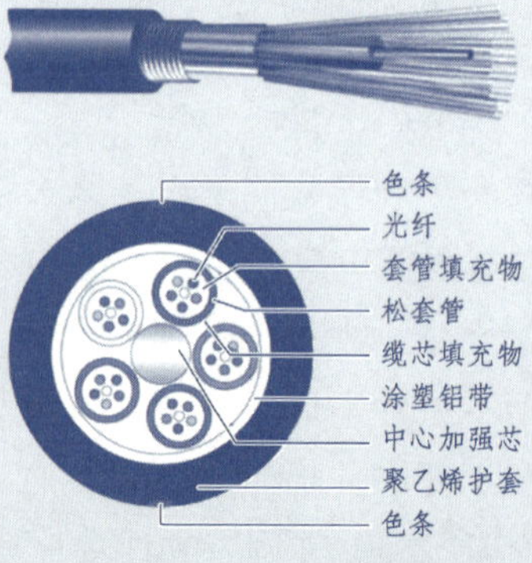

图 1.10　光缆结构图

1.4.3 无源光器件

无源光器件是除光源器件、光检波器件之外不需要电源的光通路部件。无源光器件可分为连接用的部件和功能性部件两大类。连接用的部件有各种光连接器，用作光纤和光纤、部件（设备）和光纤、或部件（设备）和部件（设备）的连接。

二维码 1.10
无源光器件 图片

FC 型光纤连接器：一般在 ODF 侧采用（配线架上用得最多）；SC 型光纤连接器：连接 GBIC 光模块或普通光纤收发器的连接器，路由器交换机上用得最多；LC 型光纤连接器：连接 SFP 模块的连接器，路由器常用；ST 型光纤连接器：常用于光纤配线架；MT-RJ 型光纤连接器：连接光收发信机，主要用于数据传输。

功能性部件有分路器、耦合器、光合波分波器、光衰减器、光开关和光隔离器等，用于光的分路、耦合、复用、衰减等方面。

1.4.4 光传输设备

光传输设备就是把各种各样的信号转换成光信号在光纤上传输的设备。常用的光传输设备有：光端机，光 MODEM，光纤收发器，光交换机，PDH，SDH、PTN 等类型的设备。一般而言，光传输设备都有传输距离较远、信号不容易丢失、波形不容易失真等特点，可用于各种场所，所以越来越多场所都使用光传输设备代替传统设备。如图 1.11 所示，传输网的拓扑结构为环形，环中节点为光传输设备，由网管中心管理。

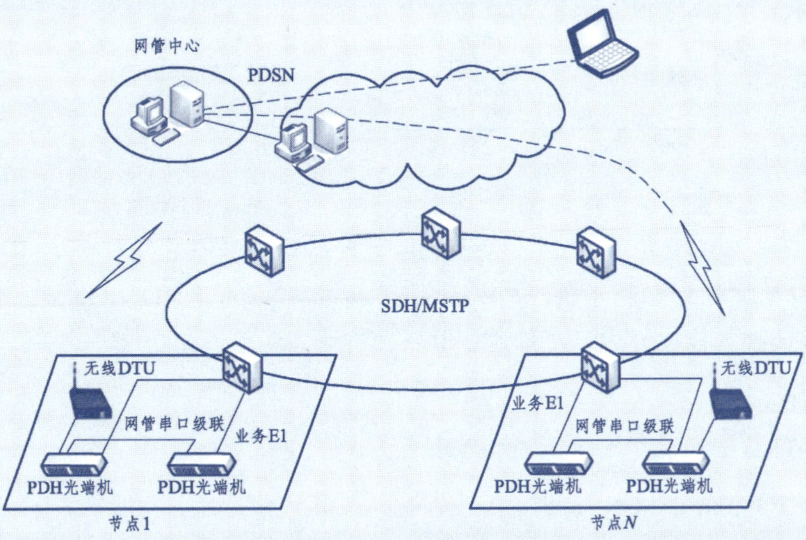

图 1.11 传输网结构示意图

同步练习

二维码 1.11
铁路传输系统 习题

项目 2　构建 SDH 传输网

任务 2　理解 SDH/MSTP 的基本原理

2.1　SDH 的帧结构和速率

2.1.1　帧结构

二维码 2.1
SDH 帧结构和速率 微课

SDH 帧结构是实现数字同步时分复用、保证网络可靠有效运行的关键。一个 STM-N 帧有 9 行，每行由 270 × *N* 个字节组成，如图 2.1 所示。

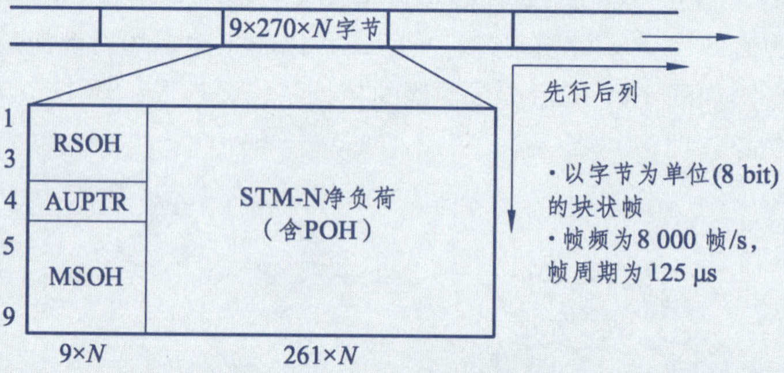

图 2.1　SDH 帧结构示意图

这样每帧共有 9 × 270 × *N* 个字节，每字节为 8 b，帧周期为 125 μs，即每秒传输 8 000 帧。对于 STM-1 而言，传输速率为 9 × 270 × 8 × 8 000 = 155.520 Mb/s。

SDH 帧大体可分为三个部分：信息净负荷和通道开销、段开销、管理单元指针。

1. 信息净负荷和通道开销（POH）

此部分是在 STM-N 帧结构中存放将由 STM-N 传送的各种用户信息码块的地方，信息净负荷区相当于 STM-N 这辆运货车的车厢，车厢内装载的货物就是待运输的货物——经过打包的低速信号。为了实时监测货物（打包的低速信号）在传输过程中是否有损坏，在将低速信号打包的过程中加入了监控开销字节——通道开销（POH）字节。POH 作为净负荷的一部分与信息码块一起装载在 STM-N 这辆货车上并在 SDH 网中传送，它负责对打包的货物（低阶通道）进行通道性能监视、管理和控制。

2. 段开销（SOH）

该部分是为了保证信息净负荷正常传送所必须附加的网络运行、管理和维护（OAM）字节。段开销可对 STM-N 这辆运货车中的所有货物在运输中是否有损坏进行监控。段开销又分为再生段开销（RSOH）和复用段开销（MSOH），可分别对相应的段层进行监控。RSOH 和 MSOH 的区别在于监管的范围不同。RSOH 监控的是 STM-N 整体的传输性能，而 MSOH 则是监控 STM-N 信号中每一个 STM-1 的性能情况。

3. 管理单元指针 AU-PTR

AU-PTR 位于 STM-N 帧中第 4 行的 $9\times N$ 列，共 $9\times N$ 个字节，是用来指示信息净负荷的第一个字节在 STM-N 帧内的准确位置的指示符。

2.1.2 速　率

SDH 采用的信息结构等级称为同步传送模块 STM-N（$N=1$，4，16，64）。最基本的模块为 STM-1，4 个 STM-1 同步复用构成 STM-4，16 个 STM-1 或 4 个 STM-4 同步复用构成 STM-16，4 个 STM-16 同步复用构成 STM-64，甚至 4 个 STM-64 同步复用构成 STM-256。SDH 的帧传输时按由左到右、由上到下的顺序排成串型码流依次传输，每帧传输时间为 125 μs，每秒传输 $1/125\times 1\,000\,000$ 帧，对 STM-1 而言每帧比特数为 8 bit ×（$9\times 270\times 1$）= 19 440 bit，则 STM-1 的传输速率为 $19\,440\times 8\,000=155.520$ Mb/s。其他传输单元与速率的对应关系如表 2.1 所示。

表 2.1　SDH 速率等级

传输模块	比特率/（kb/s）	简称
STM-1	155 520	155 M
STM-4	622 080	622 M
STM-16	2 488 320	2.5 G
STM-64	9 953 280	10 G
STM-256	39 813 120	40 G

2.2 SDH 的复用和映射原理

2.2.1 SDH 的新概念

1. 虚容器

虚容器（Virtual Container，VC）是由 ITU-T 定义

二维码 2.2

SDH 复用和映射 微课

的一些标准格式，原始信息被装载进这些虚容器，也就是变成这些标准格式，这个过程被称为“映射”，再添加指针、段开销、通道开销 POH 等字节，最后形成大容量的同步信号（如 TM-1 等）在 SDH 线路中传输。虚容器结构如图 2.2 所示。

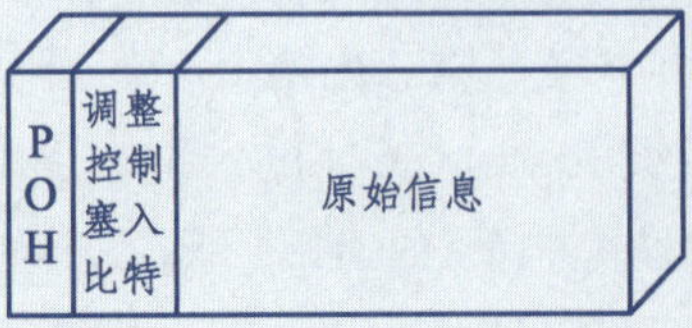

图 2.2　虚容器结构示意图

虚容器分为高阶虚容器和低阶虚容器，不同的 PDH 原始信息对应不同的 VC，其对应关系如表 2.2 所示。

表 2.2　虚容器与速率对照表

	虚容器名称	PDH 信息速率
低阶虚容器	VC-11	1.5 Mb/s
	VC-12	2 Mb/s
	VC-2	6.3 Mb/s
高阶虚容器（可由多个 TU 或 TUG 组成）	VC-3	34 Mb/s 或 45 Mb/s
	VC-4	140 Mb/s

2. 再生段、复用段、通道

再生段：两个 NE（网元）之间的物理连接。复用段：相邻 LT 间对业务的逻辑功能。通道：两个 PDH 接口之间（端到端）的逻辑连接。它们在通信链路上的关系如图 2.3 所示。

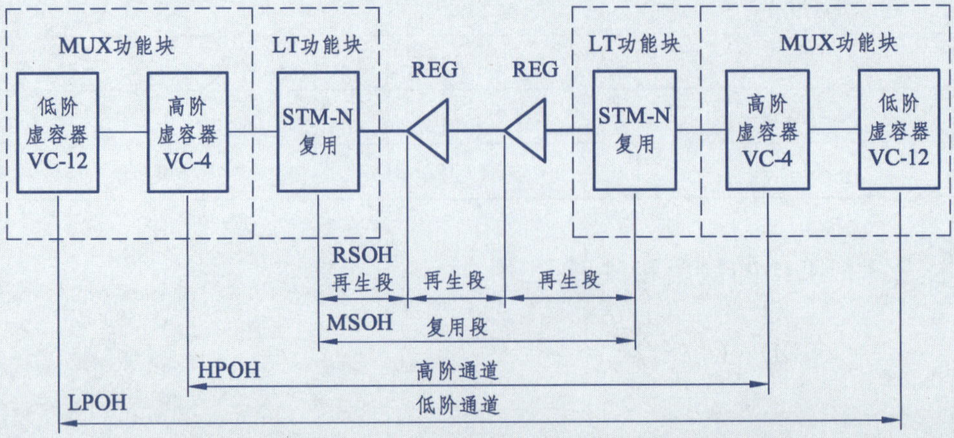

图 2.3　虚容器、通道、段在通信链路上的关系示意图

2.2.2 管理单元指针

管理单元指针是用来指示信息净负荷的第一个字节在 STM-N 帧内的准确位置的指示符，以便接收端能根据这个位置指示符的值（指针值）准确分离信息净负荷。这相当于一辆大货车上有很多货箱，我们把信息包比喻成货箱，通过 AU-PTR 指示第一个货箱（信息包）位置，如图 2.4 所示。

二维码 2.3
管理单元指针 动画

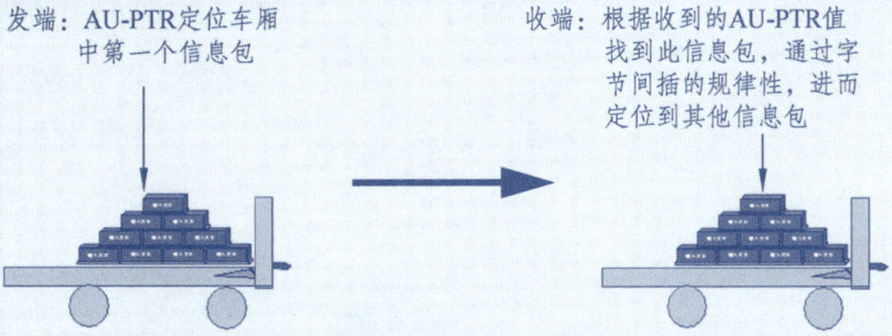

图 2.4 AU-PTR 的作用示意图

管理单元指针又分为高阶指针 AU-PTR 和低阶指针 TU-PTR（支路单元指针）。TU-PTR 定位低速信号小信息包在这个中信息包中的位置，然后将若干中信息包打包成大信息包，AU-PTR 定位中信息包在大信息包中的位置，如图 2.5 所示。

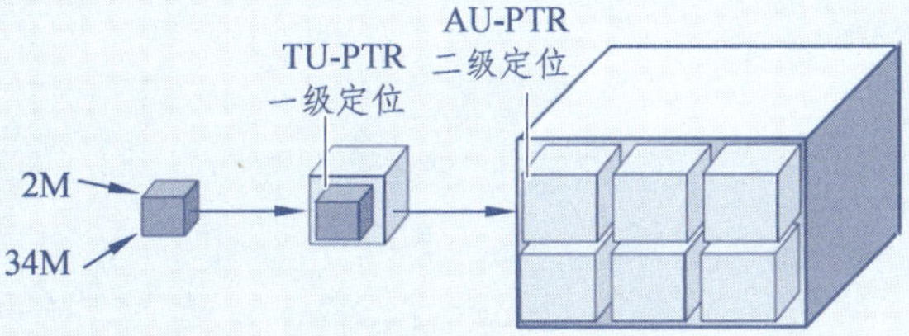

图 2.5 AU-PTR 和 TU-PTR 的作用示意图

2.2.3 映射和复用

映射是一种在 SDH 网络边界处（例如 SDH/PDH 边界处）将支路信号适配进虚容器的过程。为了适应各种不同的网络应用情况，有异步、比特同步、字节同步三种映射方法与浮动 VC 和锁定 TU 两种模式。

二维码 2.4
字节间插复用 动画

复用是将多个低阶通道层的信号适配进高阶通道层，或把多个高阶通道层信号适配进复用层的过程。SDH 的复用包括两种情况。一种是低阶的 SDH 信号复用成高阶 SDH 信号。复用的方法主要通过字节间插复用方式来完成，具体过程如图 2.6 所示。

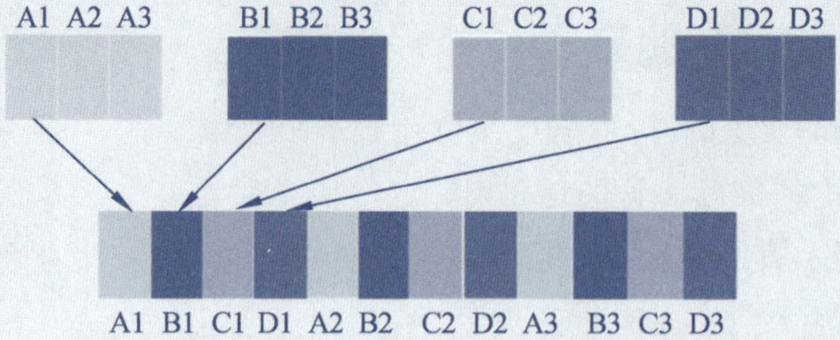

图 2.6　字节间插复用方式示意图

另一种是低速支路信号（例如 2 Mb/s、34 Mb/s、140 Mb/s）复用成 SDH 信号 STM-N，就是将 PDH 信号复用进 STM-N 信号中去。我国的 SDH 基本复用映射结构如图 2.7 所示。

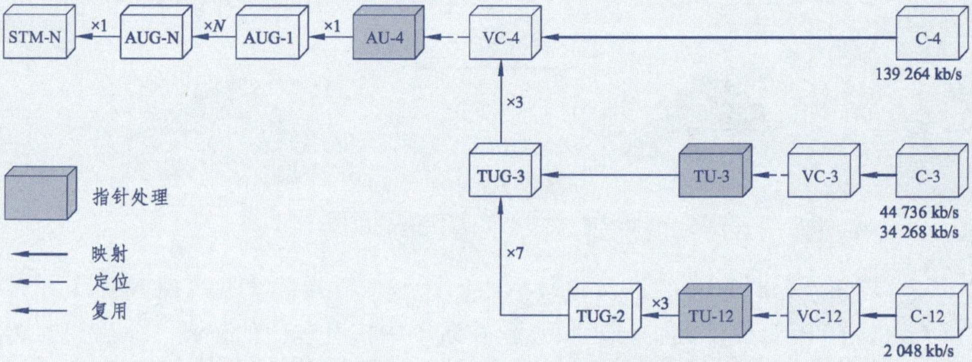

图 2.7　我国的 SDH 基本复用映射结构

二维码 2.5
SDH 基本复用映射结构 动画

将 2 Mb/s 的 PDH 信号经过速率适配装载到对应的标准容器 C-12 中，为了便于速率的适配，采用了复帧的概念，即将 4 个 C-12 基帧组成一个复帧。C-12 的基帧帧频是 8 000 帧/s，那么 C-12 复帧的帧频就成了 2 000 帧/s。为了在 SDH 网的传输中能实时监测任一个 2 Mb/s 通道信号的性能，需将 C-12 再打包——加入相应的通道开销（低阶通道开销），使其成为 VC-12 的信息结构。

为了使收端能正确定位 VC-12 的帧，在 VC-12 复帧的 4 个缺口上再加上 4 个字节的 TU-PTR，这时信号的信息结构就变成了 TU-12，3 个 TU-12 经过字节间插复用合成 TUG-2，7 个 TUG-2 经过字节间插复用合成 TUG-3 的信息结构。具体过程如图 2.8 所示。

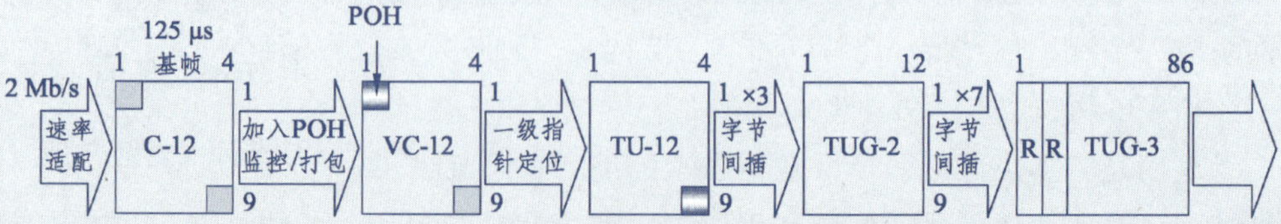

图 2.8　2 Mb/s 信号复用步骤示意图

34 Mb/s 的信号先经过码速调整将其适配到相应的标准容器 C-3 中，然后加上相应的通道开销 C-3 打包成 VC-3。为了便于收端定位 VC-3，以便能将它从高速信号中直接拆离出来，在 VC-3 的帧上加了 3 个字节的指针——TU-PTR（支路单元指针），此时的信息结构是支路单元 TU-3。TU-3 的帧结构有点残缺，先将其缺口部分补上，图 2.9 中 R 为塞入的伪随机信息，这时的信息结构为 TUG-3——支路单元组。3 个 TUG-3 通过字节间插复用方式，复合成 VC-4 信号结构。具体过程如图 2.9 所示。

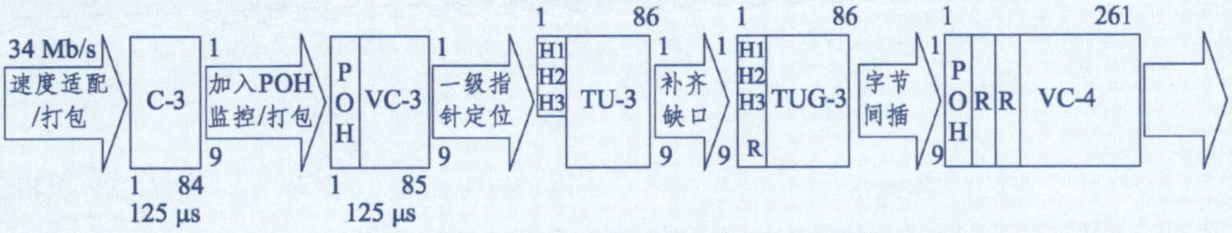

图 2.9　34 Mb/s 信号复用步骤示意图

140 Mb/s 的 PDH 信号经过码速调整适配进 C-4。为了能够对 140 Mb/s 的通道信号进行监控，在复用过程中要在 C-4 的块状帧前加上一列通道开销字节（高阶通道开销 VC4-POH），此时信号成为 VC-4 信息结构。在 VC-4 前附加一个管理单元指针（AU-PTR）成为 AU-4。将 AU-4 加上相应的 SOH 合成 STM-1 信号，*N* 个 STM-1 信号通过字节间插复用成 STM-N 信号，具体过程如图 2.10 所示。

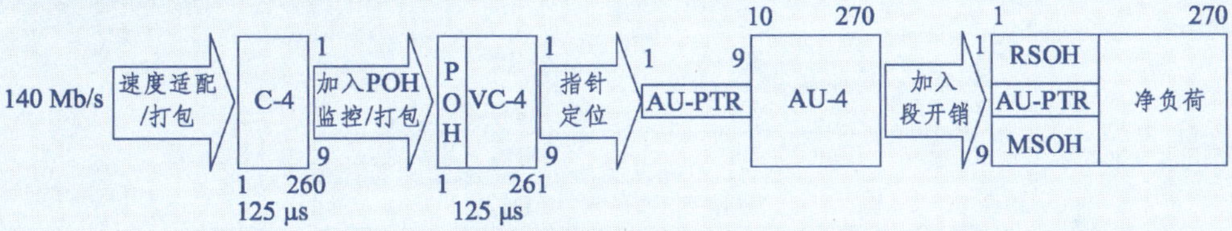

图 2.10　140 Mb/s 信号复用步骤示意图

2.3　SDH 开销的作用

开销是开销字节或比特的统称，是指帧结构中除了承载业务信息（净荷）以外的其他字节。开销用于支持传输网的运行、管理和维护（OAM）。

二维码 2.6
SDH 开销　微课

开销的功能是实现 SDH 的分层监控管理，而 SDH 的 OAM 可分为段层和通道层监控。段层的监控又分为再生段层和复用段层的监控，通道层监控可分为高阶通道层和低阶通道层的监控。由此实现了对 STM-N 分层的监控，如图 2.11 所示。

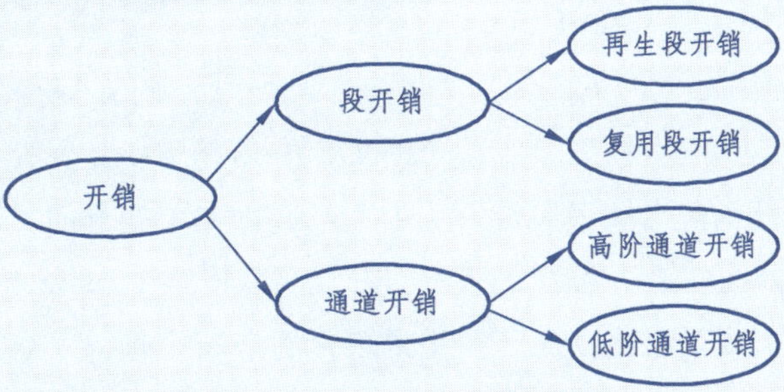

图 2.11　SDH 开销分类示意图

例如，对 2.5 G 系统的监控，再生段开销对整个 STM-16 帧信号进行监控，复用段开销则可对其中 16 个 STM-1 的任一个进行监控。高阶通道开销再将其细化成对每个 STM-1 中 VC-4 的监控，低阶通道开销又将对 VC-4 的监控细化为对其中 63 个 VC-12 中的任一个 VC-12 进行监控，由此实现了从 2.5 Gb/s 级别到 2 Mb/s 级别的多级监控和管理。

2.3.1 段开销

STM-N 帧的段开销位于帧结构的 1 ~ 9 行、1 ~ 9 × *N* 列(其中第 4 行为 AU-PTR 除外)。1 ~ 3 行分给再生段开销（RSOH），5 ~ 9 行分给复用段开销（MSOH），如图 2.12 所示。

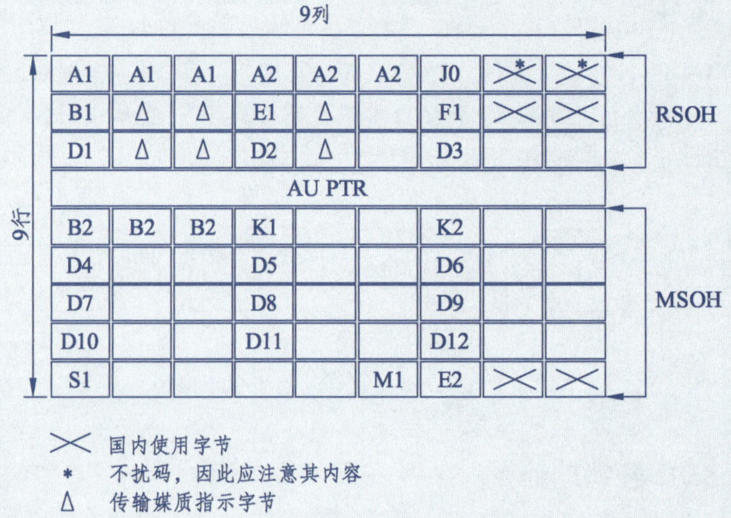

图 2.12 段开销结构示意图

1. A1、A2（定帧字节）

它们的作用是识别帧的起始点，以便接收端能与发送端保持帧同步。它能定位每个帧的起始位置，在收到的信号流中正确地选择分离出各个 STM-N 帧。收端可从信息流中定位、分离出完整的帧，再通过指针定位找到该帧中某一个信息包的确切位置，从而顺利提取出来，如图 2.13 所示。它们有固定的值，A1 = 11110110（F6 H），A2 = 00101000（28 H）。

如果接收端连续 5 帧（625μs）以上并且收不到正确的 A1、A2 字节，那么收端进入帧失步状态，产生帧失步告警（ROOF）；若帧失步告警持续了 3 ms，则进入帧丢失状态，设备产生帧丢失告警（RLOF），即向下游方向发送 AIS 信号，整个业务传输中断。在帧丢失告警状态下，若收端在连续 1 ms 以上的时间内又收到正确的 A1、A2 字节，那么设备回到正常工作的定帧状态。

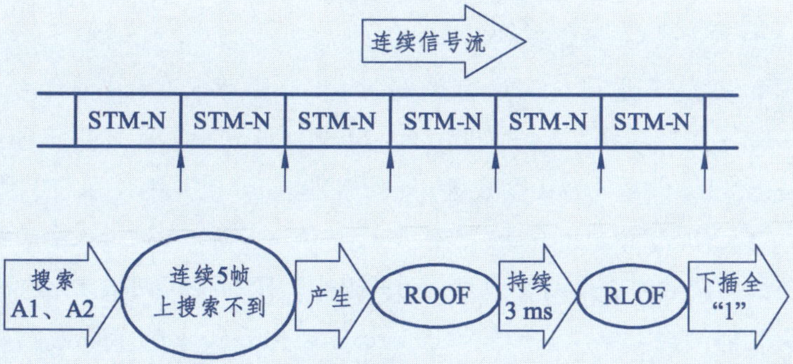

图 2.13　定帧字节 A1、A2 工作原理图

2. J0（再生段踪迹字节）

该字节用于确定再生段是否正确连接。该字节用来重复地发送“段接入点识别符”，接收端能据此确认是否与指定的发送端处于持续的连接状态。若收到的值与所期望的值不一致，则产生再生段踪迹标识失配告警（RS-TIM）。在同一个运营者的网络内该字节可为任意字符，而在不同两个运营者的网络边界处要使设备收、发两端的 J0 字节相同。通过 J0 字节可使运营者提前发现和解决故障，缩短网络恢复时间。

3. D1 ~ D12（数据通信通路（DCC）字节）

此部分用于传送运行、管理和维护的数据。D1 ~ D12 字节构成数据通信通路（DCC）信道，其作为嵌入式控制通路（ECC）的物理层，在网元之间传输操作、管理和维护信息，构成 SDH 管理网（SMN）的传送通路，如图 2.14 所示。其中，D1 ~ D3 字节是再生段数据通路（DCCR），速率为 3 × 64 kb/s = 192 kb/s，用于再生段终端间传送信息；D4 ~ D12 字节是复用段数据通路（DCCM），其速率为 9 × 64 kb/s = 576 kb/s，用于在复用段终端间传送信息。

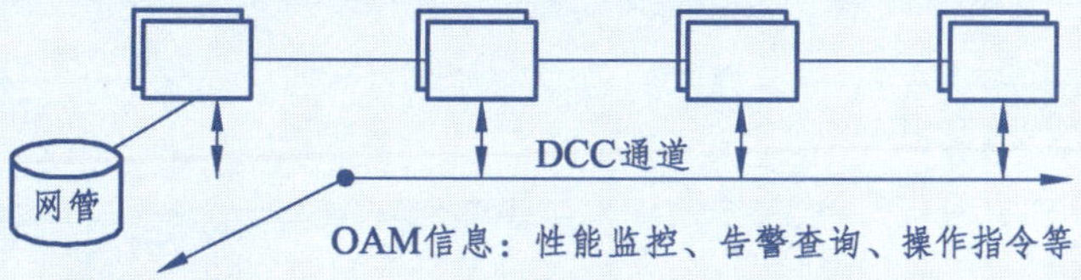

图 2.14　数据通信通路字节 D1 ~ D12 工作原理图

4. E1、E2（公务联络字节）

E1 和 E2 分别提供一个 64 kb/s 的公务联络语音通道，语音信息放入这两个字节中传输。E1 属于再生段开销，用于再生段的公务联络；E2 属于复用段开销，用于复用段终端间直达公务联络。

5. F1（使用者通路字节）

F1 提供速率为 64 kb/s 数据/语音通路，保留给使用者（通常指网络提供者）进行特定维护目的的公务联络，或可通 64 kb/s 专用数据。

6. B1（再生段误码监测字节）

用于再生段误码监测。假设某信号帧由 4 个字节 A1 = 00110011、A2 = 11001100、A3 = 10101010、A4 = 00001111 组成，那么将这个帧进行 BIP-8 奇偶校验的方法是以 8 bit（1B）为一个校验单位，将此帧分成 4 组（每字节为一组，因 1B 为 8 bit，正好是一个校验单元），依次计算 A1、A2、A3、A4 字节每一列中 1 的个数：个数为偶数时，B 的相应列填 0；否则，B 的相应列填 1。这种校验方法就是 BIP-8 奇偶校验。这里采用偶校验，是保证相应列 1 的个数为偶数。B 字节的值就是对 A1、A2、A3、A4 字节进行 BIP-8 偶校验运算所得的结果，如图 2.15 所示。

BIP-8	A1	00110011
	A2	11001100
	A3	10101010
	A4	00001111
	B	01011010

图 2.15　BIP-8 奇偶校验示意图

BIP-8 奇偶校验误码监测的整个工作过程简述如下：发送端对本帧（第 *N* 帧）加扰后的所有字节进行 BIP-8 偶校验运算，将结果放在下一个待扰码帧（第 *N*+1 帧）中的 B1 字节；接收端将当前待解扰帧（第 *N* 帧）的所有比特进行 BIP-8 校验，所得的结果与下一帧（第 *N*+1 帧）解扰后的 B1 字节的值进行相异运算：若这两个值不一致，则异或运算有 1 出现，根据出现 1 的个数则可监测出第 *N* 帧在传输中出现了多少个误码块；若异或运算为 0，则表示该帧无误码。工作原理如图 2.16 所示。

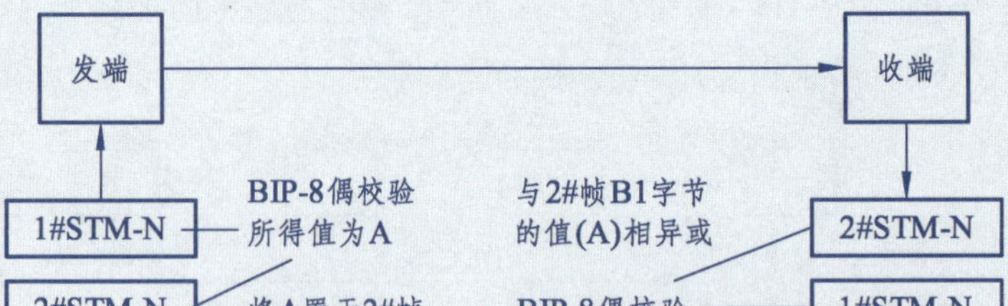

图 2.16　再生段误码监测 B1 字节工作原理图

7. B2（复用段误码监测字节）

B2 用来检测复用段层的误码情况。其工作机理如下：发端对上一个未扰码帧除去 RSOH 外的所有字节进行 BIP-24 偶校验，所得值放于本帧的 3 个 B2 字节处，收端对所收当前已解扰帧且除去 RSOH 外的所有字节进行 BIP24 偶校验，所得值 B2 与所收下一帧解扰后的 B2 字节相异或。异或的值为零，则表示传输可能无误码块；异或的值不为零，则通过 1 的数目表示出现多少个误码块。若收端检测到 B2 误码块，应在收端 MS-BBE 性能事件中反映出来。

8. M1（复用段远端误块指示字节）

M1 字节载荷的是误码对告信息，由接收端回送给发送端。M1 字节用来传送接收端由 B2 字节所检出的误块数，并在发送端当前性能管理中上报 B2 远端背景误码块（B2-FEBBE），发送端据此了解接收端的收信误码情况。工作过程如图 2.17 所示。

图 2.17　复用段远端误块指示字节 M1 工作原理图

9. K1、K2（b1-b5）（自动保护倒换（APS）通路字节）

该字节用作传送自动保护倒换（APS）信息，支持设备在故障时进行自动切换，使网络业务能够自动恢复（自愈），其专门用于复用段自动保护倒换。

10. K2（b6～b8）（复用段远端失效指示（MS-RDI）字节）

K2 字节的 b6～b8 这 3 个比特用于传输复用段远端告警的反馈信息，由接收端（信宿）回送给发送端（信源），表示接收端检测到接收方向故障或收到复用段告警指示信号。

接收机接收信号失效或接收到信号中的 K2 字节 b6～b8 为“111”时，表示接收到复用段告警指示信号（MS-AIS），接收机认为接收到无效净荷，并向终端发送全“1”信号。复用段远端缺陷指示（MS-RDI）用于向发送侧回送一个指示，表示收端已检测到上游段（比如再生段）失效或收到 MS-AIS。复用段远端缺陷指示用 K2 字节在扰码前的 b6～b8 位插入“110”码来产生。工作过程如图 2.18 所示。

图 2.18　复用段远端失效指示（MS-RDI）字节 K2 工作原理图

11. S1（b5～b8）（同步状态字节）

SDH 复用段开销利用 S1 字节的 b5～b8 传输 ITU-T 规定的不同时钟质量级别，以使设备据此判定接收到的时钟信号的质量，从而决定是否切换时钟源，即是否切换到较高质量的时钟源上。S1（b5～b8）的值越小，表示相应的时钟质量级别越高。这 4 个比特有 16 种不同编码，可以表示 16 种不同的同步质量等级，如表 2.3 所示。

表 2.3　同步状态消息编码列表

S1（b5～b8）	SDH 同步质量等级描述	S1（b5～b8）	SDH 同步质量等级描述
0000	同步质量不可知	1000	G.812 本地局时钟信号
0001	保留	1001	保留
0010	G.811 时钟信号	1010	保留
0011	保留	1011	同步设备定时源（SETS）
0100	G.812 转接局时钟信号	1100	保留
0101	保留	1101	保留
0110	保留	1110	保留
0111	保留	1111	不应用作同步

2.3.2　通道开销

通道开销（POH）主要用于端到端的通道管理，支持的主要功能有通道的性能监视、告警指示、通道跟踪和净负荷内容指示等。通道开销分为高阶通道开销和低阶通道开销。高阶通道开销监测 VC-4 级别的通道，即高速信号（140 Mb/s）在 STM-N 帧中的传输情况。低阶通道开销监测 VC-12 通道，即低速信号（2 Mb/s）在 STM-N 帧中的传输情况。

高阶通道开销（HPOH）的位置在 VC-4 帧中的第一列，共 9 个字节，如图 2.19 所示。里面的各字节为 J1（通道踪迹字节）、B3（通道 BIP-8 字节）、C2（信号标识字节）、G1（通道状态字节）、F2/F3（通道使用者通路）、H4（复帧位置指示器）、K3（b1～b4）[自动保护倒换（APS）通路]、K3（b5～b8）（备用比特）、N1（网络运营者字节）。

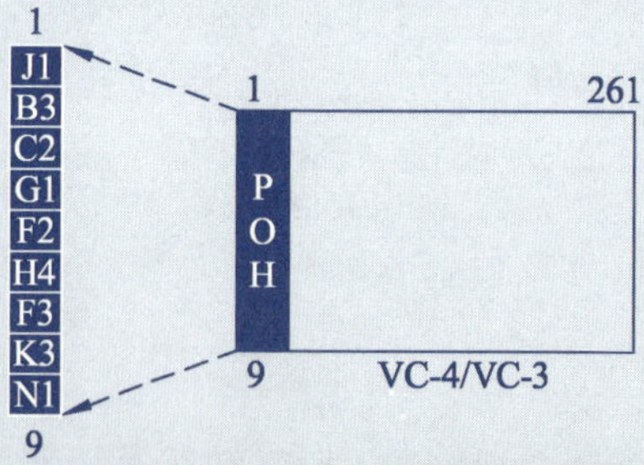

图 2.19　高阶通道开销结构图

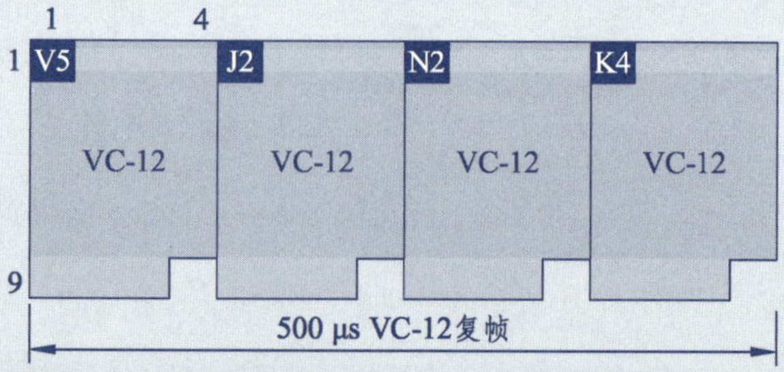

图 2.20　低阶通道开销结构图

低阶通道开销（LPOH）位于每个 VC-12 基帧的第一个字节，一组低阶通道开销共有 4 个字节：V5（通道状态和信号标记字节）、J2（VC-12 通道踪迹字节）、N2（网络运营者字节）、K4（备用字节），如图 2.20 所示。

2.4 MSTP 介绍

MSTP 是指基于 SDH 平台，同时实现 TDM、ATM、以太网等业务的接入、处理和传送，提供统一网管的多业务传送平台，有效地支持数据、语音和图像业务交换。

二维码 2.7
MSTP 原理 微课

2.4.1 MSTP 原理

1. 基本功能模型

MSTP（多业务传送平台）用 PDH、ATM、以太网、STM-N 接口，连接相应的业务，再进行相应的处理，比如对 PDH 业务进行 VC 映射，对 ATM 业务进行 ATM 层处理，对以太网业务进行二层交换和 PRP 处理，对 STM-N 业务进行段开销和指针通道开销处理，其核心是交叉连接。MSTP 基本功能模型如图 2.21 所示。

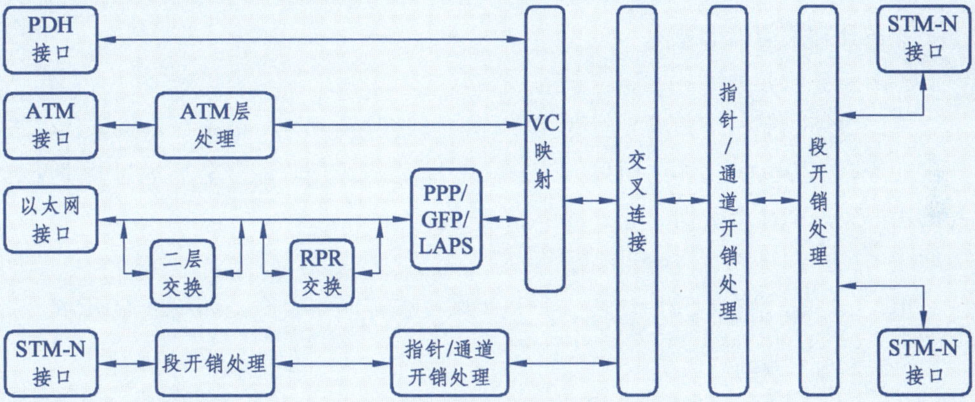

图 2.21　MSTP 基本功能模型示意图

MSTP 用传统 TDM 接口连接 PDH/SDH 业务，用 10 M/100 M/GE 以太网接口连接以太网业务，用 622 M/155 M/34 M/45 MATM-UNI 接口连接 ATM 业务。

2. MSTP 的核心处理模块——EOS

Ethernet Over SDH（EOS），就是以太网映射上 SDH 的一种技术方式。 SDH 设备提供 STM-1 的 SDH 传输接口（光口或电口）和 100 M 全双工的以太网业务接口（光口或电口），把以太网数据包直接封装到 SDH/SONET 的净荷中，通过 SDH 传输网络实现以太网的远距离高速互联。其可以广泛应用于电信、联通、移动、网通、广电等各运营商的网络中。

EOS 处理流程：接入→业务处理→二层交换→环路控制→封装→映射→SDH 交叉连接。具体内容如图 2.22 所示。

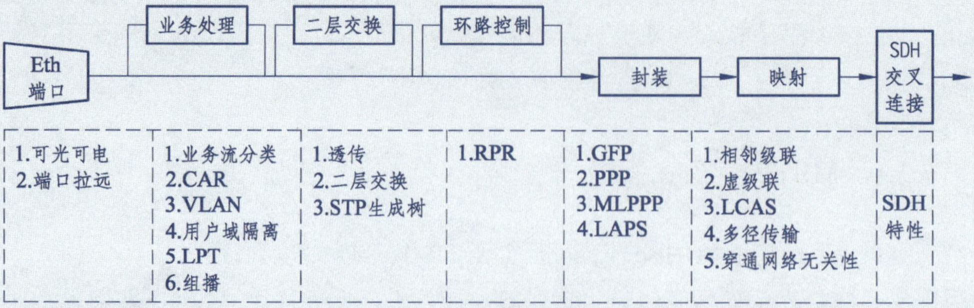

图 2.22 EOS 处理流程示意图

1）接　入

以太网板卡端口采用 FE（百兆以太网）和 GE（千兆以太网）光接口和电接口。板卡上 8 个 FE/GE 光电接口可以进行光、电选配，比如 8 个全配置成光口，也可以 8 个全配置成电口，也可以 8 个端口中有些配置成光口，其余的配置成电口。FE 光口可实现远距离接入，比如 2 km 或 15 km 接入。GE 光口可以可热插拔，能适应多种传输距离，如 500 m、10 km、30 km、70 km。

2）业务处理

业务处理采用以下技术：

（1）业务流分类。

将以太帧按照一定策略划分为多个优先级或者服务类（传统交换机采用先进先出的策略）。高优先级用户的业务先通过，低优先级用户的业务后通过，违反契约的用户无论是什么级别的业务都不能通过。

（2）用户域隔离。

用 VLAN 技术实现用户域隔离，最大限度保证网络安全，如图 2.23 所示。

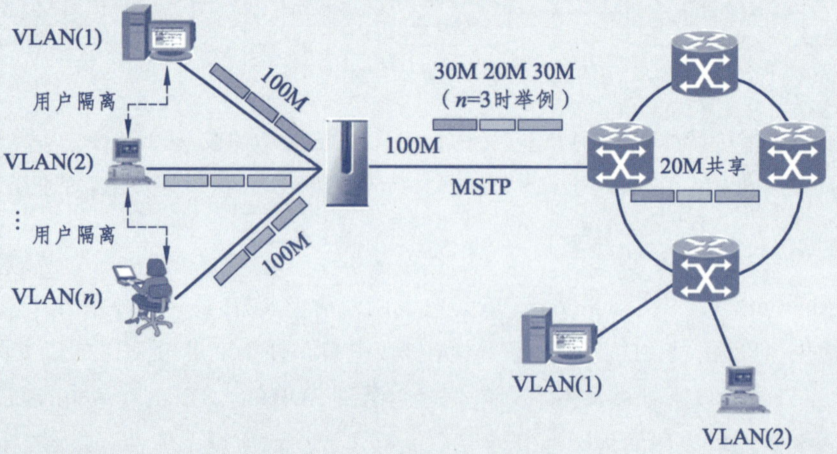

图 2.23 用户域隔离示意图

3）二层交换

MSTP 采用了透传技术。透传技术原理：来自以太网接口的数据帧不经过二层交换，直接进行协议封装和速率适配后，映射到 SDH 的虚容器（VC）中，如图 2.24 所示。

MSTP 支持的透传功能：

保证以太网业务的透明性，包括以太网 MAC 帧、VLAN 标记等的透明传送；

传输链路带宽可配置；

支持 VLAN 处理功能；

支持流量控制；

透传业务模式：FE→FE、GE→GE。

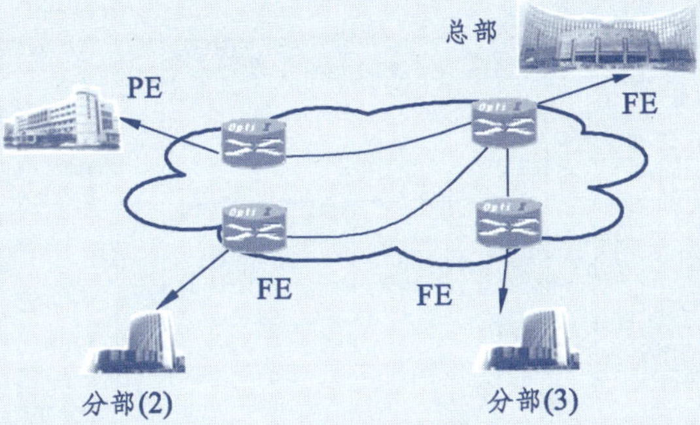

图 2.24　以太网业务透传、汇聚应用模式示意图

4）环路控制

弹性分组环（RPR）为逆向双环拓扑结构，外环和内环都传送数据包和控制包，内环的控制包携带外环数据包的控制信息，反之亦然，如图 2.25 所示。

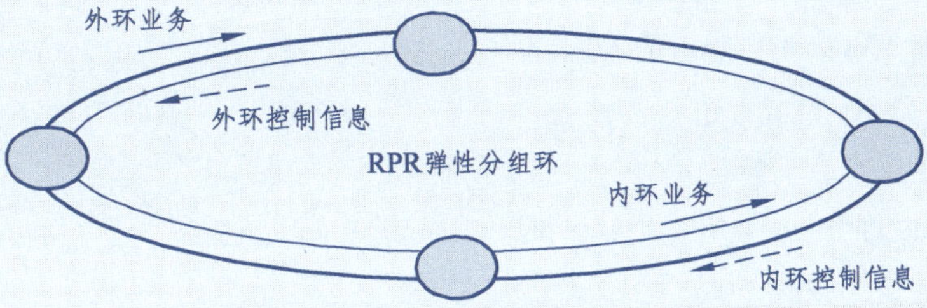

图 2.25　PRP 逆向双环拓扑结构示意图

5）封　装

目前，有三种方案能将以太网数据通过专用协议映射到 SDH 帧结构中。

方案一：通过点到点协议 MLPPP 转换成 HDLC（高级数据链路控制规程）帧结构，再映射到 SDH 的虚容器 VC 中（三步：提取 MAC 帧、PPP 帧、HDLC 帧）。

方案二：将数据包转换成 LAPS（Link Access Procedure SDH，SDH 链路接入规程 ）结构映射到 SDH 虚容器 VC 中。

方案三：将数据包通过通用层帧规程（GFP）的方式映射到 SDH 虚容器 VC 中。

6）映　射

级联是在 MSTP 上实现的一种数据封装映射技术，它可将多个虚容器组合起来，作为一个保持比特序列完整性的单容器使用，实现大颗粒业务的传输。级联分为相邻级联和虚级联，如图 2.26 所示。相邻级联是将同一 STM-N 数据帧中相邻的虚容器级联成 C-4/3/12-Xc 格式，作为一个整体结构进行传输。相邻级联的好处在于它所传输的业务是一个整体，数据的各个部分不产生时延，信号传输质量高。

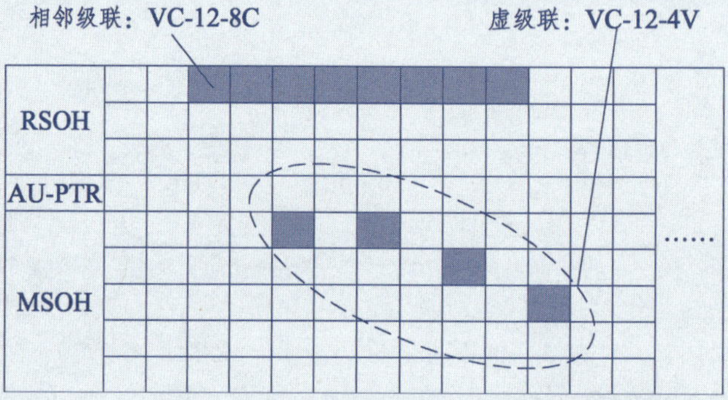

图 2.26　相邻级联和虚级联示意图

但是，相邻级联方式的应用存在着一定的局限性。它要求业务所经过的所有网络、节点均支撑相邻级联方式，如果涉及与原网络设备混合应用的情况，那么原有设备则可能无法支持相邻级联，因而无法实现全程的业务传输。此时，可以采用虚级联方式来完成级联业务的传输。虚级联则是将分布于不同 STM-N 数据帧中的虚容器（可以同一路由或不同路由），按照级联的方法，形成一个虚拟的大结构 VC-4/3/12-Xv 格式并进行传输。

虚级联具有以下特点：

（1）MSTP 设备采用虚级联技术，保证穿通网络的无关性，充分利用原有网络资源，并快速开展业务，如图 2.27 所示。

图 2.27　虚级联的穿通网络无关性特点示意图

MSTP 设备采用延时补偿技术，在保证穿通网络无关性的同时，提供多径传输，充分利用原有网络资源，如图 2.28 所示。

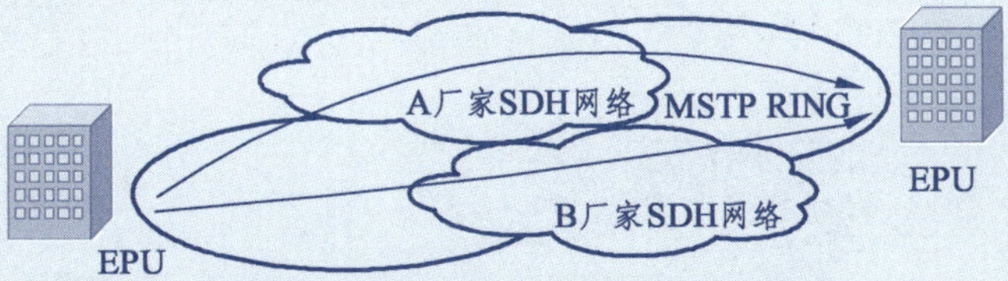

图 2.28　虚级联的多径传输特点示意图

2.4.2　MSTP 应用

MSTP 在城域以及广域的范围内提供高质量的二层以太网业务，为大客户提供高质量的数据专线和 TLS（透明 LAN）业务。

（1）点到点以太网专线业务。

点到点专线业务可以分为独占带宽型和共享带宽型两种。

二维码 2.8
MSTP 应用 微课

（2）ADSL/VDSL 端到端专线。

如果在点到点以太网专线两端连接 ADSL/VDSL DSLAM（IP 上行）设备，则成为 ADSL/VDSL 专线。

（3）以太网汇聚 ADSL DSLAM IP 上行汇聚业务。

以太网汇聚功能能进一步提高传输通道的利用率，适合普通用户 LAN 宽带接入业务的传送要求；可以节省 IP 城域网中光纤的占用量，还可以节省 IP 城域网中光端口的占有量。

（4）ADSL ATM 上行汇聚业务。

DSLAM（数字用户线路接入复用器），是各种 DSL 系统的局端设备，属于“最后一千米”接入设备，其功能是：接纳所有的 DSL 线路，汇聚流量，相当于一个二层交换机设备；将几个接入点的业务汇聚后，沿着 MSTP（622 M）环网，通过端口去往 ATM 骨干网。DSLAM 可以节省 ADSL 组网中光纤的占用量，还可以节省 ATM 网中光端口的占有量。

（5）虚拟以太局域网业务（同城互联业务）。

将几个 LAN Switch（局域网交换机）连成一个以太共享环，提供虚拟局域网的互联业务，实现同城互联。

（6）跨域端到端以太网专线业务。

广州接入点到深圳接入点之间配置一条跨域端到端以太网专线业务。

（7）跨域端到端 ADSL/VDSL 专线业务。

如果在跨域端到端以太网专线两端连接 ADSL/VDSL DSLAM（IP 上行）设备，则其成为 ADSL/VDSL 专线。

（8）跨域虚拟专用网业务。

将广州试验网的 MSTP 环网（622 M）和深圳试验网的 MSTP 环网（622 M）通过省骨干网配置成一个跨域虚拟专用网。

同步练习

二维码 2.9
SDH/MSTP 的基本原理 习题

任务 3　SDH/MSTP 设备与光接口

3.1　SDH/MSTP 设备的网元类型

SDH 传输网是由不同类型的网元通过光缆线路的连接组成的，即通过不同的网元完成 SDH 网的传送功能：上/下业务、交叉连接业务、网络故障自愈等。下面讲述 SDH 网中常见网元设备的特点和基本功能。

二维码 3.1
SDH/MSTP
设备的网元类型 微课

3.1.1　终端复用器（TM）

终端复用器用在网络的终端站点上，例如用在一条链的两个端点上，它是一个双端口器件，如图 3.1 所示。

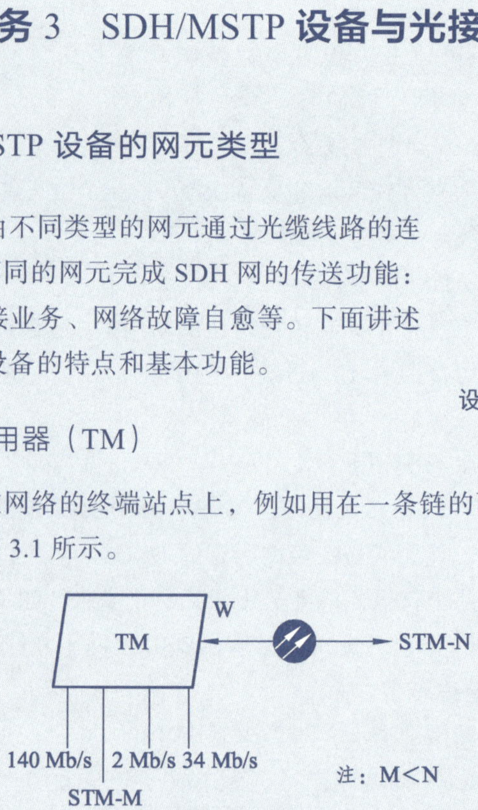

图 3.1　终端复用器 TM 模型

TM 的作用是将支路端口的低速信号复用到线路端口的高速信号 STM-N 中，或从 STM-N 的信号中分出低速支路信号。应注意它的线路端口输入/输出一路 STM-N 信号，而支路端口却可以输出/输入多路低速支路信号。在将低速支路信号复用进 STM-N 帧（将低速信号复用到线路）上时，TM 有一个交叉的功能，例如：可将支路的一个 STM-1 信号复用进线路上的 STM-16 信号中的任意位置上，也就是指复用在 1 ~ 16 个 STM-1 的任一个位置上；将支路的 2 Mb/s 信号可复用到一个 STM-1 中 63 个 VC-12 的任一个位置上去。对于华为设备，TM 的线路端口（光口）一般是以西向端口默认表示的。

3.1.2 分/插复用器（ADM）

分/插复用器用于 SDH 传输网络的转接站点处，例如链的中间节点或环上节点，是 SDH 网上使用最多、最重要的一种网元，也是一个三端口的器件，如图 3.2 所示。

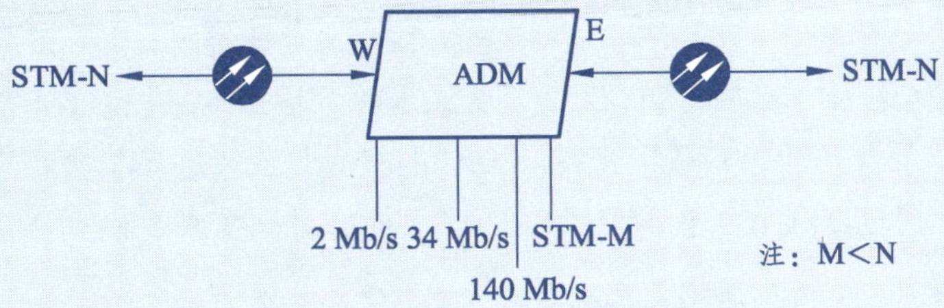

图 3.2 分/插复用器 ADM 模型

ADM 有两个线路端口和一个支路端口。两个线路端口各接一侧的光缆（每侧收/发共两根光纤），为了描述方便，我们将其分为西向（W）、东向（E）两个线路端口。ADM 的作用是将低速支路信号交叉复用进东向或西向线路上去，或从东侧或西侧线路端口收到的线路信号中拆分出低速支路信号。另外，ADM 还可将东/西向线路侧的 STM-N 信号进行交叉连接。ADM 是 SDH 最重要的一种网元，通过它可等效成其他网元，即能完成其他网元的功能，例如，一个 ADM 可等效成两个 TM。

3.1.3 再生中继器（REG）

光传输网的再生中继器有两种。一种是纯光的再生中继器，主要进行光功率放大以延长光传输距离；另一种是用于脉冲再生整形的电再生中继器，主要通过光/电变换、电信号抽样、判决、再生整形、电/光变换，以达到不积累线路噪声、保证线路上传送信号波形的完好性等目的。此处讲的是后一种再生中继器。REG 是双端口器件，只有两个线路端口——W、E，如图 3.3 所示。

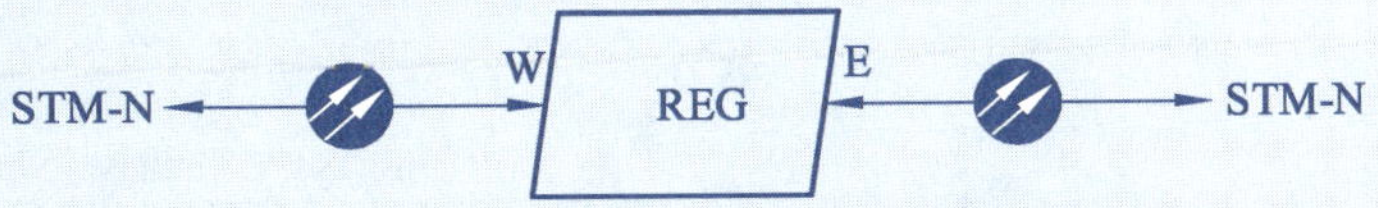

图 3.3 再生中继器 REG 模型

它的作用是将侧的光信号经 O/E、抽样、判决、再生整形、E/O 在 E 或 W 侧发出。应注意的是，REG 与 ADM 相比仅少了支路端口，所以 ADM 在本地不上/下话路（支路不上/下信号）时完全可以等效成一个 REG。

3.1.4 数字交叉连接设备（DXC）

数字交叉连接设备主要实现 STM-N 信号的交叉连接功能，它是一个多端口器件，实际上相当于一个交叉矩阵，完成各个信号间的交叉连接，如图 3.4 所示。

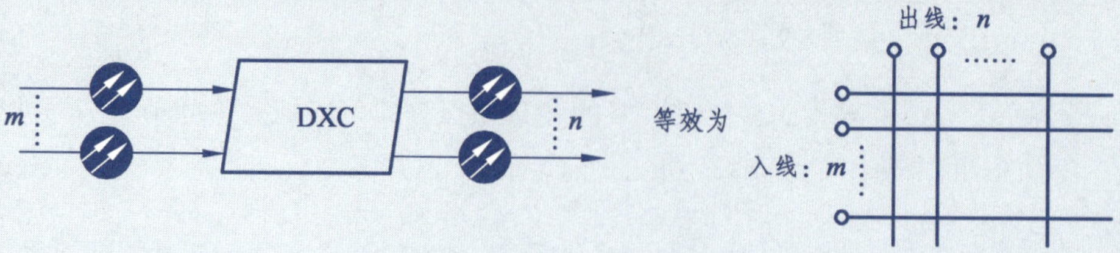

图 3.4　数字交叉连接设备 DXC

DXC 可将输入的 *m* 路 STM-N 信号交叉连接到输出的 *n* 路 STM-N 信号上，图 3.4 表示有 *m* 条入光纤和 *n* 条出光纤。DXC 的核心是交叉连接，功能强的 DXC 能完成高速（例如 STM-16）信号在交叉矩阵内的低级别交叉（例如 VC-12 级别的交叉）。

通常用 DXC *m*/*n* 来表示一个 DXC 的类型和性能（注 $m \geqslant n$）。*m* 表示可接入 DXC 的最高速率等级，*n* 表示在交叉矩阵中能够进行交叉连接的最低速率级别。*m* 越大表示 DXC 的承载容量越大，*n* 越小表示 DXC 的交叉灵活性越大。*m* 和 *n* 相应数值的含义如表 3.1 所示。

表 3.1　*m*、*n* 数值与速率对应表

m 或 *n*	0	1	2	3	4	5	6
速率	64 kb/s	2 Mb/s	8 Mb/s	34 Mb/s	140 Mb/s、155 Mb/s	622 Mb/s	2.5 Gb/s

3.2　中兴 SDH 设备介绍

3.2.1　产品概述

二维码 3.2
中兴 SDH 设备介绍　微课

基于 SDH 的中兴通讯多业务节点设备，包括 S200、S320、S325、S330、S380、S385、S390，可以满足从核心层、汇聚层到接入层的所有应用，为用户提供面向未来的城域网整体解决方案，如图 3.5 所示。

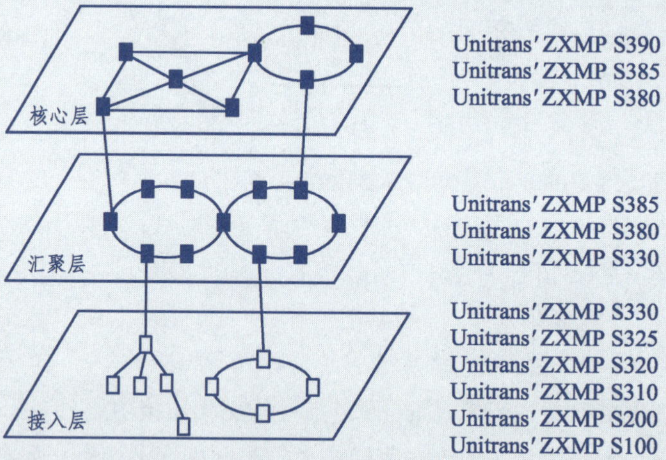

图 3.5　中兴 SDH 产品在传输网中的应用

3.2.2 中兴 SDH 设备主要特点

中兴 SDH 系列设备是融合 SDH、PDH、Ethernet、ATM、RPR 等技术为一体的新一代 MSTP 多业务传送平台，它具有如下特点：

（1）强大的业务接入能力，方便灵活提供多种业务。

（2）而完善的保护能力，提供网络的高可靠性。

（3）可靠的定时同步处理能力，同步网络的性能。

（4）易于升级。

具体型号特点如表 3.2 所示。

表 3.2　中兴 SDH 设备主要特点

型号	交叉能力	接口	业务能力（特有）
ZXMP S200	高阶交叉 64×64 VC-4； 低阶交叉 2037×2037 VC-12	2×STM-4+2×STM-1+42E1（或 8FE）； 4×STM-4+42E1（或 8FE）	支持 STM-4、STM-1（光/电）业务，E3/T3、E1/T1 电业务，10M/100M 以太网业务，支持 155 Mb/s ATM 业务
ZXMP S320	高阶交叉 16×16 VC-4； 低阶交叉 1008×1008 VC-12	2×STM-4 光接口； 4×STM-1 光/电接口； 4×155M(O/E)+63×2M	支持 FE、ATM 等数据业务的接入传输业务
ZXMP S325	高阶交叉 128×128 VC-4； 低阶交叉 32×32 VC-4	STM-16、STM-4、STM-1 光接口； STM-1 电接口； E3、T3、E1 和 T1 速率的 PDH 电接口； 10/100 Mb/s 以太网接口； ATM 接口	支持接入容量从 STM-1/STM-4 至 STM-16 的平滑升级，兼容小容量汇聚层需求，支持 ATM、EOS、RPR 等业务
ZXMP S330	高阶交叉 384×384 VC-4； 低阶交叉 2016×2016 TU-12	24 个光接口，单子架可以直接上下 252 个 2M	支持接入容量从 STM-1/STM-4 至 STM-16 的平滑升级，FE 到 GE 的汇聚，支持内嵌 RPR、ATM 接入
ZXMP S380	高阶交叉 1024×1024 VC-4； 低阶交叉 10G	SDH 接口：155M（光/电）、622M、2.5G、10G； PDH 接口：2M、34M、45M； FE 接口和 GE 接口； ATM 接口	支持接入容量从 STM-1/4/16 至 STM-64 的平滑升级，支持 FE 到 GE 的汇聚，最大业务汇聚比为 48：1；支持透传、二层交换、二层 VPN 等
ZXMP S385	高阶交叉 360G； 低阶交叉 40G	单子架接入能力 640*E1，18*10G，72*2.5G	支持接入容量从 2.5G 至 10G 的平滑升级级联 STM-N 业务颗粒接入 二层交换功能
ZXMP S390	高阶交叉 1024×1024 VC4； 低阶交叉 20G	10G 最大光口数 12； 2.5G 最大光口数 48； 622M 最大光口数 48； 155M 最大光口数 96/192； 2M 最大数量 756	业务单板可混插

3.2.3 中兴 SDH 设备组网能力

中兴 SDH 设备的组网能力和保护能力如表 3.3 所示。

表 3.3 中兴 SDH 设备组网能力和保护能力

<table>
<tr><th>型号</th><th>单板保护</th><th>网络保护</th></tr>
<tr><td>ZXMP S200</td><td>电源板 1:1 保护</td><td>支持二纤双向复用段保护环；
支持四纤双向/单向链路复用段 1+1 或 1:1 保护；
支持二纤通道保护环；
支持子网连接保护；
支持双节点互连保护方式</td></tr>
<tr><td>ZXMP S320</td><td rowspan="2">交叉板、时钟板、电源板 1:1 保护；
支路板 1:n（n<4）保护</td><td rowspan="2">二纤单向通道保护环、二纤双向复用段保护环、四纤双向复用段保护环、双节点互联保护（DNI）、子网连接保护（SNCP）</td></tr>
<tr><td>ZXMP S325</td></tr>
<tr><td>ZXMP S330</td><td>交叉板、时钟板、电源板 1:1 保护；
支路板 1:n（n<5）保护</td><td>复用段链路 1+1、1:1 保护、二纤双向通道保护环、二纤双向复用段保护环、四纤双向复用段保护环、子网连接保护（SNCP）</td></tr>
<tr><td>ZXMP S380</td><td>系统总线 1+1 保护、时钟保护、电源单元 1+1 保护</td><td>MSP 保护、SNCP 保护、PP 保护方式以及共享光纤虚拟路径保护方式</td></tr>
<tr><td>ZXMP S385</td><td>系统总线 1+1 保护；
交叉时钟以及主控单元 1+1 保护；
一组 1:n E1/T1 保护（n≤9）；
两组 1:n E3/T3、STM-1、FE 保护(n≤4)；
同一子架最多可实现 3 个支路保护组</td><td>同上</td></tr>
<tr><td>ZXMP S390</td><td>同上</td><td>同上</td></tr>
</table>

3.2.4 中兴 SDH 设备升级能力

如图 3.6 所示，ZXMP S330 可实现从 STM-1 至 STM-16 的平滑升级和跳跃式升级，保护用户投资，便于容量扩展。

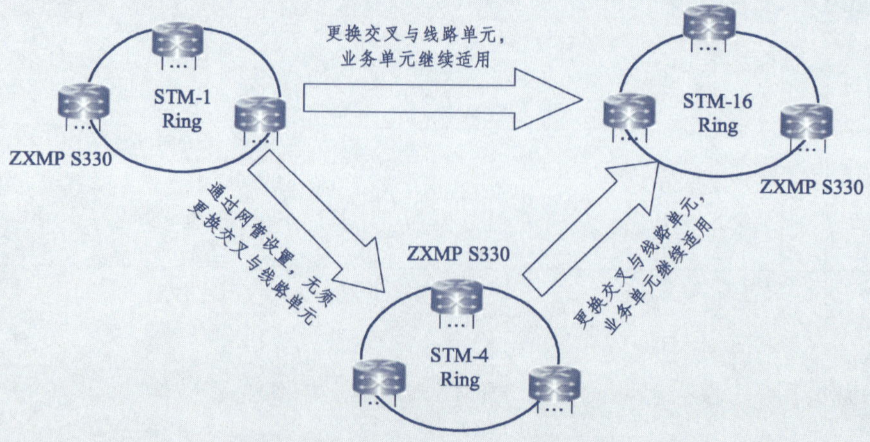

图 3.6 ZXMP S330 速率升级示意图

ZXMP S380 可以由 STM-16 系统平滑升级到 STM-64 系统。ZXMP S385 可实现不中断业务的平滑升级，如图 3.7 所示。

二维码 3.3
中兴 SDH 设备升级能力　动画

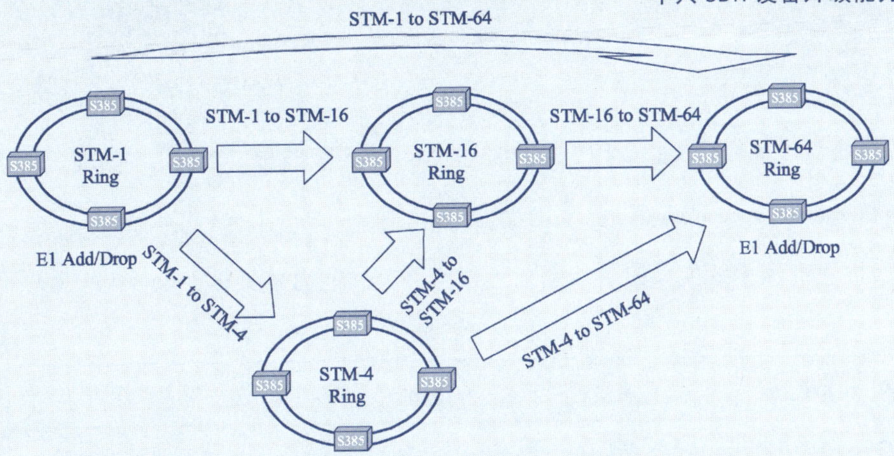

图 3.7　ZXMP S385 速率升级示意图

3.3　ZXMP S325 设备的组成与功能

ZXMP S325 是最高速率为 STM-16 的综合业务接入 SDH 产品，不仅具备 SDH 传输产品的一般功能，而且具备强大的数据业务接入功能，能提供中小容量的 TDM、DATA 业务传输，可以应用于各类传输网络的组建、扩容。其主要应用场合有：本地网、城域网（接入层）。

3.3.1　系统特点

ZXMP S325 系统结构如图 3.8 所示。

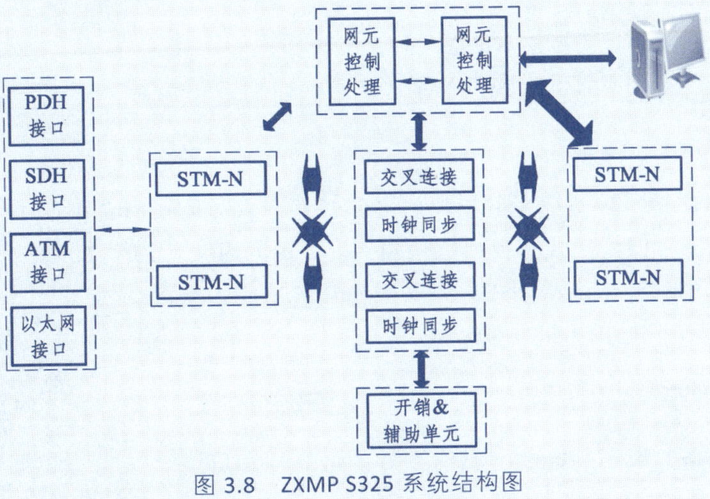

图 3.8　ZXMP S325 系统结构图

1. 强大的业务接入能力

提供丰富的业务接口，包括：STM-16、STM-4、STM-1 光接口，STM-1 电接口，E3、T3、E1 和 T1 速率的 PDH 电接口，10/100 Mb/s 以太网接口，ATM 接口。

二维码 3.4
ZXMP S325 的特点 微课

2. 多样化的光接口功能

支持 STM-1/4 单纤双向应用，由 4 路 STM-1/4 光线路板 OL1/4 × 4 实现。

3. 强大的交叉及扩展能力

升级成较高速率的交叉时钟线路板可以增强交叉能力，具体如表 3.4 所示。

表 3.4　交叉及扩展能力

交叉时钟线路板	速率	高阶交叉能力	低阶交叉能力
OCS16	STM-16	128 × 128 VC-4	32 × 32 VC-4
OCS4	STM-4	64 × 64 VC-4	32 × 32 VC-4

4. 完善的设备和网络保护

设备和网络保护方式如表 3.5 所示。

表 3.5　设备和网络保护方式

保护方式	具体内容
设备保护	1+1 双电源保护； 重要单板 1+1 热备份； E1/T1/FE 业务和 E3/T3/STM-1 电业务的 1:*N* 单板保护； 单板分散式供电
网络保护	二纤双向复用段保护环； 复用段链路 1+1 保护； 复用段链路 1:1 保护； 子网连接保护（SNCP）

5. 定时同步处理能力

可以选择外时钟、线路时钟或内部时钟作为设备的定时基准。工作模式包括同步锁定模式、保持模式和自由振荡模式。系统同时支持最多 10 路线路时钟以及 2 路外时钟的配置，支持同步优先级倒换和基于同步状态消息（SSM）算法的自动倒换。

6. 可靠性高，可维护性强，便于维护升级

系统具备的以下功能使其具有良好的可靠性和可维护性，便于升级：

二维码 3.5
ZXMP S325 的结构 微课

（1）具备日常维护功能，当出现故障时，能迅速定位到单板级。

（2）对重要且发热较大的单板，具有温度监测功能。

（3）支持单板软件在线下载以及远程升级的功能。升级过程智能化，升级操作方便、简单、易行，并对可能造成业务中断的情况有明确的警示，可防止误加载。

3.3.2 系统结构

1. 机 柜

标准机柜有三种规格：300 mm（深）×600 mm（宽）×2 600 mm（高）、300 mm（深）×600 mm（宽）×2 200 mm（高）、300 mm（深）×600 mm（宽）×2 000 mm（高）。

机柜体积小巧，机构紧凑，2 200 mm 的标准机柜最多可安装 6 个子架。机柜内的设备组件有电源分配箱、风扇单元、防尘单元、子架。

2. 电源分配箱

电源分配箱安装在机柜上方，用于接收外部输入的主、备电源。电源分配箱对外部电源进行滤波和防雷等处理后，可最多分配主、备用电源各 6 对至 6 个子架。标准配置的电源分配箱可提供主、备用电源各 4 对至 4 个子架。

3. 风扇插箱

风扇插箱是散热降温部件。每个子架配置 1 个风扇单元，风扇插箱里面装有 2 个独立的风扇盒。每个风扇盒通过风扇盒后面的插座和背板进行电气连接。

4. 防尘单元

采用全新的防尘设计方法，不需要单独的防尘插箱。防尘单元安装在子架右侧底部，可以起到过滤空气、阻止颗粒较大的灰尘进入子架影响电性能的作用。防尘单元设计为抽拉方式，方便定期清洗，在正面有清洗标志。

5. 背板（MB）

MB 固定在子架后部，是连接各单板的载体，也是 S325 同外部信号的连接界面。背板上分布有业务总线、开销总线、时钟总线、板在位线。背板通过插座联系各单板、设备和外部信号。背板前、后面和子架接触的地方铺设锡带作为地线，使背板和子架间的电气连接更加可靠。

6. 子 架

ZXMP S325 采用模块化设计，将整个系统划分为不同的单板，每个单板包含特定的功能模块，各个单板通过机箱内的背板总线相互连接。因此，可以根据不同的组网需求，选择不同的单板配置来构成满足不同功能要求的网元设备。这样不仅提高了设备配置应用的灵活性，同时也提高了系统的可维护性。

接口板区与处理板区分离的系统：业务处理板（1~6 号槽位）对应业务接口板（L1~L6 号槽位），而 11、12 号槽位是将处理板与接口板集成了。11、12 号槽位没有对应的接口区，因此不能安装需要接口板的单板，如 E3／T3、FE。但单板 OL1/4×4、OL16、RSEB、OBA12、OBA14 面板上直接出纤，不需要光接口板，可以安装在 11、12 号槽位。交叉、时钟集成交叉时钟线路板安装在 7、8 号槽位，同时还支持一个线路口。网元控制板安装在 17 号槽位，集成网元控制与通信、公务、开销处理等功能，与系统接口板 SAI 对应。ZXMP S325 槽位如图 3.9 所示。

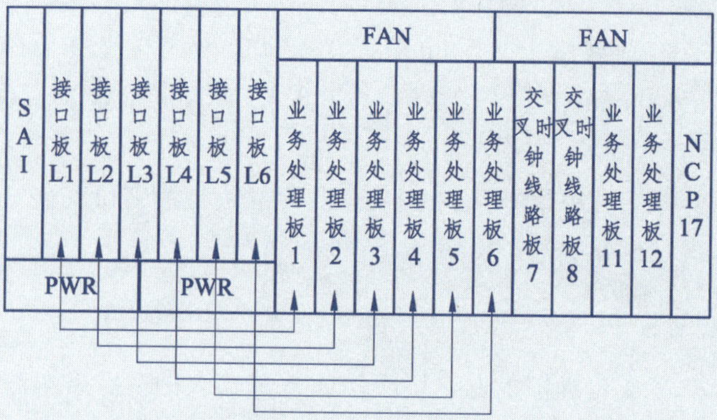

图 3.9　ZXMP S325 槽位图

7. 信号处理流程

在 ZXMP S325 设备中，光、电、以太网、ATM 业务信号经过相应的业务接口匹配以及适配置、映射后，转换为 VC-4 或 VC-3 等 SDH 标准净荷总线信号，在交叉矩阵内完成各个线路方向和各个接口的业务交叉。可通过开销交叉实现开销字节的传递，实现 APS 协议处理、ECC 的提取和插入、公务字节传递等。时钟信号可以由线路信号提取，也可由外同步接口接入的外时钟源提供，系统支持 2 M 支路时钟作为定时基准，系统时钟由时钟处理单元进行选择。具体信号处理流程如图 3.10 所示。

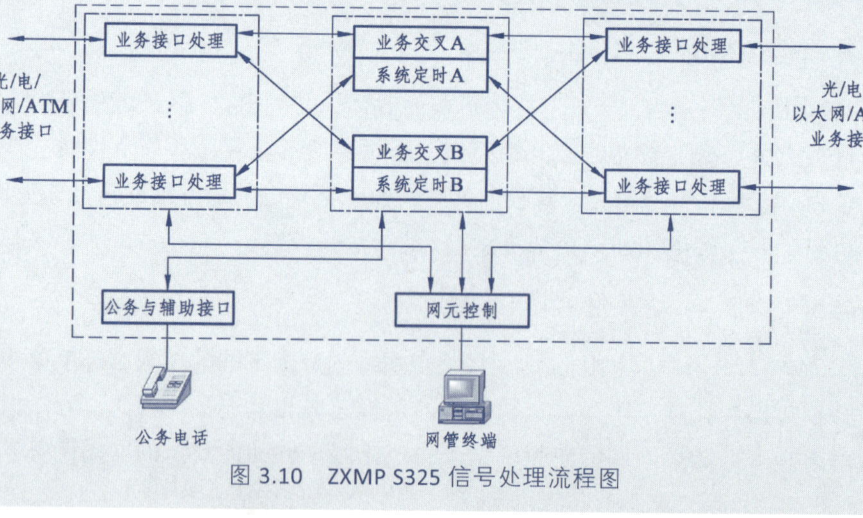

图 3.10　ZXMP S325 信号处理流程图

8. 设备内部信号

设备内部信号包括业务信号、辅助业务信号、通信信号、时钟信号，它们的具体作用如表 3.6 所示。

表 3.6 设备内部信号分类表

设备内部信号		作用
业务信号	上业务	从支路板（如 2 M 支路板）到光板
	下业务	光板到支路板
	穿通	从光板到另一光板
辅助业务信号	E1、E2、F1	传送一些辅助业务，如音频、数据等
通信信号	ECC	在各个网元间传递网管监控网元信号
时钟信号	质量等级最高的时钟	系统时钟送到各个单板，保证整个系统工作在同步状态

3.3.3 单板介绍

ZXMP S325 的所有单板按功能单元划分，如表 3.7 所示。

表 3.7 ZXMP S325 单板列表

序号	单元名称	包括单板
1	网元控制单元	NCP、**SAIA**、**SAIB**
2	交叉时钟线路单元	OCS4、OCS16、**SAIA**、**SAIB**
3	光线路单元	OL16×1、OL1/4×4
4	OL1/4 分系统	LP1×1、LP1×2、LP4×1、LP4×2、**OIS1×1**、**OIS1×2**、**OIS4×1**、**OIS4×2**、**ESS1×2**、**BIS1**
5	E1/T1 分系统	EPE1×21、EPT1×21、EPE1B、**ESE1×21**、**BIE1×21**
6	E3/T3 分系统	EP3×3、**ESE3×3**、**BIE3×3**
7	EOS 分系统	SFE×6、SED、TFE×8、**EIFE×4**、**EIFE×6**、**OIS1×4**、**OIS1×6**、**BIFE**
8	ATM 分系统	AP1×4、**OIS1×4**
9	RPR 分系统	RSEB、**OIS1×4**、**EIFE×4**
10	电源分系统	Power A、Power B

从结构上分，ZXMP S325 单板分为业务/功能接口板和业务/功能板两类。业务/功能接口板（表 3.7 中加粗显示）插在子架左侧槽位，采用无面板设计，具有自锁功能的扳手；业务/功能板（表 3.7 中其余显示）插在子架右侧槽位，单板具有屏蔽功能。

1. 网元控制单元

网元控制单元由 NCP 板（网元控制处理板）和系统接口板（SAIA/SAIB）组成。NCP 板面板指示灯和接口说明如表 3.8 所示，功能说明如表 3.9 所示。

二维码 3.6
网元控制单元 微课

表 3.8 NCP 板指示灯和接口说明

序号	名称	说明	
1	指示灯	RUN	绿灯，运行状态指示灯：单板正常运行时，周期慢闪
		OW	红绿灯，公务振铃指示灯：正常工作情况下，周期闪烁绿灯；有公务电话呼入时，长亮红灯
		ALM	红灯，告警指示灯：单板无告警时，长灭；单板有告警时，长亮
2	f 接口	网元与便携设备的接口，接口采用 RJ45 插座	
3	Qx 接口	网元与子网管理控制中心（SMCC）通信的接口，接口采用 RJ45 插座	
4	公务电话接口（OW）	公务电话接口，接口采用 RJ11 插座	
5	截铃开关（BELL-OFF）	控制截铃状态	
6	复位按键（RESET）	按压该按键，可复位单板	
7	防静电手环插座（ESD GROUND）	用于安装防静电手环	

二维码 3.7
NCP/SAI/OCS4/OCS16 单板 图片

表 3.9 NCP 板功能说明

功能	说明
网元控制功能	完成网元的初始化配置（4 位的拨码开关）
	通过 Qx 接口接收网管下发的命令，加以分析处理
	通过通信口对各个单板发布指令，执行相应操作
	将各个单板的上报消息转发网管
	控制设备的告警输出和监测外部告警输入
	强制各个单板复位
公务功能	提供两条互不交叉话音通道，系统最多能够支持 16 个公务方向
	能实现点对点、点对多点、点对组、点对全线的呼叫
	读取收到的话机拨号和 E1、E2 双音多频信令，根据信令来确定通道状态，控制话机的接续
	通过网管设置公务号码
	通过网管设置可防止公务成环
	可以由网管在线下载公务软件

SAI 板无面板，接口说明如表 3.10 所示。

表 3.10 SAI 板接口说明

序号	名称	说明
1	IN1	第 1 路 2 Mb/s 或 2 MHz 外时钟输入
2	OUT1	第 1 路 2 Mb/s 或 2 MHz 外时钟输出
3	IN2	第 2 路 2 Mb/s 或 2 MHz 外时钟输入
4	OUT2	第 2 路 2 Mb/s 或 2 MHz 外时钟输出
5	F1	连接 64K 同向接口设备，接口插座类型为 RJ45
6	拉手	用于插拔 SAI 板
7	ALM-I	外部告警输入接口，输入外部告警（烟雾、水浸、开门、火警、温度等）信号，接口插座类型为 RJ45
8	ALM-C	子架告警级联输入接口，与其他子架的子架告警级联输出接口连接，完成子架告警级联功能，接口插座类型为 RJ45
9	ALM-O	子架告警级联输出接口，输出列头柜告警信号（主要/次要告警、紧急告警、声音告警），并送往列头柜或其他子架的子架告警级联输入接口，接口插座类型为 RJ45
10	LED	灯板告警接口，连接电源分配箱告警灯板，接口插座类型为 RJ45

SAI 板实现 NCP 板和 OCS4/OCS16 板对外部的接口功能：

（1）为 NCP 板提供告警信息输入输出接口、告警级联处理和 F1 接口。

（2）为 OCS4/OCS16 板提供外时钟输入输出接口。

二维码 3.8
交叉时钟线路单元 微课

2. 交叉时钟线路单元

交叉时钟线路单元由 STM-16 交叉时钟线路板 OCS16 或 STM-4 交叉时钟线路板 OCS4 和系统接口板 SAIA/SAIB 组成。

1）OCS16/ OCS4 板功能

OCS16/ OCS4 板为系统在 STM-16/STM-4/STM-1 级别应用时的核心单板，完成线路处理、高低阶交叉、时钟分配等功能。

（1）时钟单元功能。

① 为各单板提供系统时钟信号、系统帧头信号和系统时钟使能信号。

② 支持内时钟（符合 G.813 标准）、线路时钟、外时钟。

OCS4：支持 8 路线路时钟、2 路外时钟；

OCS16：支持 10 路线路时钟、2 路外时钟。

③ 支持 SSM（同步状态信息），支持时钟保护倒换。

④ 提供支路板再定时时钟。

⑤ 1+1 热备份，备份时钟单元跟踪主用时钟单元的频率和相位，在网管切换时，可实现输出时钟的频率和相位无跳变。

⑥ 采用软件控制的相位锁定电路，实现四种工作模式：

快捕方式；

正常跟踪方式；

保持方式；

自由振荡方式。

（2）交叉功能和线路业务处理功能。

① OCS16 系统：

高阶交叉：128 × 128 VC-4；

低阶交叉：32 × 32 VC-4；

系统接入能力：92 × 92 VC-4；

提供一路 STM-16 光信号处理。

OCS16 系统槽位如图 3.11 所示。

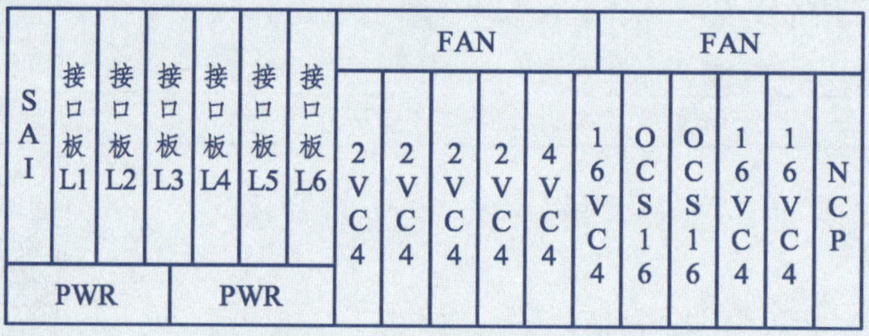

图 3.11　OCS16 系统槽位图

② OCS4 系统：

高阶交叉：64 × 64 VC-4；

低阶交叉：32 × 32 VC-4；

系统接入能力：32 × 32 VC-4；

提供一路 STM-1/STM-4 光信号处理。

OCS4 系统槽位如图 3.12 所示。

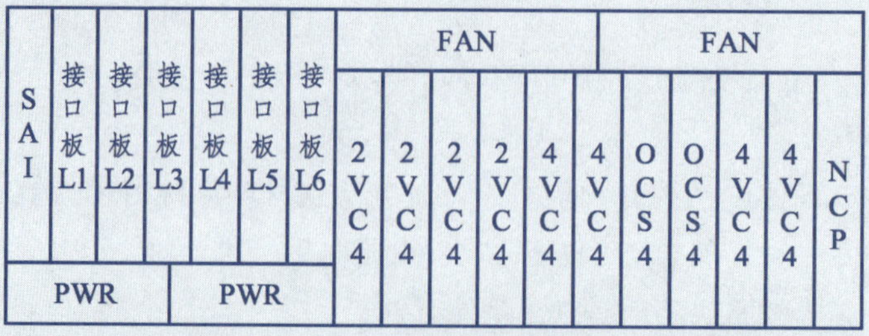

图 3.12　OCS4 系统槽位图

（3）其他功能。

① 实现系统在 STM-16/STM-4/STM-1 级别应用时的高低阶通道保护功能。

② 实现一路 STM-16/STM-4/STM-1 光信号处理（STM-1 与 STM-4 兼容，可以通过网管设置），并提供光接口。光接口使用 SFP（小型可插拔）光模块，即

LC 接口光模块。

③ 实现 ECC 数据转发功能。

④ 监视各业务板的状态，完成支路板 1:N 保护。

⑤ 实现时钟和交叉单元的 1＋1 备份保护工作。

⑥ 支持 HP-TCM（高阶通道串接连接监视）功能。

2）OCS16/ OCS4 板面板

OCS16 和 OCS4 单板的面板说明如表 3.11 所示。

表 3.11　OCS16/ OCS4 板面板接口说明

序号	名称	说明
1	状态指示灯（RUN）	绿灯，单板正常运行时，周期慢闪
2	时钟状态指示灯（M/S）	绿灯，指示灯状态说明如下： 5 Hz 周期性闪烁表示快捕状态； 1 Hz 周期性闪烁表示跟踪状态； 0.5 Hz 周期性闪烁表示自由振荡状态； 长亮表示保持状态； 长灭表示备用状态
3	告警指示灯（ALM）	红灯：单板无告警时，长灭；单板有告警时，长亮
4	收发光接口	RX 表示收光口，TX 表示发光口，连接器类型为 LC/PC
5	激光警告标识	提示操作人员在插拔尾纤时，不要直视光接口，以免灼伤眼睛

3. 光线路单元

二维码 3.9
光线路单元　微课

1）功　能

完成 STM-1/STM-4/STM-16 速率光业务处理；

完成光电转换、数据与开销分离；

STM-1/STM-4 光接口支持单纤双向；

终结与再生 SDH 再生段开销与复用段开销；

完成 AU4 指针解释，获得 VC4 净荷；

实现 ECC 信息到 NCP 板的转发；

向时钟板输出接收参考时钟；

支持接收/发送光功率、模块温度和激光器工作电流等参数查询；

支持光模块类型在线查询；

支持 HP-TCM（高阶通道串接连接监视）功能，可在不同网络运营商公司的边界处，检测本网络所接收到的和所传递到下一个网络的 B3 误码块个数。

2）OL16 和 OL1/4×4 板槽位图

S325 的光线路板包括 OL16 和 OL1/4×4。

OL16 用于配置了 OCS16 的系统中，可插在 6、11、12 槽位；OL1/4×4 板实现 4 路 STM-1 或 STM-4 光信号处理，用于配置了 OCS4/16 的系统中，可插在 1-6、11、12 槽位。

可配置为以下工作模式：

OL1 模式：光接口速率均为 STM-1；

OL4 模式：光接口速率均为 STM-4；

OL1/4 模式：光接口速率可设置为 STM-1 或 STM-4。

3）OL16 和 OL1/4×4 板面板

OL16 和 OL1/4×4 板的面板说明如表 3.12 所示。

表 3.12　OL16 和 OL1/4×4 板面板接口说明

序号	名称	说明
1	状态指示灯（RUN）	绿灯，单板正常运行时，周期慢闪
2	工作状态指示灯（M/S）	绿灯，正常工作情况下，长亮
3	告警指示灯（ALM）	红灯：单板无告警时，长灭；单板有告警时，长亮
4	收发光接口（RX_n/TX_n，$n=1$、2、3、4）	接收和发送 STM-1/4/16 光信号，其中，RX_n 表示第 n 路收光口，TX_n 表示第 n 路发光口，连接器类型为 LC/PC
5	激光警告标识	提示操作人员在插拔尾纤时，不要直视光接口，以免灼伤眼睛
6	激光等级标识	显示激光的等级

4. OL1/4 分系统

1）功　能

OL1/4 分系统实现 STM-1 电接口与 STM-1/STM-4 光接口功能，完成接口转换、数据与开销分离等功能，以及实现 STM-1 电接口的 1:N 保护。单板构成如表 3.13 所示。

二维码 3.10
OL1/4 分系统 微课

表 3.13　OL1/4 分系统单板说明

实现功能	处理板	接口板
STM-1 光接口功能	LP1×1：STM-1 线路处理板，单端口； LP1×2：STM-1 线路处理板，双端口	OIS1×1：STM-1 光接口板，单端口； OIS1×2：STM-1 光接口板，双端口
STM-1 电接口功能	LP1×1/LP1×2	ESS1×2：STM-1 电倒换板，双端口
STM-1 电接口 1：N 保护功能（$N\leqslant 5$）	LP1×1/LP1×2	ESS1×2：STM-1 电倒换板； BIS1：桥接板
STM-4 光接口功能	LP4×1：STM-4 线路处理板，单端口； LP4×2：STM-4 线路处理板，双端口	OIS4×1:STM-4 光接口板，单端口； OIS4×2：STM-4 光接口板，双端口

2）OL1/4 分系统各单板可用槽位

OL1/4 分系统各单板在子架中的可用槽位如表 3.14 所示。

表 3.14　OL1/4 分系统各单板可用槽位

单板	可用槽位
LP1×1、LP1×2	1～6
LP4×1、LP4×2	5、6
BIS1	L1～L6
OIS1×1、OIS1×2	L1～L6
OIS4×1、OIS4×2	L5、L6

3）LP1×1/LP1×2/LP4×1/LP4×2 板功能

二维码 3.11
OL1/4 分系统各单板 图片

LP1×1/LP1×2 单板功能如下：

可提供 1/2 路 STM-1 接口处理能力；

可实现网管信息从光线路到 NCP 板间的转发，并向 OCS4/OCS16 板输出接收参考时钟；

与电接口板配合使用，实现 STM-1 电接口的接入，完成电信号的异步映射/解映射的功能；

与电接口倒换板 ESS1、接口桥接板 BIS1 配合使用，实现 STM-1 电接口的 1：*N* 保护；

与光接口板 OIS1 配合实现 STM-1 速率光接口的接入，并完成接口转换、数据与开销分离的功能。

LP4×1/LP4×2 单板功能如下：

可提供 1/2 路 STM-4 接口处理能力；

可实现网管信息从光线路到 NCP 板间的转发，并向 OCS4/OCS16 板输出接收参考时钟；

与光接口板 OIS4 配合实现 STM-4 速率光接口的接入，并完成接口转换、数据与开销分离的功能。

4）LP1×1/LP1×2/LP4×1/LP4×2 板面板

LP1×1/LP1×2/LP4×1/LP4×2 板的面板说明如表 3.15 所示。

表 3.15　LP1x1/LP1x2/LP4x1/LP4x2 板面板接口说明

序号	名称	说明
1	状态指示灯（RUN）	绿灯，单板正常运行时，周期慢闪
2	主备用指示灯（M/S）	绿灯：对于配置了单板保护的单板，正常工作情况下，长亮表示本板处于主用状态，长灭表示本板处于备用状态；对于没有配置单板保护的单板，正常工作情况下，长亮
3	告警指示灯（ALM）	红灯：单板无告警时，长灭；单板有告警时，长亮

5）OIS1×1/OIS1×2/OIS4×1/OIS4x2 板功能

OIS1×1/OIS1×2 单板功能：

完成 STM-1 光接口功能，有单路与双路两种型号单板；单板发光接口支持激光器自动关断功能。

OIS4×1/OIS4×2 单板功能：

完成 STM-4 光接口功能，有单路与双路两种型号单板；单板发光接口支持激光器自动关断功能。

6）OIS1×1/OIS1×2/OIS4×1/OIS4×2 板工作原理

在接收侧，单板接收外部输入的光信号，完成 622 Mb/s 或 155 Mb/s 高速信号的光/电转换、信号分解以及线路信号的提取，并将处理后的电信号经过背板送往业务板处理。

在发送侧，单板接收经背板送入的业务板信号，完成 622 Mb/s 或 155 Mb/s 信号复接、线路信号的合成，并进行信号的电/光转换，输出光信号到外部设备。

7）OIS1×1/OIS1×2/OIS4×1/OIS4×2 板面板

OIS1×2 板无面板，提供两路光接口，连接器类型为 SC/PC。OIS1×1/OIS4×1/OIS4×2 板结构与 OIS1×2 板类似，区别是 OIS1×1/OIS4×1 板提供一路光接口。

8）ESS1×2 板功能

为 LP1×1/LP1×2 板提供 2 路 STM-1 物理电接口；

当不需要 1:N（N≤5）单板保护时，ESS1×2 板仅完成 STM-1 电接口的功能；

当需要 1:N（N≤5）单板保护时，ESS1×2 板与 BIS1 板配合实现 STM-1 电业务的 1:N（N≤5）单板保护。

9）ESS1×2 板工作原理

在接收侧，ESS1×2 板接收外部输入的电信号，完成 155 Mb/s 高速信号分解以及线路信号的提取，并将处理后的信号经过背板送往业务板处理。

在发送侧，ESS1×2 板接收经背板送入的业务板信号，完成 155 Mb/s 信号复接、线路信号合成，并将信号输出到外部设备。

在单板 1：N 保护时，ESS1×2 板还根据 OCS16 或 OCS4 板送来的控制信号完成外信号是连接到工作板还是保护板的选择。

10）ESS1×2 板面板

ESS1×2 板无面板，提供两路电接口，接口采用 1.0/2.3 弯式 PCB 焊接（附螺装）插座（孔）。

11）BIS1 板功能

BIS1 板完成保护板 LP1×1 或 LP1×2 和对应被保护工作板 LP1×1 或 LP1×2 的接口倒换板 ESS1×2 的桥接功能。

在系统需要实现 STM-1 电业务 1：N（$N\leqslant 5$）单板保护时使用，插在保护板对应的业务接口板槽位。

12）BIS1 板工作原理

BIS1 板将本槽位对应的业务信号转接到背板公用的备用信号插针处。

二维码 3.12
OL1/4 分系统功能配置和 TPS 保护　动画

13）BIS1 板面板

BIS1 板无面板，也无任何接口。

14）OL1/4 分系统功能配置

实现 STM-1 电业务接入及处理等功能，如图 3.13（a）所示。实现一组 STM-1 电业务的 1:3 单板保护功能，如图 3.13（b）所示。

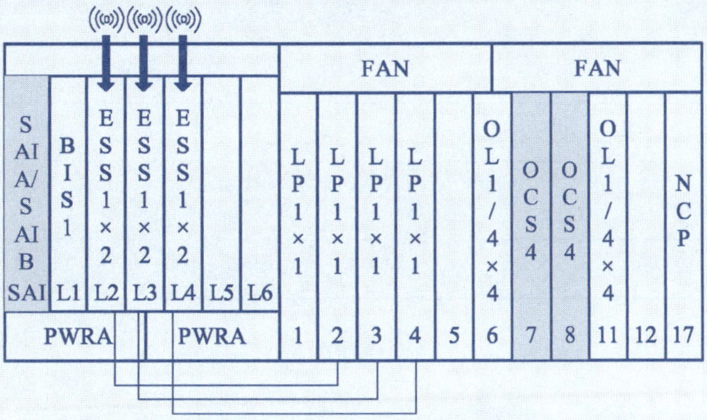

（a）OL1/4 分系统功能配置图

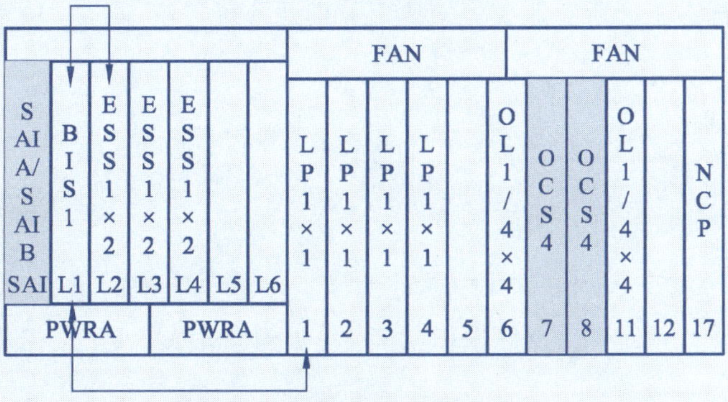

（b）OL1/4 分系统 TPS 保护配置图

图 3.13　OL1/4 分系统功能配置图和 TPS 保护示例图

5. 光放大单元

OA 板可以实现对光线路信号的放大功能。单板可提供 1 路光信号的放大功能，光放大功能与信号速率无关，可以实现 1 550nm 窗口各种速率 SDH 信号的放大功能。OA 板与其他光线路板的连接如图 3.14 所示，东向光线路板输出的光信号经过光放大板放大后输出，由西向光线路板接收。

二维码 3.13
光放大单元 微课

图 3.14 OA 板连接示意图

1）功 能

OA 板通过放大 1 550nm 波长的光功率来提高系统无中继的传输距离，为光信号提供透明的传送通道，数据传输速率包括 2.5 Gb/s、622 Mb/s 和 155 Mb/s。OA 板支持发送光功率、接收光功率、模块温度和激光器工作电流 4 个 EDFA 模块参数查询。

掺铒光纤放大器（EDFA）是光放大板的核心。应用时，根据 EDFA 所处位置和作用的分类如表 3.16 所示。

表 3.16 光纤放大器分类

名称	作用
OBA（光功率放大器）	位于系统的发射端，用于提高系统的发射功率，增大中继距离
OPA（光前置放大器）	位于系统的接收端，放大传输后的弱信号，提高系统接收机的输入功率
OLA（光线路放大器）	位于系统光纤线路中间，用于替代光电再生中继器

目前，ZXMP S325 支持 OBA 板和 OPA 板。

2）OA 板可用槽位

OA 板可插在子架所有业务板槽位上（即业务板槽位 1 ~ 6、11 和 12）。

3）面板与接口

OBA 板和 OPA 板面板相似，仅面板标识不同。

6. EP1 分系统

EP1 分系统实现 PDH E1/T1 电信号的异步映射/解映射的功能，并提供 1 : N（$N \leqslant 6$）支路保护功能。单板构成如表 3.17 所示。

二维码 3.14
EP1 分系统 微课

表 3.17 EP1 分系统的单板说明

实现功能	需要配置的单板
E1 电信号处理功能	EPE1×21（或 EPE1B）、ESE1×21
E1 电支路 1∶N（N≤5）保护功能	EPE1×21（或 EPE1B）、BIE1×21、ESE1×21
E1 电支路 1∶6 保护功能	EPE1×21（或 EPE1B）、ESE1×21
T1 电信号处理功能	EPT1×21（或 EPE1B）、ESE1×21
T1 电支路 1∶N（N≤5）保护功能	EPT1×21（或 EPE1B）、BIE1×21、ESE1×21
T1 电支路 1∶6 保护功能	EPT1×21（或 EPE1B）、ESE1×21

1）各单板可用槽位

EP1 分系统各单板可用槽位如表 3.18 所示。槽位 11 为 EPE1×21、EPT1×21、EPE1B 保护板专用槽位，此时不需要配置 BIE1×21 板。

二维码 3.15
EP1 分系统各单板 图片

表 3.18 EP1 分系统各单板可用槽位

单板	可用槽位
EPE1×21、EPT1×21、EPE1B	1～6
BIE1×21、ESE1×21	L1～L6
OIS4×1、OIS4×2	L5、L6

2）EPE1×21/EPT1×21/EPE1B 板（E1/T1 电信号处理板）功能

（1）实现 E1/T1 电信号的映射和解映射，每块板最多可处理 21 路电信号。

EPE1×21 板处理 E1 信号；

EPT1×21 板处理 T1 信号；

EPE1B 板可处理 E1 或 T1 信号。

（2）支持上、下时隙号不相同，上、下时隙独立；可完成 2 组 AU 总线之间的 VC-12/VC-11 等级的通道保护；互为保护的 2 个通道可以不在 2 组 AU 总线的同一时隙。

（3）按照并发优收的原则处理 OCS4 或 OCS16 板送入的 2 组 AU 总线。单板的“优收”通过检测不同时隙中的告警性能、选择相对正常的时隙进行解映射实现，“并发”通过同时向不同的 AU 总线时隙发业务来实现。

（4）完成高阶通道、低阶通道的读取与插入；支持支路再定时（最大可支持 4 路支路再定时，端口为 1～4 路 E1/T1 时隙）；与 BIE1×21、ESE1×21 板配合完成系统 1∶N（N≤6）支路保护功能。

（5）除具有上述功能外，其 E1/T1 接口还支持非成帧和成帧方式。

非成帧方式：单板的电口方向仅监测 E1/T1 接口 LOS/AIS 告警和 CV 性能

计数。

成帧方式：单板的电口方向除了监测非成帧方式的信息外，还监测接收到的E1/T1 信号的成帧告警信息 LOF/RAI，并在网管上指示。用户可以根据网管的成帧告警信息，判断故障是由传输设备导致还是终端设备导致，方便解决现场故障。

3）EPE1×21/EPT1×21/EPE1B 板（E1/T1 电信号处理板）面板

EPE1×21/EPT1×21/EPE1B 板面板与 LP1/LP4 板相似，仅面板丝印不同。

4）ESE1×21 板（21 路 E1 电接口倒换板）功能

为 EPE1×21/EPT1×21/EPE1B 板提供 21 路 E1 或 T1 物理电接口。

当不需要 1∶*N* 单板保护时，ESE1×21 板仅完成 E1/T1 电接口的功能。

当需要 1∶*N* 单板保护时，ESE1×21 板可与 BIE1×21 板配合实现 E1/T1 电业务的 1∶*N*（*N*≤5）单板保护，ESE1×21 板也可与在子架 11 槽位插入的保护板配合实现 E1/T1 电业务的 1∶6 单板保护。

5）ESE1×21 板（21 路 E1 电接口倒换板）工作原理

在接收侧，ESE1×21 板接收外部输入的电信号，经过背板送往业务板处理。

在发送侧，ESE1×21 板接收经背板送入的业务板信号，将信号输出到外部设备。

在单板 1∶*N*（*N*≤6）保护时，ESE1×21 板还根据 OCS4 或 OCS16 板送来的控制信号来选择对外信号连接到工作板或保护板。

6）ESE1×21 板（21 路 E1 电接口倒换板）面板与接口

ESE1×21 板无面板，接口采用 50×2 叠层 3 墙弯式 PCB 焊接扁平电缆插座（针）。

7）BIE1×21 板（21 路 E1/T1 电接口桥接板）功能

BIE1×21 板完成保护板 EPE1×21/EPT1×21/EPE1B 和对应被保护工作板的接口倒换板 ESE1×21 的桥接功能。该板仅在系统需要实现 E1/T1 电业务 1∶*N*（*N*≤5）单板保护时使用，插在保护板对应的业务接口板槽位。如果 EPE1×21/EPT1×21/EPE1B 保护板插在槽位 11 上，不需要配置 BIE1×21 板。BIE1×21 板将本槽位对应的业务信号转接到背板公用的备用信号插针处。

8）BIE1×21 板（21 路 E1/T1 电接口桥接板）工作原理

当被保护工作板 EPE1×21/EPT1×21/EPE1B 发生故障时，BIE1×21 板根据 OCS4 或 OCS16 板板送来的保护控制信号，将对应被保护工作板的接口倒换板 ESE1×21 所接收或发送的信号桥接到保护板处理。

9）BIE1×21 板（21 路 E1/T1 电接口桥接板）面板接口

BIE1×21 板无面板，也无任何接口。

10）EP1 分系统功能配置

实现 E1 电业务接入及处理等功能，如图 3.15（a）所示。实现一组 E1 电业务的 1∶3 单板保护功能，如图 3.15（b）所示。

二维码 3.16
EP1 分系统功能配置和 TPS 保护 动画

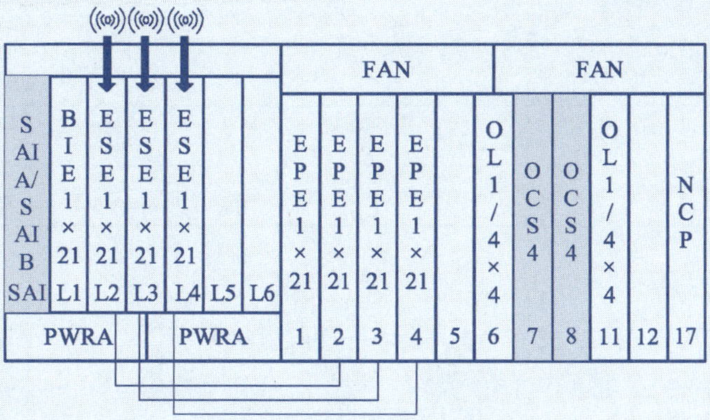

（a）EP1 分系统功能配置图

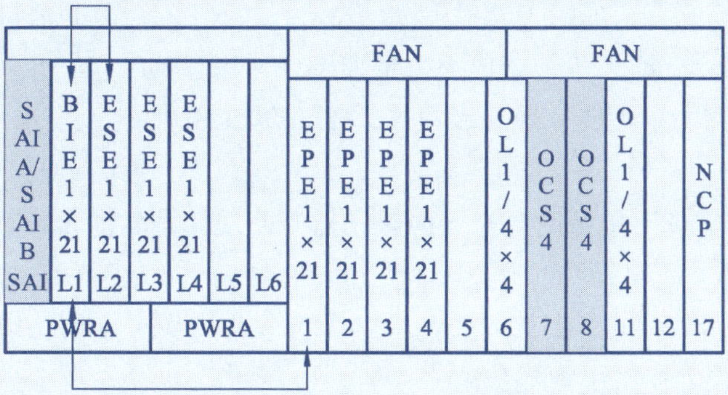

（b）EP1 分系统 TPS 保护配置图

图 3.15　EP1 分系统功能配置图

7. EP3 分系统

EP3 分系统实现 PDH E3/T3 电信号的映射/解映射功能，并提供 1∶N（$N \leqslant 5$）支路保护功能。其中需要配置的单板如表 3.19 所示。

二维码 3.17
EP3 分系统　微课

表 3.19　EP3 分系统单板

实现功能	需要配置的单板
E3 电信号处理功能	EP3×3、ESE3×3
E3 电支路 1∶N（$N \leqslant 5$）保护功能	EP3×3、BIE3×3、ESE3×3
T3 电信号处理功能	EP3×3、ESE3×3
T3 电支路 1∶N（$N \leqslant 5$）保护功能	EP3×3、BIE3×3、ESE3×3

1）各单板可用槽位

EP3 分系统各单板可用槽位如表 3.20 所示。当配置 1：N（N≤5）单板保护时，EP3×3 板的保护板槽位为槽位 1。

表 3.20　EP3 分系统各单板可用槽位

单板	可用槽位
EP3×3	1～6
ESE3×3	L1～L6
BIE3×3	L1

2）EP3×3 板功能

（1）可实现 3 路 E3 或 T3 业务处理；可通过网管配置端口速率为 E3 或 T3；支持 3 路 E3、T3 信号到 AU-4 任意时隙的映射、解映射和复用、解复用。

二维码 3.18
EP3 分系统各单板 图片

（2）支持成帧和非成帧方式：

① 非成帧方式时，单板的电口方向监测 E3 接口的 LOS/AIS 告警和 CV 性能计数，以及 T3 接口的 LOS 告警（无 AIS 告警）和 CV 性能计数。

② 成帧方式时，单板的电口方向除了监测非成帧方式的告警和信息外，还监测接收到的 E3/T3 信号的成帧告警信息 LOF/RAI 和 T3 信号的告警信息 AIS，并在网管上指示。用户可以根据网管的成帧告警，判断故障是由传输设备导致还是终端设备导致，方便解决现场故障。

（3）支持上、下时隙号不相同，上、下时隙独立；可以完成 2 组 AU 总线之间的 VC-3 等级的通道保护；能读取 AU 总线、E3/T3 端口以及 VC-3 通道的告警和性能并上报网管；与 BIE3×3、ESE3×3 板配合完成 1：N（N≤5）单板保护功能。

3）EP3×3 板面板

EP3×3 板面板与 LP1/LP4 板相似，仅面板丝印不同。

4）ESE3×3 板功能

为 EP3×3 板提供 3 路 E3 或 T3 物理电接口。

当不需要 1：N（N≤5）单板保护时，ESE3×3 板仅完成 E3/T3 电接口的功能。

当需要 1：N（N≤5）单板保护时，ESE3×3 板与 BIE3×3 板配合实现 E3/T3 电业务的 1：N（N≤5）单板保护。

5）ESE3×3 板工作原理

在接收侧，ESE3x3 板接收外部输入的 E3/T3 电信号，完成电信号的提取，并将处理后的信号经过背板送往业务板处理。

在发送侧，ESE3×3 板接收经背板送入的 E3/T3 电信号，并将信号输出到外部设备。

在单板 1：N 保护时，ESE3×3 板还根据 OCS4 或 OCS16 板送来的控制信号来选择对外信号连接到工作板或保护板。

6）ESE3×3 板面板与接口

ESE3×3 板无面板。

7）BIE3×3 板功能

BIE3×3 板完成保护板 EP3x3 和对应被保护工作板的接口倒换板 ESE3x3 的桥接功能；仅在系统需要实现 E3/T3 电业务 1：N（$N \leq 5$）单板保护时使用，插在保护板对应的业务接口板槽位。

8）BIE3×3 板工作原理

当被保护工作板 EP3×3 发生故障时，BIE3×3 板根据 OCS4 或 OCS16 板送来的保护控制信号，将对应被保护工作板的接口倒换板 ESE3×3 所接收或发送的信号桥接到保护板处理。

9）BIE3×3 板面板

BIE3×3 板无面板，也无任何接口。

二维码 3.19
EP3 分系统功能配置和 TPS 保护　动画

10）EP3 分系统功能配置

下面实现一组 E3 电业务的 1：3 单板保护功能，以及实现 STM-1/STM-4 光业务处理等功能，如图 3.16 所示。

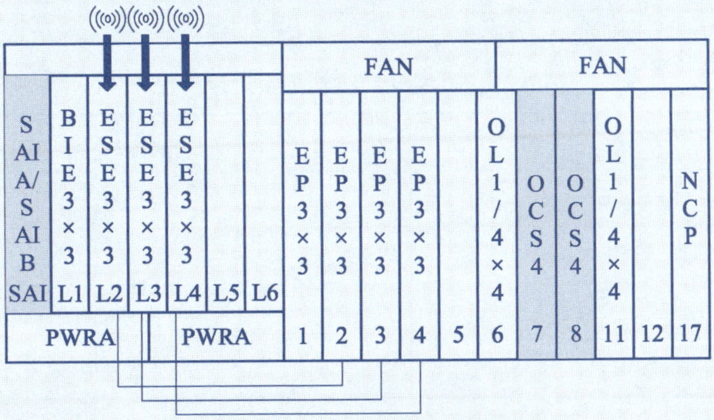

图 3.16　EP3 分系统功能配置图

二维码 3.20
EOS 分系统　微课

8. EOS 分系统

EOS 分系统提供以太网电（光）接口接入功能，实现局域网间、局域网和广域网间的业务经过 SDH 系统互联功能。各功能需要配置的单板如表 3.21 所示。EOS 分系统各单板性能对比如表 3.22 所示。

表 3.21　EOS 分系统的单板

实现功能	需要配置的单板
以太网电业务处理	SFE×6、TFE×8、SED、EIFE×4、EIFE×6
以太网电处理 1∶N（N≤5）单板保护功能	SFE×6、TFE×8、EIFE×4、EIFE×6、BIFE
以太网光业务处理（不提供接口保护功能）	SFE×6、TFE×8、SED、OIS1×4、OIS1×6

表 3.22　EOS 分系统各单板性能

处理板	接口板	用户口	系统口
SFE×6	EIFE×4（电接口） OIS1×4（光接口）	4 个 FE	6 个 VCG 端口，每端口最多配 46 个 VC-12，共 252 个 VC-12 带宽
SED（集成 2 个 GE 光口，2 个 FE 光口）	EIFE×6（电接口） OIS1×6（光接口）	最多 8 个 FE 口，2 个 GE 口	16 个 VCG 端口，每端口最多配 63 个 VC-12 或 24 个 VC-3 或 8 个 VC-4，共 8 个 AUG 带宽
TFE×8（集成 2 个 FE 光口）	EIFE×6（电接口）	最多 8 个 FE 口	8 个 VCG 端口，每端口最多配 63 个 VC-12 或 3 个 VC-3 或 1 个 VC-4，共 8 个 AUG 带宽

1）各单板可用槽位

EOS 分系统各单板可用槽位如表 3.23 所示。在需要以太网电接口 1 : *N*（*N*≤5）单板保护功能时，BIFE 板可用槽位为 SFE×6、TFE×8 保护板对应的业务接口板槽位。

表 3.23　EOS 分系统各单板可用槽位

单板	可用槽位
SFE×6	1～6
SED、TFE×8	1～6、11、12
EIFE×4/ EIFE×6、OIS1×4 /OIS1×6	L1～L6
BIFE	SFE×6、TFE×8 保护板对应的业务接口板槽位

2）SFEx6 板功能

用户侧支持 4 个用户口（LAN 信号接入接口），可处理 4 路以太网光或电信号。其物理电接口由 EIFEx4 板提供，物理光接口由 OIS1x4 板提供。系统侧提供 6 个广域网方向，即提供 6 个 *N*×2.176 M 带宽的 WAN 接口。

每个广域网方向可以根据需要配置 1～46 个 VC-12（采用虚级联方式），能够灵活实现 2 M 带宽到 100 M 带宽的任意配置，所有的系统侧最多可以配置 252 个 VC-12。任意一个系统侧方向的业务由 N（1～46）个绑定的 VC-12 承载，绑定由网管配置完成，多路绑定的 VC-12 采用虚级联方式映射到 VC-4。4 个 LAN 接入接口间可以进行 L2 的线速交换。在透传模式下，4 个 LAN 接入接口和第 1～4 个 WAN 接口可以实现固定连接的完全透传功能。

单板支持两种 VLAN 模式：基于端口的 VLAN 和基于 TAG 的 VLAN。所有的端口支持 4 094 个 VLAN ID。网管可以完成 VLAN、流量控制、地址学习、生成树、QoS、Trunk 等功能配置；从 AU 总线中取出所下的时隙，并将业务映射到相应的 AU 时隙中；完成业务的通道保护；完成高阶、低阶通道开销的读取与插入。

3）SFE×6 板面板接口

SFE×6 板面板接口与 LP1×1/LP1×2/LP4×1/LP4×2 板类似，仅面板丝印不同。

4）EIFE×4/EIFE×6 板功能

提供 4/6 路以太网物理电接口，完成以太网电接口的功能；根据 OCS16 或 OCS4 板送来的控制信号来完成对外以太网业务是与工作板还是与保护板连接的选择。

二维码 3.21
EOS 分系统各单板　图片

5）EIFE×4/EIFE×6 板工作原理

EIFE×4 板和 EIFE×6 板工作原理相同。

在接收侧，单板接收外部输入的以太网电信号，完成电信号的提取，并将处理后的信号经过背板送往业务板处理。

在发送侧，单板接收经背板送入的以太网电信号，并将信号输出到外部设备。

在 $1:N$（$N\leq 5$）单板保护时，EIFE×4 板根据交叉板送来的控制信号，以选择信号连接到工作板或者保护板。

6）EIFE×4/EIFE×6 板面板接口

EIFE×4 板和 EIFE×6 板均无面板，且单板结构类似，区别为正面接口数量不同。以太网电接口采用 RJ45 接口，接口编号由上至下递增。接口支持 10 M/100 M 自适应的以太网端口，支持自动协商、全双工、半双工工作模式，传输距离不小于 100 m。

7）OIS1×4/OIS1×6 板功能

单板提供 4/6 路 STM-1 光接口；单板光接口支持激光器关断功能。

8）OIS1×4/OIS1×6 板工作原理

在接收侧，单板接收外部输入的光信号，完成信号的光/电转换、信号分解以及线路信号的提取，并将处理后的电信号经过背板送往业务板处理。

在发送侧，单板接收经背板送入的业务电信号，完成信号的电/光转换，输出光信号到外部设备。

9）OIS1×4/OIS1×6 板面板接口

OIS1×4 板和 OIS1×6 板均无面板，且单板结构类似，区别为正面接口数量不同。光接口类型为 LC/PC 光接口，接口编号由上至下递增。接口采用 SFP 光模块，作为以太网光接口使用时，支持 100 M 全双工工作模式。

10）BIFE 板功能

BIFE 板完成保护板 SFE×6 和对应被保护工作板 SFE×6 的接口板 EIFE×4 的桥接功能，仅在系统需要实现以太网业务 1∶N（$N \leq 5$）单板保护时使用，插在 SFE×6 保护板对应的接口板槽位；完成保护板 TFE×8 和对应被保护工作板 TFE×8 的接口板 EITFE×6 的桥接功能，仅在系统需要实现以太网业务 1∶N（$N \leq 5$）单板保护时使用，插在 TFE×8 保护板对应的接口板槽位。

11）BIFE 板面板接口

BIFE 板无面板，也无任何接口。

12）EOS 分系统功能配置

下面实现一组以太网电业务 1∶3 单板保护功能，以及实现 100 M 以太网光业务处理等功能，如图 3.17 所示。

二维码 3.22
EOS 分系统功能配置和 TPS 保护　动画

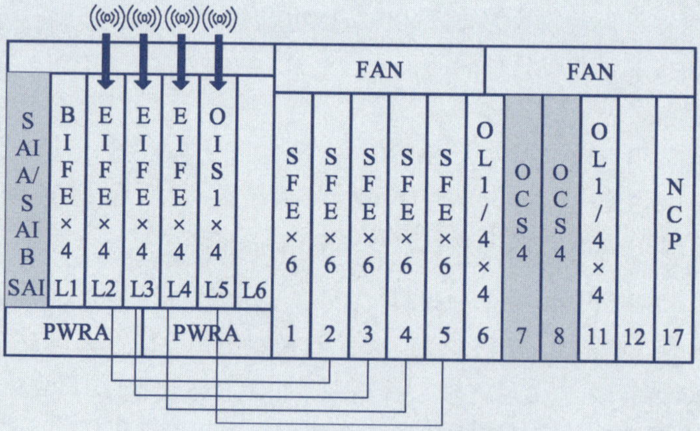

图 3.17　EOS 分系统工作原理图

9. ATM 分系统

ATM 分系统用于实现 ATM 业务数据到 SDH 传输网络的收敛或汇聚。系统包含 AP1×4、OIS1×4 单板。

1）各单板可用槽位

ATM 分系统各单板可用槽位如表 3.24 所示。

二维码 3.23
ATM 分系统　微课

表 3.24　ATM 分系统各单板可用槽位

单板	可用槽位
AP1×4	1～6
OIS1×4	L1～L6

2）功　能

在 ATM 侧支持 4 个 155 Mb/s 的光接口，在系统侧提供 4 个 155 Mb/s 非级联方式的数据流，可选择使用 1～4 个 VC-4 通道传送 ATM 业务；支持线路时钟提取，可作为设备的时钟源；支持固定比特率业务（CBR）、实时可变比特率业务（rt-VBR）、非实时可变比特率业务（nrt-VBR）和未指定比特率业务（UBR）四种 ATM 业务类型；支持 VP/VC 的本地交换；支持基于 VP-AIS、LOS、LOF、OOF、LAIS、LCD 等告警的 VP 保护倒换。

3）面　板

AP1×4 板面板与 LP1×1/LP1×2/LP4×1/LP4×2 板类似，面板上提供有运行状态指示灯（RUN）、主备用指示灯（M/S）和告警指示灯（ALM）。

4）ATM 分系统功能配置

下面实现速率为 STM-1 的 ATM 光业务数据到 SDH 传输网络的收敛或汇聚等功能。ATM 业务通过 OIS1×4 进行光电变换，然后传输到 ATM 业务处理模块 AP1×4，在 AP1×4 板中转换为业务总线送入 OCS4 板，由 OCS4 板将业务交叉至光线路板，实现远距离传输，配置如图 3.18 所示。

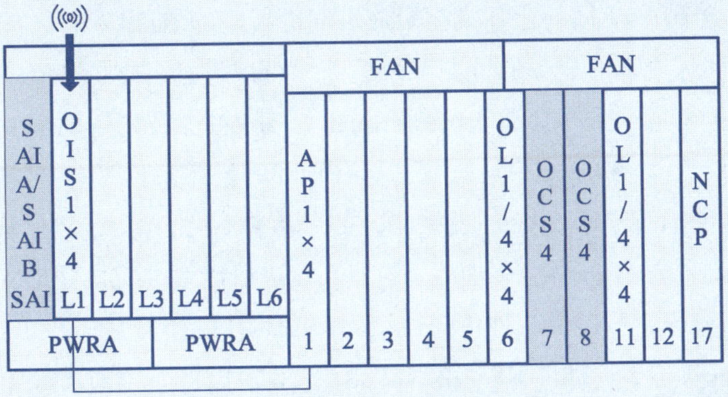

图 3.18　ATM 分系统功能配置图

10. RPR 分系统

RPR 分系统实现以太网业务到 RPR 的映射，完成 RPR 特有的功能，利用 SDH/MSTP 环网的通道带宽资源，提供 RPR 所需的双环拓扑结构，完成 RPR 节点的

二维码 3.24
RPR 分系统　微课

环形互联。RPR 分系统包含内嵌 RPR 处理板 RSEB、电接口板 EIFE×4、光接口板 OIS1×4。EIFE×4 板为 RSEB 板提供物理电接口，OIS1×4 板为 RSEB 板提供物理光接口。需要配置的单板如表 3.25 所示。

表 3.25 RPR 分系统单板

实现功能	需要配置的单板
RPR 业务（GE 光接口、FE 电接口）	RSEB、EIFE×4
RPR 业务（GE 光接口、FE 光接口）	RSEB、OIS1×4

1）各单板可用槽位

RPR 分系统各单板可用槽位如表 3.26 所示。

表 3.26 RPR 分系统各单板可用槽位

单板	可用槽位
RSEB	1～6、11、12
OIS1×4、EIFE×4	L1～L6

2）RSEB 板功能

（1）支持 Q-in-Q 的识别，用最外层 802.1Q 标识作为用户隔离 VLAN 标识，参与学习查找以及环网上业务的隔离。

（2）支持不同的客户，不同的客户用 VLAN ID 来区分。每个客户可以包含多个 VLAN ID，使不同的客户无论在本地还是不同站点之间都能实现完全隔离，保证了不同客户对数据安全的要求。每个客户可以有不同优先级的业务（包括 A 类、B 类和 C 类业务），不同的业务类型对应不同的 VLAN ID。

（3）不同优先级的业务的带宽和峰值速率可以设置。支持公平算法，支持拓扑发现和保护功能，支持穿通（passthrough）模式。支持网管的配置、告警性能查询以及其他查询（包括端口运行状态、RPR 环的拓扑关系图）。RPR 环带宽可配置，支持 VC-4-xv 和 VC-3-xv 的虚级联，支持以 VC-4 为粒度带宽可调的 RPR 环。支持 Bypass（旁路）RPR MAC 功能，即业务只进行以太网交换处理，不进行 RPR MAC 的交换处理。可提供两种单板类型：RSEB-RPR 和 RSEB-EOS。RSEB-RPR 板为普通 RSEB 单板，提供 RPR 组网功能；RSEB-EOS 板通过旁路 RPR MAC 交换处理，实现 2 个 GE 接口（即 RPR 系统端口）的纯 EOS 功能。

3）RSEB 板面板接口

RSEB 板面板接口说明如表 3.27 所示。

表 3.27　RSEB 板面板接口说明

序号	名称	说明	
1	指示灯	运行状态指示灯（RUN）	绿灯，单板正常运行时，周期慢闪
		工作指示灯（M/S）	绿灯，正常工作情况下，长亮
		告警指示灯（ALM）	红灯：单板无告警时，长灭；单板有告警时，长亮
		GE 光接口连接指示灯（LA1、LA2）	绿灯，分别指示第 1、2 路 GE 光接口连状态，即 LINK/ACTIVE 指示，当处于 link 状态时指示灯长亮，当有收发包时指示灯闪烁
2	接口	GE 光接口 1	第 1 路 GE 光接口，接口类型为 LC/PC
		GE 光接口 2	第 2 路 GE 光接口，接口类型为 LC/PC
3	标识	激光警告标识	提示操作人员在插拔尾纤时，不要直视光口，以免灼伤眼睛
		激光等级标识	显示激光的等级

4）RPR 分系统功能配置

RPR 分系统功能配置如图 3.19 所示。该配置可实现 RPR 组网，以及实现 100 M 以太网光业务处理等功能。

以太网业务通过 OIS1x4 板的 4 个 FE 接口或者 RSEB 板的 2 个 GE 接口，将数据送入到 RSEB 板的 RPR 处理单元，完成以太网帧到 RPR MAC 适配层所有功能。

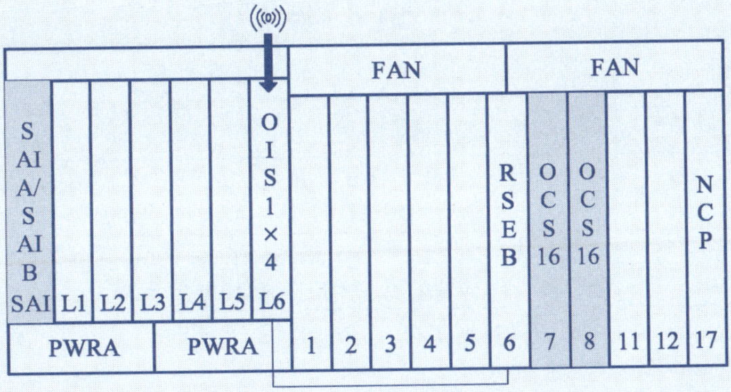

图 3.19　RPR 分系统功能配置图

11. 电源分系统

1）电源板可用槽位

电源板在子架中的插板位置如图 3.20 所示。

二维码 3.25
电源分系统　微课

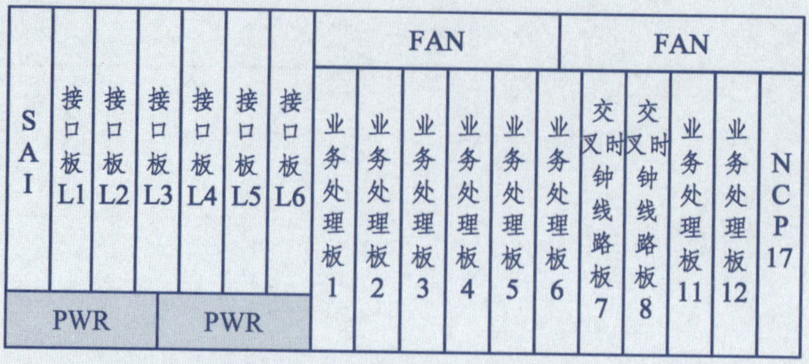

图 3.20　电源分系统槽位图

2）功　能

ZXMP S325 提供两种电源板，用于向子架供电，具体功能说明如表 3.28 所示。

表 3.28　两种电源板功能说明

电源类型	功　能
PWRA	对引入的－48 V 直流电源进行处理后，给子架供电使用； 支持 1+1 的热备份； 能防止电源反接，提供过、欠压和在位信号检测
PWRB	对引入的+24 V 直流电源进行 EMI 干扰和纹波滤除后，再转换为－48 V 的电压，给子架供电使用； 支持 1+1 的热备份； 能防止电源反接，提供过、欠压和在位信号检测

3）PWRA 板面板

PWRA 板面板说明如表 3.29 所示。

表 3.29　PWRA 板面板说明

序号	名称	说明
1	松不脱螺钉	用于固定电源板
2	电源输入接口	接入－48 V 直流电源，接口采用 D 型三芯插座，由左至右依次定义为－48 VGND、PGND、－48 V
3	电源开关	控制是否接入－48 V 直流电源，开关置“ON”时将－48 V 直流电源接入电源板，置“OFF”时将电源板与－48 V 直流电源断开
4	拉手	用于插拔电源板

3.3.4　ZXMP S325 传输设备开局

1．业务描述

中兴通讯为广铁集团公司构建了如图 3.21 所示的光传输网络，其中站 A、B、C 构成二纤环形光传输网，速率为 STM-4。A 为中心站，A、B、C 三站之间能正常进行通信，网管主机连接 A 站，通过 A 站可对 B、C 两站

二维码 3.26
ZXMP S325 开局　微课

网元的传输设备进行配置、管理及维护。

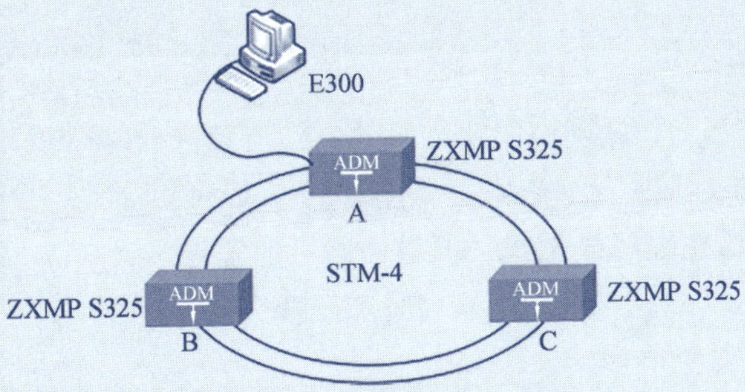

图 3.21　光传输网络示意图

2. 任务分析

因为要对设备进行初始化配置，所以首先应将网管计算机与设备连接，目前使用的连接多为以太网方式。对任何可联网的设备，出厂时会有一个默认地址，中兴通讯 ZXMP S325 设备的默认地址为 192.192.192.11，因此需将网管计算机的 IP 地址设为 192.192.192.0 的网段，即二者在同一个 IP 地址段。

网元 A、B、C 的 IP 地址分别设为 192.168.10.18、192.168.20.18、192.168.30.18。

3. 任务实施

第一步：将 NCP 板拔出，把 NCP 板的 S3（4 位拨码开关）全部拨为 ON，则 NCP 为下载（Download）状态，再将 NCP 板插回 17 槽位。拔出的 NCP 板，其中画红色圈部分为 S3（4 位拨码开关）。

第二步：修改网管计算机的 IP 地址和网关，与 NCP 的固定 IP 为同一网段。IP：192.192.192.XX；子网掩码：255.255.255.0。

第三步：运行 cmd（命令提示符），输入“ping 192.192.192.11”，检查与 NCP 板是否成功连接；输入“Telnet 192.192.192.11”，出现“ZTE+>”，进入 NCP 板配置状态。

第四步：清空 NCP 网元数据库，输入“d-erase-d1”，清空 NCP 的数据库信息。其中 d1 为 NCP 的数据库区。

第五步：NCP 的地址信息配置，输入“d-cfgnet”命令后，出现的信息是设备原有的 IP 地址。

现在可开始配置 IP，输入 IP 地址：192.168.10.18，回车；输入子网掩码：255.255.255.0，回车；输入 MAC 地址：16：3：18，回车；输入 Y，回车，表示保存设置。

第六步：复位 NCP。输入“d-reboot”，NCP 将进行复位。NCP 板指示灯闪烁 3 次，表示配置信息下载到 NCP 板。

第七步：将 NCP 板拔出，把 NCP 板的 S3（4 位拨码开关）拨回非全“ON”状态，再将 NCP 板插回 17 槽位。

3.4 华为 SDH 设备——OSN 系列产品

3.4.1 网络定位

二维码 3.27
华为 SDH 设备
OSN 系列产品　微课

OSN 系列产品在传输网中的定位如图 3.22 所示。Optix OSN 9500 定位于城域长途骨干业务调度节点；Optix OSN 3500/2500 主要应用在省级干线、城域网络中的汇聚层；OSN2500/OSN1500 定位在接入层。高阶和低阶交叉容量、业务板位数量如表 3.30 所示。

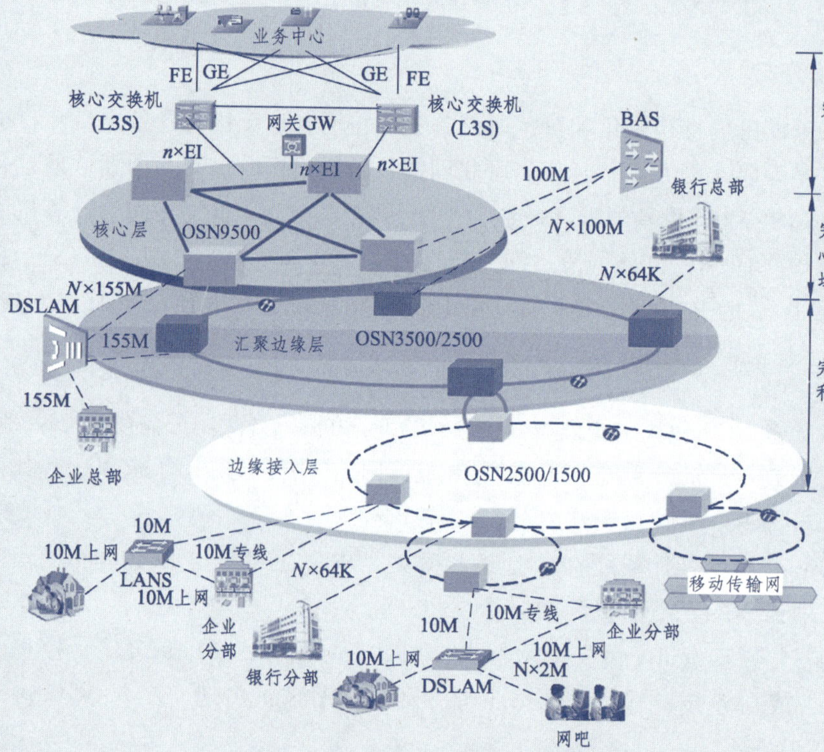

图 3.22　OSN 系列产品在传输网中的定位

表 3.30　OSN 系列产品特性

	OSN9500	OSN3500	OSN2500	OSN1500
高阶交叉容量	2 560×2 560 / 4 608×4 608 VC-4	512×512 VC-4	128×128 VC-4	128×128 VC-4
低阶交叉容量	20 G/40 G VC-12	20 G/5 G VC-12	20 G/5 G VC-12	20 G/5 G VC-12
业务板位数量	40 个	15 个	9 个	9 个

3.4.2 调度与组网能力

OSN3500/2500/1500 具有多业务接口，可接入 SDH、PDH、以太网、ATM、

SAN、OADM 等业务。单设备接入能力如表 3.31 所示。

表 3.31　单设备接入能力

业务类型	OSN9500	OSN3500	OSN2500	OSN1500
STM-64	40 路	12 路	/	/
STM-16	160 路	60 路	9 路	5 路
STM-4	256 路	142 路	36 路	28 路
STM-1	256 路（光） 224 路（电）	132 路（光） 224 路（电）	92 路（光） 34 路（电）	60 路（光） 18 路（电）
FE	/	180 路	88 路	56 路
GE	192 路	56 路	28 路	12 路
E1/T1	/	504 路	252 路	190 路
E3/T3	/	117 路	57 路	27 路
E4	/	32 路	16 路	8 路

OSN 系列产品设备可连入多个 STM64 环、STM16 环、STM4 环，如图 3.23 所示。具体组网能力如表 3.32 所示。

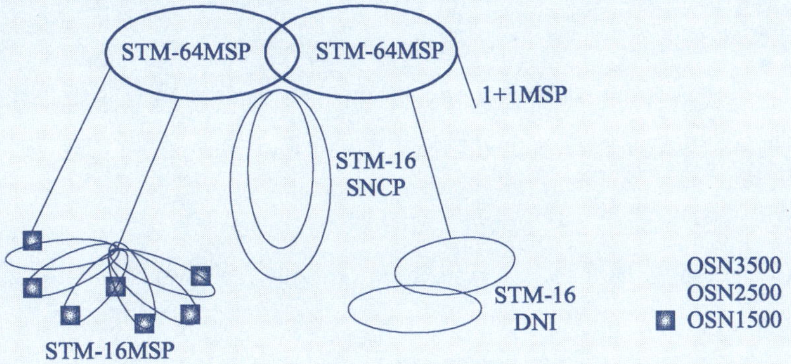

图 3.23　设备单子架组网能力

表 3.32　设备单子架组网能力

	OSN9500	OSN3500	OSN2500	OSN1500
STM-64 二纤环	36	2	0	0
STM-16 二纤环	80	4	3	2
STM-4 二纤环	/	23	11	5
支持网络拓扑	Mesh 网、环、链、环带链、相交环、相切环、DNI 等			

3.4.3　保护能力

OSN3500 的 10 G 光板、2.5 G 光板支持 2 个复用段环的共享光路保护，又称为单光口多复用段保护。OSN2500、OSN1500 也支持复用段共享光路保护。无主控复用段：复用段倒换下移到交叉处理，保证即使主控板失效的情况下，仍能进行正常倒换。具体保护内容如表 3.33 所示。

表 3.33　保护能力

保护类型	具体内容
设备级保护	主控、时钟、交叉、电源、二次电源备份保护； 2 M、34 M/45 M、155 M 电口板 TPS 保护
网络级保护	二纤单向通道环保护环； 二/四纤双向复用段环保护环； 1+1/1：*N* 复用段链型保护； 高阶/低阶子网连接保护； DNI 双节点互连保护； 共享光纤虚拟路径保护
业务级保护	以太业务 TPS 保护； RPR/ET-RING 环网保护； VP-RING 保护
基于 ASON 的保护	Mesh 网保护； SLA 业务分级保护

3.4.4　贴近客户的维护功能

1. 可插拔光模块

各种光模块型号可根据需要选择；降低用户首期投资成本，能业务发展中灵活追加配置；数据业务光模块也可热插拔:GE 光模块多种规格，满足组网需要。

2. 业务板件全兼容

OSN 产品的业务板可通用，方便维护，并减少了备板备件的投入。

3. 领先的智能散热系统

能实时查询子架各单板的温度情况，方便运维；智能的转速控制延长风扇寿命；多个风扇备份保护。

4. 更易维护的 OSN 产品

300 mm 深机柜，可靠墙安装；设备前面出线，单侧维护；子架出线区与单板区分离。

5. 远程在线光功率监测

该功能便于快速定位线路问题，提高维护效率。

6. 基于单板级的维护功能

通过单板告警指示灯可迅速判断设备故障类型；设备告警丰富，可以迅速排除设备硬件故障；当主控板不在位时，单板掉电重启动后可以正常工作。

3.5 OptiX OSN3500

OptiX OSN3500是新一代（NG）智能光传输设备。其应用SDH、Ethernet、PDH 等技术，实现了在同一个平台上高效地传送语音和数据业务；可与 OptiX OSN9500、OptiX 10 G、OptiX OSN2500、OptiX OSN1500、OptiX Metro3000、OptiX Metro1000混合组网，优化运营商投资，降低建网成本。OptiX OSN 3500应用于城域传输网中的汇聚层和骨干层。

3.5.1 系统性能

OptiX OSN3500 是 10 G/2.5 G 一体化智能光传输系统，主要应用在省级干线，以及城域网络中的核心层和汇聚层。它的主要参数和性能如表 3.34 所示。

二维码 3.28
OSN3500 系统　微课

表 3.34　OSN3500 主要参数和性能表

参数		性能
交叉能力		512×512 VC-4（80 G）、96×96 VC-3（5 G）、2 016×2 016 VC-12（5 G）
接入容量		支持4个STM-64槽位，8个STM-16槽位，7个1.25 G槽位； 最大可接入92×STM-1/46×STM-4
高集成度设计		单子架可提供15个处理板槽位，16个接口板槽位； 2.2 m机柜可以安装2个子架
以太网业务接入		支持10 M/100 M/1000 M以太网业务的接入和处理； 支持HDLC、LAPS或GFP协议封装； 支持以太网业务的透明传输、汇聚和二层交换； 支持LCAS，可以充分提高传输带宽效率； 支持L2 VPN，以及EPL、EVPL、EPLn/EPLAN和 EVPLn/EVPLAN业务
多种业务接口和管理接口	SDH业务接口	STM-1电接口、STM-1/4/16/64光接口； STM-16和STM-64光接口支持定波长输出，可直接与波分设备对接
	PDH业务电接口	E1、T1、E3、DS3、E4
	以太网业务接口	10Base-T 、 100Base-TX 、 1000Base-SX 、1000Base-LX
	时钟接口	2路75 Ω和120 Ω外时钟输入、输出接口，可设置为2 048 kb/s或2 048 kHz
	告警接口	16路输入4路输出的开关量告警接口； 级联机柜告警灯输入接口； 4路机柜告警灯输出接口
	管理接口	1路以太网网管接口； 4路透明传输串行数据的辅助数据口
	公务接口	1个公务电话接口； 2个出子网话音接口

续表

参数	性能	
保护	设备级保护	TPS（Tributary Protection Switching），支路保护倒换； 交叉时钟 1+1 保护； 主控 1+1 保护； 电源保护
	网络保护	支持 40 路 ECC； 支持四纤复用段环保护、二纤复用段环保护、线性复用段保护； 共享光路虚拟路径保护和子网连接保护等网络级保护； 支持复用段共享光纤保护

3.5.2 设备保护

1. 单板保护

单板保护方式有 1：*N* TPS 保护和 1+1 热备份，具体保护对象如表 3.35 所示。

表 3.35 保护对象及方式

保护对象	保护方式
E1/T1 业务处理板	1：*N*（*N*≤8）TPS 保护
E3/DS3 业务处理板	1：*N*（*N*≤3）TPS 保护
E4/STM-1 业务处理板	1：*N*（*N*≤3）TPS 保护
交叉连接与时钟板	1+1 热备份
系统控制与通信板	1+1 热备份
−48 V 电源接口板	1+1 热备份
单板 3.3 V 电源	1：*N* 集中备份（通过 AUX 提供集中备份）

注：OptiX OSN 3500 支持三个不同类型的 TPS 保护组共存。

2. 风扇保护

风扇单元采用 3 个智能风扇，3 个风扇模块的电源互为备份，智能风扇能够提供无级调速和停转检测功能，当一个风扇模块故障时，其余风扇模块全速运转。

3. 软件加载过程中断电的保护

应用程序和数据都有校验功能，在加载中断后，BIOS（基本输入输出系统）不会启动未加载成功的程序和数据，而是等待继续加载。

4. 电源过压、欠压的保护

电源板上的防雷器件，可以有效抑制瞬间高压（如雷击）可能造成的危害。

单板在电压过低时，将自动复位，软件重新初始化芯片。软件对影响业务的关键寄存器提供镜像保护，当电压不稳导致寄存器值发生变化时，能够恢复成正常值。在电压过低时，电源系统会自动切断主回路电源，使系统得到保护。

5. 单板温度检测

在发热量较大的单板上设计有温度检测电路，当单板环境温度过高时产生告警。

3.5.3 子　架

OptiX OSN3500 子架分为上、下两层。上层主要为接口板槽位区，共有 19 个槽位；下层主要为处理板槽位区，共有 18 个槽位。

二维码 3.29
OSN3500 系统所用单板　图片

具体分配情况如表 3.36 所示。

表 3.36　槽位分配情况

槽位区	具体槽位
出线板槽位区	业务接口板槽位（slot）：19～26，29～36； 辅助接口板槽位：37； 电源接口板槽位：27 和 28
处理板槽位区	业务处理板槽位：1～8 和 11～16； 交叉和时钟板槽位：9～10； 系统控制和通信板槽位：17～18； 其中 slot 17 也可以作为处理板槽位

子架的对偶板位沿交叉板左右对称。只有互为对偶板，光口号相同的两个光口之间才能组复用段环。多光口单板所有端口都可以通 DCC（数据通信信道）和公务，但网元总的 DCC 路由不超过 40/160（200 G 交叉）个。由于软件限制，系统最多组 12 个环形复用段。SCC 主控单板配 1～2 块，XCS 交叉板必配 2 块，PIU 电源板必配 2 块，AUX 系统辅助单板必配 1 块。

二维码 3.30
SDH 功能单元　微课

3.5.4 单　板

1. SDH 功能单元

单元功能：接入并处理 STM-1/STM-4/STM-16/STM-64 速率及 STM-4c/STM- 16c/STM-64c 级联的光信号；接入、处理并实现对 STM-1（电）速率的信号的 TPS 保护。单板类型和单板具体参数如表 3.37 所示。单板指示灯说明如表 3.38 所示。

表 3.37　单板类型和单板具体参数

单板类型	单板	面板上接口	单板功能
处理板（接入和处理光信号）	SL64	1 路光接口	接入和处理 1 路 STM-64 光信号
	SL16	1 路光接口	接入和处理 1 路 STM-16 光信号
	SL4	1 路光接口	接入和处理 1 路 STM-4 光信号
	SLD4	2 路光接口	接入和处理 2 路 STM-4 光信号
	SLQ4	4 路光接口	接入和处理 4 路 STM-4 光信号
	SL1	1 路光接口	接入和处理 1 路 STM-1 光信号
	SLQ1	4 路光接口	接入和处理 4 路 STM-1 光信号
处理板（接入和处理电信号，配合出线板使用）	SEP1	2 路电接口	接入和处理 8 路 STM-1 电信号
出线板（与 SEP1 板配合使用）	EU04	4 路电接口	接入 4 路 STM-1 电信号
	EU08	8 路电接口	接入 8 路 STM-1 电信号
	OU08	8 路光接口	接入 8 路 STM-1 光信号
电接口保护倒换板	TSB8	无接口	与 EU08、D34S 和 SEP1、PD3 配合使用
	TSB4	无接口	与 MU04、EU04、C34S 和 SPQ4、SEP1、PL3 配合使用

表 3.38　单板指示灯说明

指示灯	闪烁状态	状态描述
单板硬件状态灯——STAT（红绿双色灯）	绿色亮	工作正常
	红色亮	硬件故障
	红色亮 100 ms，灭 100 ms，反复循环	硬件不匹配
	灭	无电源输入，或者未配置业务
业务激活状态灯——ACT（绿色）	亮	业务处于激活状态
	灭	业务处于非激活状态
单板软件状态灯——PROG（红绿双色灯）	绿色亮	加载或初始化单板软件正常
	绿色亮 100 ms，灭 100 ms，反复循环	正在加载单板软件
	绿色亮 300 ms，灭 300 ms，反复循环	正在初始化单板软件
	红色亮	丢失单板软件，或加载、初始化单板软件失败
	灭	没有电源输入
业务告警指示灯——SRV（红黄绿三色灯）	绿色亮	业务正常
	红色亮	业务有紧急告警或主要告警
	黄色亮	业务有次要告警或远端告警
	灭	没有配置业务或者无电源输入

2. PDH 功能单元

单元功能：接入并处理 E1、E1/T1、E3/DS3、E4、$N \times 64k$ 速率的 PDH 电信号和 STM-1 的 SDH 电信号，并实现 TPS 保护。单板类型和单板具体参数如表 3.39 所示，单板指示灯状态与 SDH 单元一致，如表 3.38 所示。

二维码 3.31
PDH 功能单元 微课

表 3.39 单板类型和单板具体参数

单板类型	单板	面板上接口	单板功能
处理板（接入和处理电信号，配合出线板使用）	PQM	无接口	处理 63 路 E1 或 T1 电信号
	PQ1	无接口	处理 63 路 E1 电信号
	PL3	无接口	处理 3 路 E3/DS3 电信号
	PD3	无接口	处理 6 路 E3/DS3 电信号
	SPQ4（与 MU04 配合使用）	无接口	处理 4 路 E4/STM-1 电信号
出线板	D34S	电接口	与 PD3 配合使用，接入 6 路 E3/DS3 电信号
	C34S	电接口	与 PL3 配合使用，接入 3 路 E3/DS3 电信号
	D75S（75Ω）	电接口	与 PQ1 配合使用，接入 32 路 E1 电信号
	D12S（120Ω）	电接口	与 PQ1、PQM 配合使用，接入 32 路 E1/T1 电信号
	D12B	电接口	与 PQ1、PQM 配合使用，接入 32 路 E1/T1 电信号
	MU04	电接口	与 SPQ4 配合使用，接入 4 路 E4/STM-1 电信号
电接口保护倒换板	TSB4	无接口	与 SPQ4、MU04 配合使用，支持 1：N（$N \leqslant 3$）TPS 保护

3. 以太网功能单元

单元功能：接入并处理 1000BASE-SX/LX/ZX、100BASE-FX、10/100BASE-TX 以太网信号；接入、处理并实现对以太网信号的 TPS 保护。单板类型和单板具体参数如表 3.40 所示。EGS2 单板指示灯同 SDH 接口板一致，接口指示灯说明如表 3.41 所示。EFS0/EFS4/ETF8 单板指示灯同 SDH 接口板一致，接口指示灯说明如表 3.42 所示。

二维码 3.32
以太网功能单元 微课

表 3.40　单板类型和单板具体参数

单板类型	单板	面板上接口	单板功能
处理板（接入和处理以太网信号，配合出线板使用）	EGS2	2 路光接口	接入和处理 2 路千兆以太网光信号
	EFS0	无接口	处理 10 M/100 M 以太网电信号
	EFS4	4 路电接口（RJ-45）	接入和处理 10 M/100 M 以太网电信号
	EGS2 与 EFS0、EFS4 可以配合，共同实现 FE 到 GE 的业务汇聚		
出线板	ETF8	8 路电接口（RJ-45）	接入 8 路快速以太网电信号

表 3.41　EGS2 接口指示灯说明

指示灯	闪烁状态	状态描述
连接状态指示灯——LINK1（绿色）	亮	第 1 路 GE 端口和对端设备链路建立成功
	灭	第 1 路 GE 端口和对端设备链路建立失败
数据收发指示灯——ACT1（橙色）	闪烁	第 1 路 GE 端口和对端设备正在收发数据
	灭	第 1 路 GE 端口和对端设备没有数据收发
连接状态指示灯——LINK2（绿色）	亮	第 2 路 GE 端口和对端设备链路建立成功
	灭	第 2 路 GE 端口和对端设备链路建立失败
数据收发指示灯——ACT2（橙色）	闪烁	第 2 路 GE 端口和对端设备正在收发数据
	灭	第 2 路 GE 端口和对端设备没有数据收发

表 3.42　EFS0/EFS4/ETF8 接口指示灯说明

指示灯	闪烁状态	状态描述
连接状态指示灯——LINK（绿色）	亮	电缆与接口连接成功
	灭	电缆与接口连接失败
数据收发指示灯——ACT（橙色）	闪烁	正在进行数据收发
	灭	没有数据收发

4. 交叉时钟接口单元

单元功能：支持无阻塞高、低阶全交叉；支持 VC-3、VC-12 级别的 SNCP 保护；支持级联业务 AU4-4C，AU4-8C，AU4-16C，AU4-64C；支持单板 1+1 热备份，保护方式为恢复式倒换或不恢复式倒换

二维码 3.33
交叉时钟接口单元　微课

（可选）；支持 GXCS 向 EXCS 的平滑升级，倒换时间小于 50 ms；支持对 S1 字节的处理以实现时钟保护倒换；提供 2 路同步时钟（2 MHz 或 2 Mbit/s）的输入和输出；处理复用段协议。单板的主要参数如表 3.43 所示。

GXCS 单板指示灯 STAT、ACT、PROG、SRV 同 SDH 接口板一致，SYNC（红绿双色灯）是同步时钟状态灯，绿色亮表示时钟工作在同步状态，红色亮表示时钟工作在保持或自由振荡模式。GXCS 面板无接口，外时钟的输入/输出接口在 AUX 板上。具体见辅助接口单元。

表 3.43　交叉时钟单板的主要参数

单板名称	中文名称	高阶交叉容量	低阶交叉容量	扩展子架容量	插放槽位
GXCS	普通交叉时钟板	40 Gb/s	5 Gb/s	不支持	9、10
EXCS	增强型交叉时钟板	80 Gb/s	5 Gb/	不支持	9、10

5. 系统控制功能单元

单元功能：提供系统与网管的接口；对 SDH 信号的开销进行处理。

二维码 3.34
系统控制功能单元　微课

SCC 板是系统控制与通信板，能够完成主控、公务、通信和系统电源监控的功能，可插在子架的 17、18 槽位，提供单板 1 + 1 热备份保护。一般默认 18 为主板槽位，17 为备板槽位。

SCC 板有 F&f 接口，为以太网端口，通过 AUX 板引出；提供 50 路 DCC 的处理；提供 E1、E2、F1、Serial 1 ~ 4 字节，通过 AUX 板引出；提供 OAM 口，支持 RS-232 DCE 的 Modem（调制解调器）进行远程维护，通过 AUX 板引出；提供 – 48 V 电源监测功能；支持 4 路机柜灯；提供 16 入 4 出开关量告警处理，提供风扇告警和管理功能，提供电源接入板 PIU 防雷和在位检测功能。ECC 通道连接方式有三种：扩展 ECC 连接、间接远程连接、公务出子网连接。

SCC 板面板上有两个按钮：RESET 是复位按钮，ALMCUT 是告警切除开关按钮；有 7 个指示灯：STAT、ACT、PROG、SRV 指示灯同 SDH 接口板一致，PWRA、PWRC、ALMC 指示灯说明如表 3.44 所示。

表 3.44　SCC 板指示灯说明

指示灯	闪烁状态	状态描述
PWRA（红绿双色灯）：第 1/2 路 – 48 V 电源指示灯	绿色亮	第 1/2 路 – 48 V 电源正常
	亮（红色/灭）	第 1/2 路 – 48 V 电源故障（丢失或失效）
PWRC（红绿双色灯）：系统 +3.3 V 备份电源指示灯	绿色亮	系统+3.3 V 备份电源正常
	红色亮	系统+3.3 V 备份电源丢失
ALMC（绿色）：告警切除指示灯	亮	当前处在告警长期切除状态
	灭	有告警立刻用声音提示

6. 辅助接口单元

AUX 板为系统辅助接口板，为系统提供各种辅助接口和管理接口，为子架各单板提供+3.3 V 电源的集中备份，可插在子架的 37 槽位。各接口说明如表 3.45 所示。面板指示灯 STAT 说明如表 3.46 所示。

表 3.45　单板接口说明

接口	描述	接口	描述
CLKO1	75 Ω时钟输出接口 1	CLKI1	75 Ω时钟输入接口 1
CLKO2	75 Ω时钟输出接口 2	CLKI2	75 Ω时钟输入接口 2
CLK1	120 Ω时钟接口 1	CLK2	120 Ω时钟接口 2
REV	保留	ETH	网管接口
F&f	F&f 接口	COM	COM 调试接口
F1	F1 接口	EXT	扩展子架接口
PHONE	公务电话接口	LAMP1	机柜告警灯输出接口
V1	出子网话音接口 1	LAMP2	机柜告警灯输入级联接口
V2	出子网话音接口 2	ALMO1	开关量告警级联接口
OAM	OAM 接口	ALMO2	1～4 路开关量告警输出接口
S1	Serial 1	ALMI1	1～4 路开关量告警输入接口
S2	Serial 2	ALMI2	5～8 路开关量告警输入接口
S3	Serial 3	ALMI3	9～12 路开关量告警输入接口
S4	Serial 4	ALMI4	13～16 路开关量告警输入接口

表 3.46　单板指示灯说明

指示灯	颜色	说明
单板硬件状态灯 STAT（红绿双色灯）	亮，绿色	本板+3.3 V 工作电源正常
	亮，红色	本板+3.3 V 工作电源异常，单板正由备份电源供电
	灭	本板+3.3 V 工作电源和备份电源均故障，单板无电源

7. 电源接口单元

PIU 是电源接口板，完成电源接入、防雷和滤波等功能，可插在子架的 27、28 槽位；提供 1＋1 热备份，任意一块 PIU 板可以满足单独为整个子架供电的需要。PIU 单板无指示灯，面板接口说明如表 3.47 所示。

二维码 3.35
辅助接口单元与
电源接口单元　微课

表 3.47　面板接口说明

接口	说明
PWR	-48 V 电源输入接口
PS1/PS2	50W 电源输出接口，可为 COA、TDA 或 HUB 供电

8. 风扇单元

FANA 是模块化风扇，单子架使用 3 个风扇框。

二维码 3.36
风扇单元与光放大单元　微课

单元功能：提供风扇框的热插拔功能；提供 3 个风扇框电源互相备份；提供风扇智能调速功能，自动调整风扇转速；当一个风扇故障时，其余风扇全速运转；当调速信号异常时，控制风扇全速运转；提供风扇状态检测功能；提供低温关断功能；提供风扇告警信息和在位信息的上报；提供表示风扇运行状态的指示灯。指示灯说明如表 3.48 所示。

表 3.48　指示灯说明

指示灯	颜色	说明
运行状态灯 STATE（红黄绿三色灯）	绿色亮	风扇运行正常
	红色亮	风扇、风扇电源板或风扇控制板异常
	黄色亮	低温关断风扇

9. 光放大单元

单元功能：提高线路板的发送光功率至+14 dBm 或+17 dBm，从而使传输距离可达 120 km 以上；BPA 板提供 PA 模块，完成接收光信号的前置放大，可以使小信号功率增益 22 ~ 25 dB，从而可使接收机灵敏度提高到 - 38 dBm；支持 EDFA 模块激光器温度的自动控制以及光功率的自动控制；支持 EDFA 模块输入、输出光功率的自动监测和光功率查询；支持激光器性能参数的上报；支持 EDFA 模块的保护功能，当无输入光时，自动关闭激光器，当输入光恢复后，自动开启激光器；支持软件的平滑升级和扩展。

光放大单元包括 BA2 板和 BPA 板。单板名称和主要参数如表 3.49 所示。BA2 板和 BPA 板面板上有两对 LC 光接口，使用可插拔的光模块。STAT、ACT、PROG、SRV 指示灯同 SDH 接口板一致。

表 3.49　单板名称和主要参数

单板名称	BA2	BPA
处理能力	2 路功率放大	1 路功率放大和 1 路前置放大
插放槽位	1 ~ 8、11 ~ 17	1 ~ 8、11 ~ 17

10. 色散补偿单元

DCU 板是色散补偿板，可补偿 10 Gb/s 系统中光信号在光纤传输中积累的色散，配合光放大板可实现长距离光中继传输，可以插在子架的 1 ~ 8 和 11 ~ 17 槽位。

DCU 的面板上无指示灯，上面有两对 LC 光接口，使用可插拔的光模块。

3.6 SDH/MSTP 的光接口类型及代码

根据系统中是否包含光放大器以及线路速率是否达到 STM-64，将光接口分为两类，第一类是不包括任何光放且线路速率低于 STM-64 的系统，第二类是包括光放（功放或前放）及速率达到 STM-64 的系统。SDH 长途光缆传输系统工程的光接口分类应符合表 3.50 和表 3.51 中的要求。

表 3.50　光接口分类（第一类）

应用	局内		短距离局间		长距离局间	
波长/nm	1 310	1 550	1 310	1 550	1 310	1 550
光纤类型	G.652	G.652	G.652	G.652	G.652	G.653
传输距离/km	≤2	~ 15	~ 15	~ 40	~ 80	~ 80
STM-1	I-1	S-1.1	S-1.2	L-1.1	L-1.2	L-1.3
STM-4	I-4	S-4.1	S-4.2	L-4.1	L-4.2	L-4.3
STM-16	I-16	S-16.1	S-16.2	L-16.1	L-16.2	L-16.3

表 3.51　光接口分类（第二类）

应用	长距离局间				
波长/nm	1 310	1 550	1 550	1 550	1 550
光纤类型	G.652	G.652	G.653	G.652	G.653
传输距离/km	~ 60	~ 120	~ 120	~ 160	~ 160
STM-1	—	—	—	—	—
STM-4	V-4.1	V-4.2	V-4.3	U-4.2	U-4.3
STM-16	—	V-16.2	V-16.3	U-16.2	U-16.3

应用	局内					
波长/nm	1 310	1 310	1 550	1 550	1 550	1 550
光纤类型	G.652	G.652	G.652	G.652	G.653	G.655
传输距离/km	~ 0.6	~ 2	~ 2	~ 25	~ 25	~ 25
STM-64	I64.1r	I64.1	I64.2r	I64.2	I64.3	I64.5

应用	短距离局间				长距离局间				
波长 /nm	1 310	1 550	1 550	1 550	1 310	1 550	1 550	1 550	1 550
光纤类型	G.652	G.652	G.653	G.655	G.652	G.652	G.653	G.652	G.653
传输距离/km	~ 20	~ 40	~ 40	~ 40	~ 40	~ 80	~ 80	~ 120	~ 120
STM-64	S-64.1	S-64.2	S-64.3	S-64.5	L-64.1	L-64.2	L-64.3	V-64.2	V-64.3

（1）表中字母 I 表示局内通信，字母 S 表示短距离局间通信，字母 L 表示长距离局间通信，字母 V 表示很长距离局间通信，字母 U 表示超长距离局间通信，字母 r 表示同类型缩短距离应用。

（2）字母后第一位数字表示 STM 的等级。

（3）字母后第二位数字表示工作窗口和所用光纤类型，其中：1 或空白表示工作波长为 1 310 nm，所用光纤为 G.652 光纤；2 表示工作波长为 1 550 nm，所用光纤为 G.652 光纤；3 表示工作波长为 1 550 nm，所用光纤为 G.653 光纤；5 表示工作波长为 1 550 nm，所用光纤为 G.655 光纤。

同步练习

二维码 3.37

SDH/MSTP 设备与光接口 习题

扩展资源

二维码 3.38

OSN3500 设备巡检 视频

实训操作

在“城市轨道光传输网络仿真实验系统”中完成实训。

1. SDH 系统硬件安装

实训任务：在 3D 场景内安装电源、机柜，以及在机柜内安装 SDH 组网系列的硬件设备。

二维码 3.39

SDH 系统硬件安装 实训项目

2. OSN 系统硬件安装

实训任务：在 3D 场景内安装电源、机柜，以及在机柜内安装 OSN 组网系列的硬件设备。

二维码 3.40

OSN 系统硬件安装 实训项目

任务 4　SDH/MSTP 系统的组网与保护

4.1　SDH/MSTP 传输网的拓扑结构

SDH 网是由 SDH 网元设备通过光缆互相连接而成的，网络节点（网元）和传输线路的几何排列就构成了网络的拓扑结构。网络的有效性（信道的利用率）、可靠性和经济性在很大程度上与其拓扑结构有关。当前用得最多的网络拓扑是链形和环形，通过对它们的灵活组合，可构成更加复杂的网络。

二维码 4.1

SDH 拓扑结构 微课

网络拓扑的基本结构有链形、星形、树形、环形和网孔形。

1. 链形网

此种网络拓扑将网中的所有节点一一串联，并将首尾两端开放。这种拓扑的特点是性价比高，在 SDH 网的早期用得较多，主要用于专网（如铁路网）中，如图 4.1 所示。

图 4.1　链形网拓扑图

2. 星形网

此种网络拓扑将网中一网元作为特殊节点与其他各网元节点相连，其他各网元节点互不相连，网元各节点的业务都要经过这个特殊节点转接。这种网络拓扑的特点是可通过特殊节点来统一管理其他网络节点，利于分配带宽、节约成本，但存在特殊节点的安全保障和处理能力的潜在瓶颈问题。特殊节点的作用类似交换网的汇接局，此种拓扑多用于本地网（接入网和用户网），如图 4.2 所示。

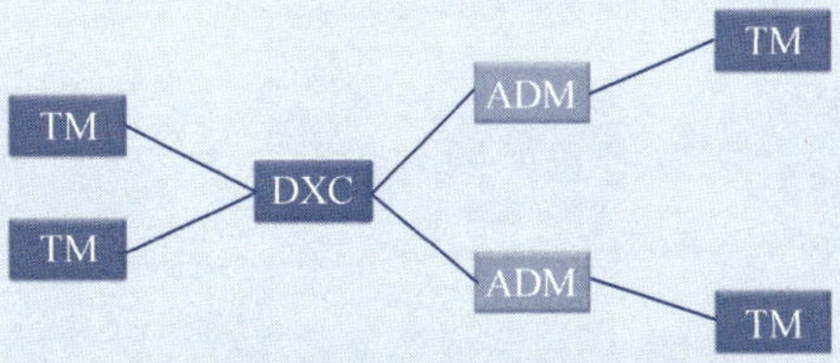

图 4.2　星形网拓扑图

3. 树形网

此种网络拓扑可看成是链形拓扑和星形拓扑的结合，也存在特殊节点的安全保障和处理能力的潜在瓶颈等问题，如图 4.3 所示。

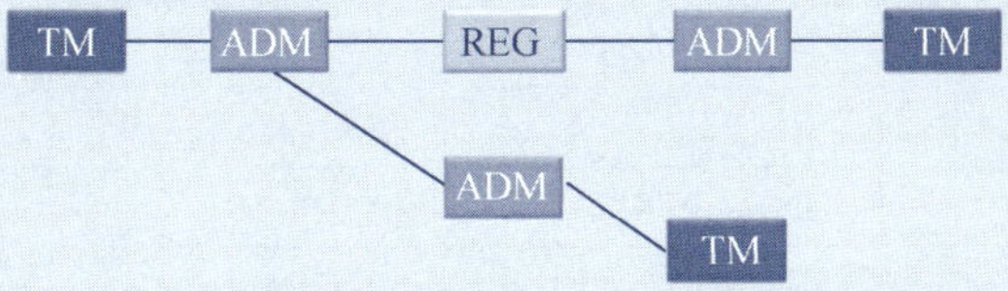

图 4.3　树形网拓扑图

4. 环形网

环形拓扑实际上是指将链形拓扑首尾相连，从而使网上任何一个网元节点都不对外开放的网络拓扑形式。这是当前使用最多的网络拓扑形式，主要是因为它具有很强的生存性，即自愈功能较强。环形网常用于本地网（接入网和用户网）、局间中继网，如图 4.4 所示。

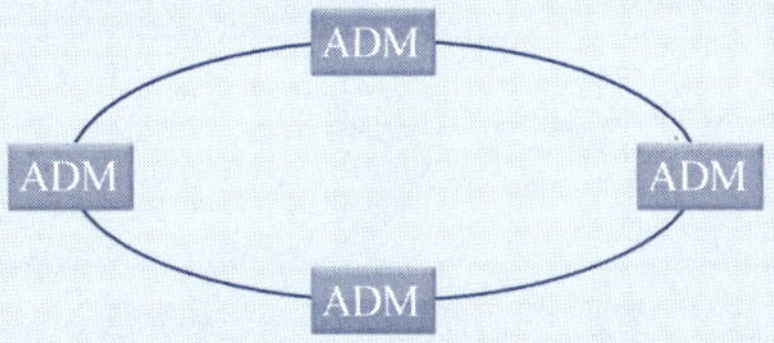

图 4.4　环形网拓扑图

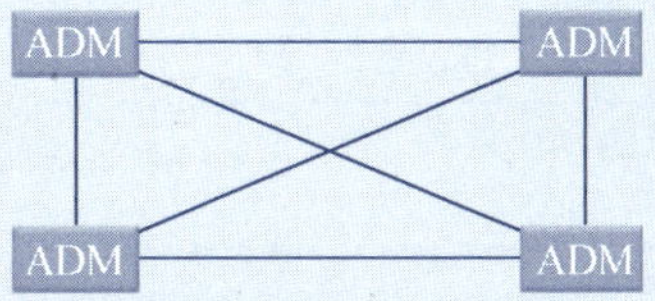

图 4.5　网孔形网拓扑图

5. 网孔形网

将所有网元节点两两相连，就形成了网孔形网络拓扑，如图 4.5 所示。这种网络拓扑为两网元节点间提供多个传输路由，使网络的可靠性更强，不存在瓶颈问题和失效问题。但是由于系统的冗余度高，拓扑必会使系统有效性降低、成本高且结构复杂。网孔形网主要用于长途网中，以提供网络的高可靠性。

二维码 4.2
传输网管的基本操作　微课

4.2　传输网管软件的基本操作

4.2.1　启动 ZXONM E300 网管软件

启动 E300 的服务器端【Server】，同时启动 E300 的客户端【GUI】。

4.2.2 创建网元

创建网元 A、B、C，需要配置的网元参数如表 4.1 所示。分别为网元 A、B、C 安装单板，具体参数如表 4.2 所示。

表 4.1 网元配置基本参数

参数	网元 A	网元 B	网元 C
网元名称	A	B	C
网元标识	1	2	3
网元地址	192.2.1.18	192.2.2.18	192.2.3.18
子网掩码	255.255.255.0	255.255.255.0	255.255.255.0
系统类型	ZXMP S325	ZXMP S325	ZXMP S325
设备类型	ZXMP S325	ZXMP S325	ZXMP S325
网元类型	ADM&REG	ADM&REG	ADM&REG
速率等级	STM-16	STM-16	STM-16
在线/离线	离线	离线	离线
自动建链	自动建链	自动建链	自动建链
配置子架	主子架	主子架	主子架

表 4.2 网元配置明细表

站点	A	B	C
单板类型	单板数量（所用槽位）		
网元控制板（NCP）	1（17#）	1（17#）	1（17#）
公务板（OW）	1（18#）	1（18#）	1（18#）
交叉时钟线路板（OCS4）	2（7#、8#）	2（7#、8#）	2（7#、8#）

4.2.3 纤缆连接

如图 4.6 所示，3 个网元 A、B、C 组成二纤环网，链路速率为 STM-4，各网元采用 ZXMP S325 设备进行传输，A 站为中心站，设置为网元头、时钟和网管监控中心。每个网元有两个光方向，网元类型均为 ADM。

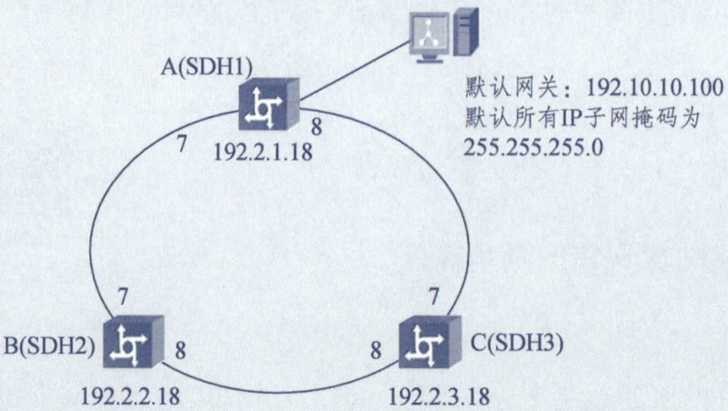

图 4.6 三网元组成二纤环网拓扑结构图

根据图 4.6 中的网元连接情况，总结出单板连接关系，如表 4.3 所示。建立网元间光连接，成功建立光连接的网元图标之间有绿色连线相连。

表 4.3　单板连接关系

序号	始端	终端	连接类型
1	网元 A 7# OL4 板端口 1	网元 B 7# OL4 板端口 1	双向光连接
2	网元 B 8# OL4 板端口 1	网元 C 8# OL4 板端口 1	双向光连接
3	网元 C 7# OL4 板端口 1	网元 A 8# OL4 板端口 1	双向光连接

4.3　2M 业务配置

4.3.1　2M 业务介绍

准同步数字系列（Plesiochronous Digital Hierarchy，PDH），是一种早期的数字传输制式，在 20 世纪 80 年代开始出现并迅速发展。PDH 主要有两大系列标准：E1，即 PCM30/32 路，2.048 Mb/s，欧洲和我国采用此标准；T1，即 PCM24/路，1.544 Mb/s，北美采用此标准。

E1 的一个时分复用帧，其长度 $T = 125\mu s$，共划分为 32 个相等的时隙，时隙编号为 CH0 ~ CH31，CH0 用作帧同步，CH16 用作传送信令，其余信道用作话路，每个时隙传送 8 bit，因此共传送 $32 \times 8 = 256$ bit。每秒传送 8 000 个帧，因此传送速度为 $256 \times 8\,000 = 2\,048\,000$ b/s = 2.048 Mb/s，也即 2M。2M 数字中继业务是指通过速率为 2 Mb/s 的全透明数字电路通道传送语音和数据。

在传输设备 ZXMP S325 中，2 M 业务由 EPE1x21（E1 电信号处理板）和 ESE1x21 板（21 路 E1 电接口倒换板）进行接入和处理。

4.3.2　业务描述

中兴通讯为广铁集团有限公司构建了如图 4.7 所示的光传输网络，其中站 A、B、C 构成二纤环形光传输网，速率为 STM-4。

二维码 4.3
2M 业务配置　微课

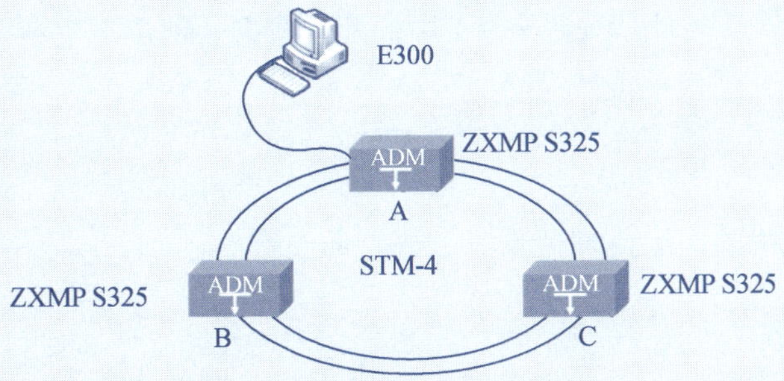

图 4.7　光传输网络示意图

业务要求如下：

（1）采用中兴通讯 ZXMP S325 设备，传输速率为 622.080 Mb/s。

（2）A 站与 B 站需要传输 30 路电话。

（3）A 站与 C 站需要传输 50 路电话。此业务流程为 A 站→B 站→C 站。

4.3.3 任务分析

1. 各站点业务分析

A 站上下的业务：电话 80 路，采用 64 kb/s 的 PCM 编码。其中对 B 站 30 路（30 × 64 kb/s = 1 920 kb/s　1 920/2 048 = 0.937 5），需要 1 × 2 M 接口；对 C 站 50 路（50 × 64 kb/s = 3 200 kb/s　3 200/2 048 = 1.562 5），需要 2 × 2 M 接口。共计 3 × 2 M 接口。从 A 站到 C 站的穿通业务电话为 50 路，需要 2 × 2 M 接口。

B 站上下的业务：电话 30 路，需要 1 × 2 M 接口。

C 站上下的业务：电话 50 路，需要 2 × 2 M 接口。

A、B、C 站构成一个环网，每个站至少有 2 个光方向，所以网元类型均为 ADM。

2. 各站设备及单板的选择

3 个站均选用 ZXMP S325 设备，各站单板类型及单板数量如表 4.4 所示。按照上述的业务需求规划，画出拓扑图，如图 4.6 所示。

表 4.4　站点配置明细表

站点	A	B	C
单板类型	单板数量（所用槽位）		
网元控制板（NCP）	1（17#）	1（17#）	1（17#）
公务板（OW）	1（18#）	1（18#）	1（18#）
交叉时钟线路板（OCS4）	2（7#、8#）	2（7#、8#）	2（7#、8#）
2 M 电支路板（EPE1×21）	1（2#）	1（2#）	1（2#）

4.3.4 任务实施

1. 创建网元并配置单板

打开 E300 网管软件：按照表 4.1 中的配置数据，创建三个网元 A、B、C；根据表 4.4 的数据，配置单板。

2. 完成纤缆连接

按照表 4.3 中的网元连接关系，完成纤缆连接。

3. 根据业务规划，完成各站之间的业务配置

配置网元 A 的时隙（3 条 2 M 业务），具体参数如表 4.5 所示。配置网元 B

的时隙，具体参数如表 4.6、表 4.7 所示。配置网元 C 的时隙，具体参数如表 4.8 所示。

表 4.5　网元 A 的时隙配置表

支路板		光板				
支路板	2 M（VC12）	光板	端口→AUG→AU4	TUG3	TUG2	TU12
2#ET1	1～3	7# OL4	1	1	1	1～3

表 4.6　网元 B 时隙配置表（1）

支路板		光板				
支路板	2 M（VC12）	光板	端口→AUG→AU4	TUG3	TUG2	TU12
2#ET1	1	7# OL4	1	1	1	1

表 4.7　网元 B 时隙配置表（2）

光板					光板				
光板	端口→AUG→AU4	TUG3	TUG2	TU12	光板	端口→AUG→AU4	TUG3	TUG2	TU12
7# OL4	1	1	1	2～3	8# OL4	1	1	1	2～3

表 4.8　网元 C 时隙配置表

支路板		光板				
支路板	2 M（VC12）	光板	端口→AUG→AU4	TUG3	TUG2	TU12
2#ET1	2～3	8# OL4	1	1	1	2～3

4. 检查业务配置是否正确

业务配置完成后，可对已配置的业务进行检查。如果查看【非终结业务】标签时发现有非终结业务，则说明此业务未配置完，或者配置过程中时隙或接口出现问题，此时应该仔细查看前述配置。

4.4　以太网业务配置

4.4.1　以太网业务介绍

以太网业务，是一种通过以太网私有专线传输信号的业务，也是采用部分以太网信号结构和接口标准的分组数据业务。在传输设备 ZXMP S325 中，以太网业务由 EOS 分系统的 SFEx6（智能快速以太网板）和 EIFEx4（4 路以太网电接口板）进行接入和处理。

4.4.2 业务描述

二维码 4.4
以太网业务配置 微课

中兴通讯为广铁集团公司构建了光传输网络，其中站 A、B、C 构成二纤环形光传输网，速率为 STM-4。

业务要求如下：

采用中兴通讯 ZXMP S325 设备，传输速率为 622.080 Mb/s；

A 站为中心站，C 站为无人值守站，A、C 之间需要透明传输 1 路图像监控业务，采用 10/100 Mb/s 自适应以太网方式进行传输，带宽为 14 Mb/s；

A 站与 C 站之间的业务路径为 A 站→B 站→C 站。

4.4.3 任务分析

1. 各站点业务分析

A 站上下的业务：1 路 10/100 Mb/s 以太网业务，带宽为 14 Mb/s，需要 7×2 M 以太网接口。

B 站上下的业务：1 路从 A 站到 C 站的穿通业务，需要 7×2 M。

C 站上下的业务：1 路以太网业务，需要 7×2 M 以太网接口。

A、B、C 站构成一个环网，每个站至少有 2 个光方向，所以网元类型均为 ADM。

2. 各站设备及单板的选择

3 个站均选用 ZXMP S325 设备。各站单板类型及单板数量如表 4.9 所示。按照上述的业务需求规划，画出拓扑图，如图 4.6 所示。

表 4.9 站点配置明细表

站点	A	B	C
单板类型	单板数量		
网元控制板（NCP）	1（17#）	1（17#）	1（17#）
公务板（OW）	1（18#）	1（18#）	1（18#）
交叉时钟线路板（OCS4）	2（7#、8#）	2（7#、8#）	2（7#、8#）
智能快速以太网板（SFE×6）	1（1#）		1（1#）

4.4.4 任务实施

1. 创建网元并配置单板

打开 E300 网管软件，按照表 4.1 中的配置数据，创建三个网元 A、B、C；根据表 4.8 的数据，配置单板。

2. 完成纤缆连接

按照表 4.2 中的网元连接关系，完成纤缆连接。

3. 设置网元 A 和 C 的 SFE 板属性

分别对网元 A 和网元 C 的 SFE 板进行属性设置，具体参数如表 4.10、表 4.11、表 4.12、表 4.13 所示。

表 4.10 【用户端口】配置参数表

配置内容	VLAN 模式	双工模式	速率	Pvid
用户端口 1 参数	接入模式	自动	自动	1

表 4.11 【系统端口】配置参数表

配置内容	VLAN 模式	封装类型
系统端口 1 参数	干线模式	GFP

表 4.12 【通道组分配】配置参数表

配置内容	占用（TU12 通道）	级联方式	通道组 ID
参数	01～07	虚级联	1

表 4.13 【LCAS 配置】配置参数表

配置内容	端口号	LCAS 使能	方向	占用（TU12 通道）
参数	系统端口 1	选中	双向	1～7

4. 根据业务规划，完成各站之间的业务配置

配置网元 A 时隙（7 条以太网业务），具体参数如表 4.14 所示。配置网元 B 的时隙（7 条穿通业务），具体参数如表 4.15 所示。配置网元 C 的时隙（7 条以太网业务），具体参数如表 4.16 所示。

表 4.14 网元 A 的时隙配置表

支路板		光板				
支路板	2 M（VC12）	光板	端口→AUG→AU4	TUG3	TUG2	TU12
1#SEF	1～7	7# OL4	1	1	1～3	1～7

表 4.15 网元 B 时隙配置表

光板					光板				
光板	端口→AUG→AU4	TUG3	TUG2	TU12	光板	端口→AUG→AU4	TUG3	TUG2	TU12
7# OL4	1	1	1～3	1～7	8# OL4	1	1	1～3	1～7

表 4.16　网元 C 时隙配置表

支路板		光板				
支路板	2 M（VC12）	光板	端口→AUG→AU4	TUG3	TUG2	TU12
1#SEF	1～7	8# OL4	1	1	1～3	1～7

5. 检查业务配置是否正确

业务配置完成后，可对于已配置的业务进行检查。如果查看【非终结业务】标签时发现有非终结业务，则说明此业务未配置完，或者配置过程中时隙或接口出现问题，此时应该仔细查看前述配置。

二维码 4.5
以太网业务验证　动画

6. 业务配置结果验证

第一步：使用直通或交叉网线，连接网元 A 的 EIFEx4 板的用户端口 1 和计算机。

第二步：使用直通或交叉网线，连接网元 C 的 EIFEx4 板的用户端口 1 和另一台计算机。

第三步：将两台计算机的 IP 地址设置在同一个网段中。如：分别设置 IP 地址为 220.30.1.9 和 220.30.1.10，子网掩码均为 255.255.255.0。

第四步：使用 ping 命令验证。如果两台计算机可以互相 Ping 通对方，说明业务配置成功，否则说明此业务配置的接口与真实设备连接的接口不一致，或真实设备连接的接口出现硬件故障，此时应该仔细进行排查。

4.5　时钟配置

4.5.1　SDH 同步技术

二维码 4.6
SDH 同步技术　微课

同步是指信号之间在频率或相位上保持某种严格的特定关系，就是它们相对应的有效瞬间以同一个平均速率出现。SDH 网同步是指数字通信网中各种通信设备时钟的同步。若同一个网络中的各网元不同步，则会导致时隙不对准，收与发不能正确连接；若网络之间彼此不同步，则网络之间无法正常通信，业务不能互通。

1. 同步方式

SDH 网的同步方式大致有 4 种：全同步、伪同步、准同步、异步。

全同步方式：全网皆同步于唯一的基准主时钟（PRC）。其同步精度高，但实施困难，一般考虑分级控制的方案，即可用等级主从方式来实现。

伪同步方式：全网划分为几个分网，各分网的主时钟符合 G.811 规定，分网中的从时钟分别同步于分网的主时钟。因此，各分网时钟相互独立，但误差极小而接近于同步（一般用于国际数字网）。

准同步方式：当外定时基准丢失后，节点时钟进入保持模式，网络同步质量不高。

异步方式：各节点时钟出现较大偏差，不能维持正常业务，将发送告警信号。

2. 从时钟工作模式

目前，SDH 网广泛采用等级主从同步方式，如图 4.8 所示。等级主从同步方式中，从时钟的 3 种工作模式如表 4.17 所示。

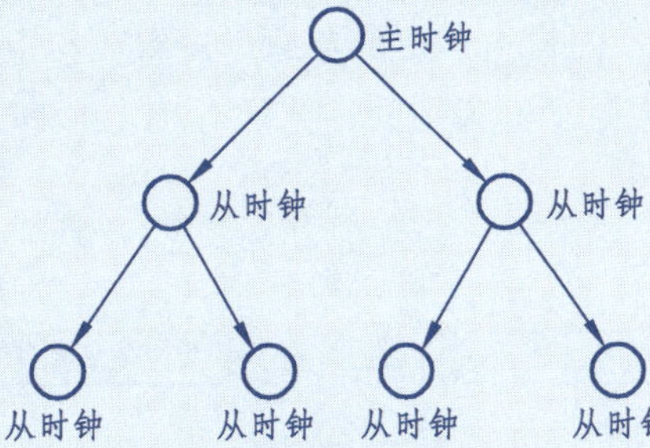

图 4.8　等级主从同步方式

表 4.17　从时钟工作模式特点

从时钟工作模式	特点
正常工作模式	跟踪锁定上级时钟模式（精度最高）
保持模式	当所有定时基准丢失后，从时钟进入保持模式。设备模拟它在 24 h 以前存储的同步记忆信息来维持设备的同步状态（精度次之）
自由运行模式	当从时钟丢失所有外部基准定时，也失去了定时基准记忆或处于保持模式太长，从时钟内部振荡器就会工作于自由振荡模式。利用内部的振荡器产生的信号作为同步信号（精度最低）

3. SDH 网同步原则

在数字网中传送时钟基准应注意：

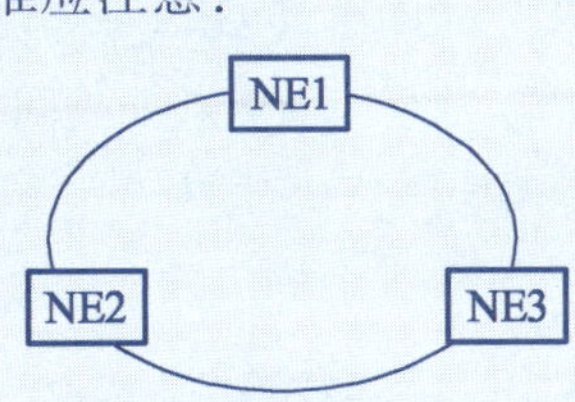

图 4.9　环路

（1）在同步时钟传送时数字网不应存在环路。如图 4.9 所示，若 NE2 跟踪 NE1 的时钟，NE3 跟踪 NE2，NE1 跟踪 NE3 的时钟，同步时钟的传送链路使组成了一个环路。这时若某一网元时钟劣化就会使整个环路上网元的同步性能出现连锁性的劣化。

（2）尽量减少定时传递链路的长度，避免由于链路太长影响传输的时钟信号的质量。根据 ITU-TG.803 规定，基准定时链路上 SDH 网元时钟个数不能超过 60 个。

（3）从站时钟要从高一级设备或同一级设备获得基准。

（4）应从分散路由获得主备用时钟基准，以防止当主用时钟传递链路中断后导致时钟基准丢失的情况。

（5）选择可用性高的传输系统来传递时钟基准。

4. 我国数字同步网的特点

我国的数字同步网采用三级主从同步方式，如图 4.10 所示。一级基准时钟分为两种：全网基准钟和区域基准钟。

全网基准钟（PRC）：由自主运行的铯原子钟组或与卫星定位系统 GPS 组成。北京、武汉各建一个以铯原子钟为主的、包括 GPS 接收机的高精度基准钟，称为 PRC。

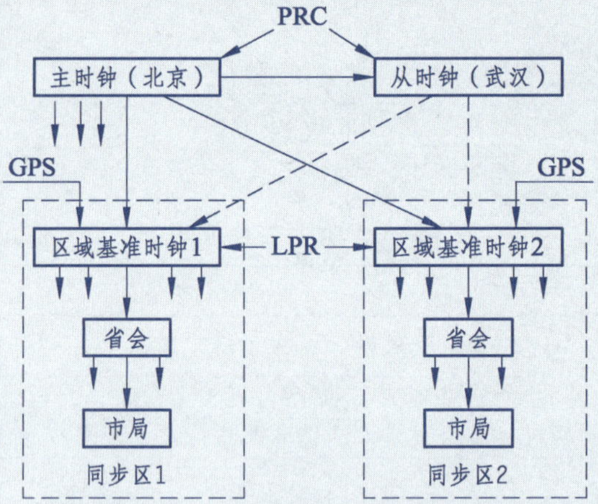

图 4.10　我国同步网结构示意图

区域基准钟（LPR）：由卫星定时系统 GPS 和铷原子钟组成。在其他 29 个省中心城市（北京、武汉除外）各建立了一个以 GPS 接收机为主并辅以铷钟构成的高精度区域基准钟，称为 LPR。LPR 通过 GPS 跟踪 PRC 的时钟信号。当 GPS 信号发生故障或降质时，该 LPR 转为经地面直接（或间接）跟踪北京或武汉的 PRC。各省以本省中心的 LPR 为基准钟组建数字同步网。

二级基准时钟（SSU-T）：由铷原子钟或高稳晶体钟组成。

三级节点时钟（SSU-L）：由高稳晶体钟组成。

5. SDH 设备的定时方式

1）外同步方式

目前，每个 SDH 网络单元中的 SETPI 模块提供了输出定时和输入定时接口，SDH 设备通过输入定时接口从【外定时基准】接收同步信号，如图 4.11 所示。外部提供的定时源一般有三种（时钟主站-网关网元）：

PDH 网同步中的 2 048 kHz 同步定时源；

同局中其他 SDH 网络单元输出的定时；

同局中 BITS 输出的时钟。

一般在较大的局站中，设备又称为综合定时供给系统（BITS）的时钟源。BITS 接收国内基准或其他如 GPS 的定时基准同步，具有保持功能。局内需要同步的 SDH 设备均受其同步。

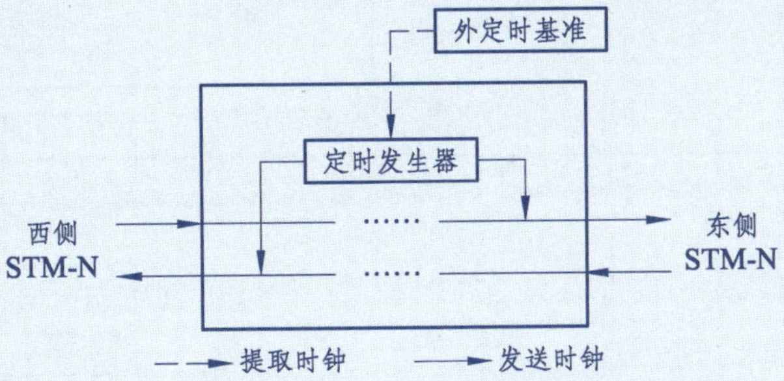

图 4.11　外同步定时方式

2）从接收信号提取的定时

广泛应用的局间同步定时方式是：BITS 需要从上级节点传输过来的信号中提取定时基准。本局内没有 BITS 的 SDH 设备也要从接收信号中提取定时以同步于基准时钟。目前主要推荐从不受指针调整影响的 STM-N 信号中直接提取定时。接收信号提取定时分类如表 4.18 所示。

表 4.18　接收信号提取定时分类

定时方式	定时来源	示意图
线路定时	从某一特定的 STM-N 接收信号中提取定时	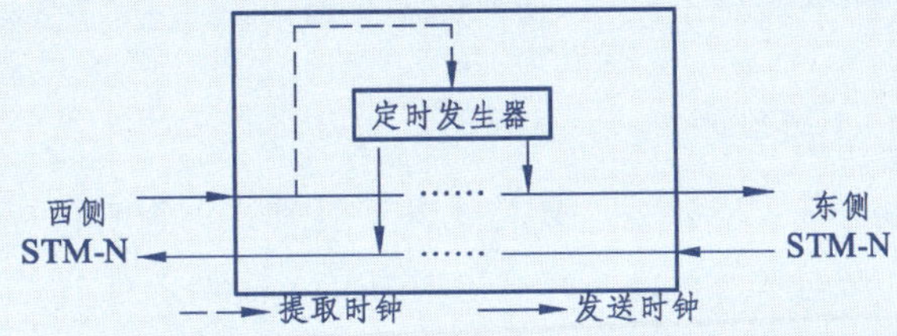
通过定时	从其同方向终结的 STM-N 接收信号中提取定时	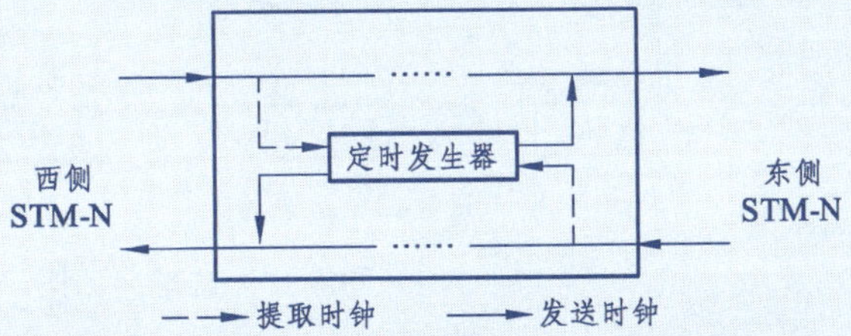
环路定时	从其同侧的 STM-N 接收信号中提取定时信号	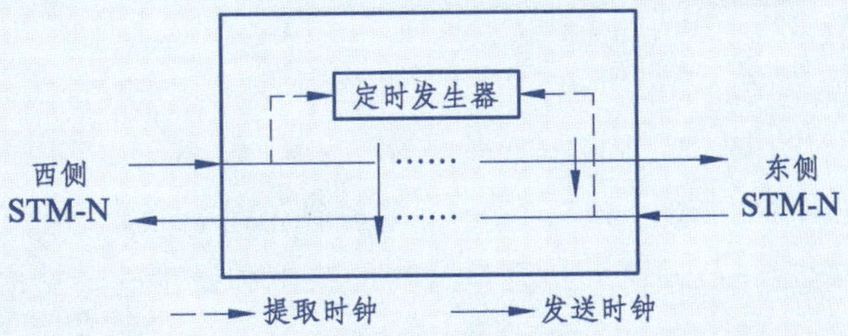

续表

定时方式	定时来源	示意图
支路定时	从交换系统送来的 2 Mb/s 支路信号中提取时钟	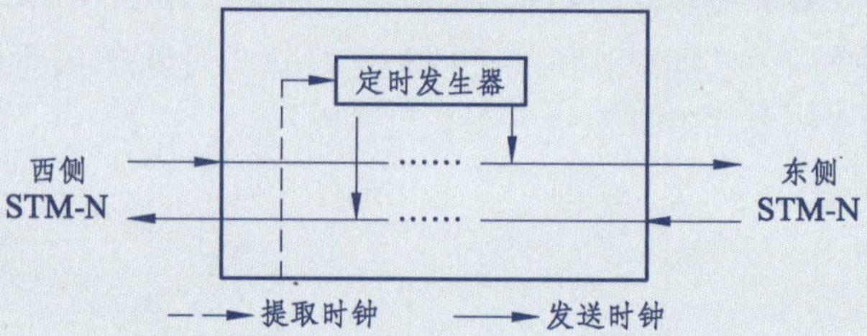

3）内部定时方式

内部定时方式是由内部石英晶体振荡器产生的信号作为定时基准的方式，如图 4.12 所示

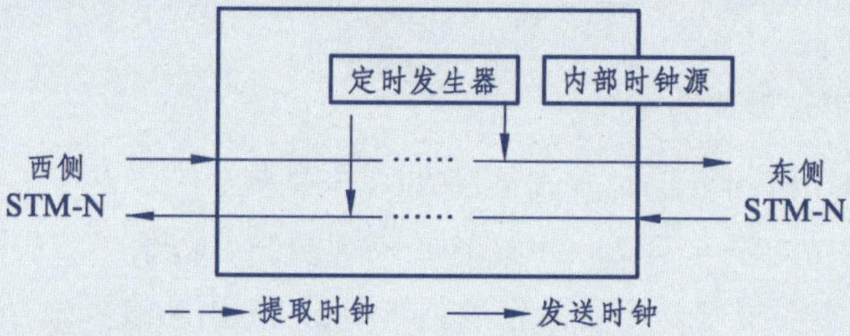

图 4.12　内部定时方式

6. SDH 网络同步举例

采用主从同步方式时，在该 SDH 网中要有一个 SDH 网元时钟主站（即该 SDH 网络中的时钟主站），其他网元跟踪时钟主站。

1）链型网

如图 4.13 所示，B 站（外定时方式）为时钟主站，接收外时钟，其他网元跟踪 B 站时钟。A 站（环路定时方式）接收来自 B 站的时钟信号，C 站和 D 站（线路定时方式）接收来自 B 站的时钟信号。

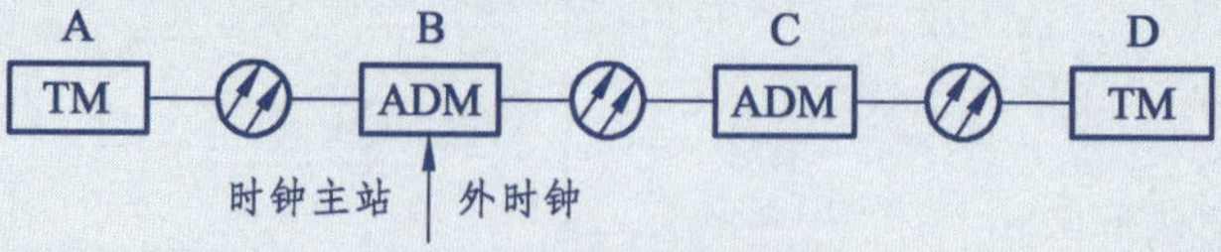

图 4.13　链型网的同步

2）环型网

如图 4.14 所示，NE1（外定时方式）为时钟主站，接收外时钟，其他网元跟踪 NE1 时钟。从站（NE2、NE3、NE4、NE5、NE6）可以从两个线路端口（西向/东向）的接收 STM-N 中提取时钟信息，考虑到转接次数和传输距离对时钟信号的影响，从站网元最好从最短的路由和最少的转接次数的端口方向提取。

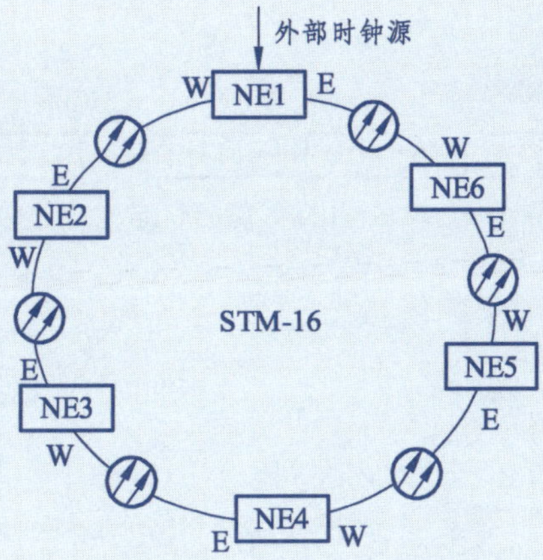

图 4.14　环型网的同步

7. 同步定时信号的传输

同步定时基准信号有两种基本信号模式，即 2 Mb/s 信号模式和 2 MHz 信号模式。一般的同步网设备均采用 2 Mb/s 的信号作为同步网设备的定时输入信号。传送定时输入参考信号链路可以有 3 种选择：

1）PDH 的 2 Mb/s 业务码流传送定时信号

如图 4.15 所示，本端局的 BITS 的 2 Mb/s 时钟信号先送去同步在同一枢纽大楼内的 TS 交换机，TS 交换机同步后其发送的 2 Mb/s 业务信号就携带了时钟信息，经 PDH 传输到对端局后通过高阻将该 2 Mb/s 业务信号引入对端局的 BITS 输入口，从而达到同步的目的。

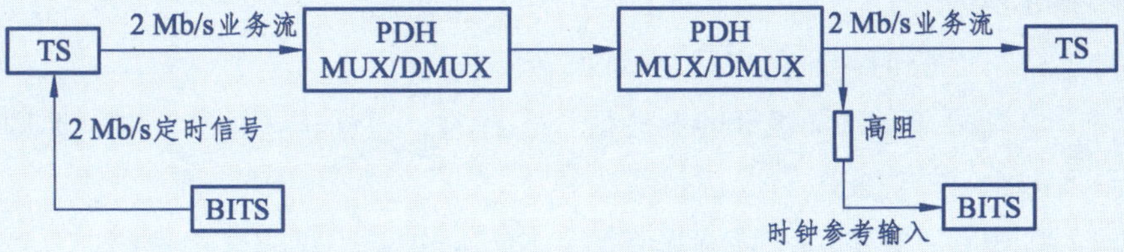

图 4.15　PDH 的 2 Mb/s 业务码流传送定时信号

2）PDH 的 2 Mb/s 专线传送定时信号

如图 4.16 所示，高等级的 BITS 定时信号送到 PDH 传输系统，通过不带业务的 PDH2 Mb/s 专线传递给下游时钟，下游时钟采用终结方式提取时钟信号。

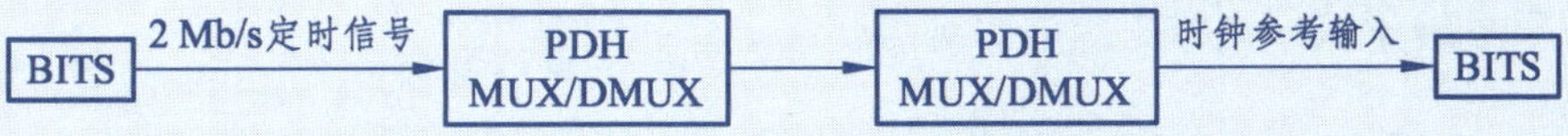

图 4.16　PDH2 Mb/s 专线传送定时信号

3）STM-N 线路传送定时

如图 4.17 所示，来自 BITS 的定时承载到 SDH 的线路信号 STM-N 上，通过 SDH 系统传递下去。

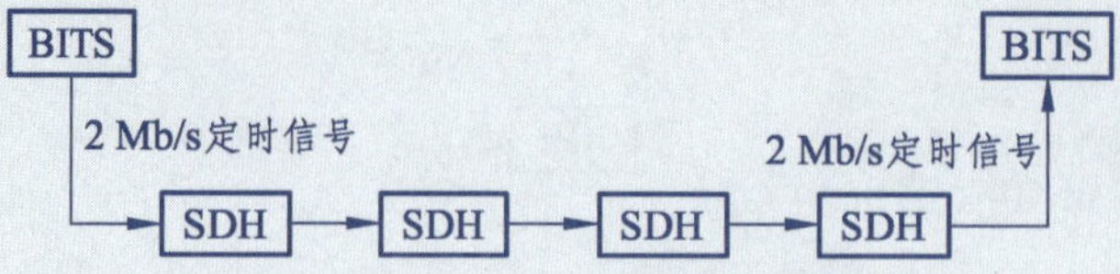

图 4.17　STM-N 线路传送定时信号

4.5.2　SDH 网时钟保护倒换

1. 同步状态信息（SSM）

SDH 网采用同步状态信息 SSM 在同步定时链路中传递定时信号的质量等级。SSM 编码与时钟等级对应关系如表 4.19 所示。SDH 利用 S1 字节（5～8）表征不同的时钟质量等级，以传递 SSM 信息。

表 4.19　SSM 编码与时钟等级对应表

SSM 编码（5～8 bit）	优选顺序	质量等级描述	对应的我国时钟等级
0010	最高	QL_PRC	1 级基准时钟
0100	↓	QL_SSUT	2 级节点时钟
1000	↓	QL_SSUL	3 级节点时钟
1011	↓	QL_SEC	SDH 网元设备时钟
1111	最低	QL_DNU	同步信号不可用

2. SDH 设备标准 SSM 处理规则

（1）根据质量级别选择跟踪的时钟源（时钟源取值为 0x00、0x02、0x04、0x08、0x0b、0x0f 或 0xff）。

（2）SSM 依靠时钟质量来防止时钟成环。

（3）当有同样高质量等级的参考信号存在时，遵循选择短路径时钟原则，可以通过人为设定的优先级来进行判断选择。

（4）在获取时钟源后，回送 0xff 表示回送时钟源不可用，避免两个节点间出现同步互跟的情况。

3. 标准 SSM 协议下时钟保护

如图 4.18 所示，网元 S1 收到外时钟 0x04、线路 1 时钟 0x0b、线路 2 时钟 0x02、线路 3 时钟 0x0f，应根据质量级别从中选择跟踪的时钟源。

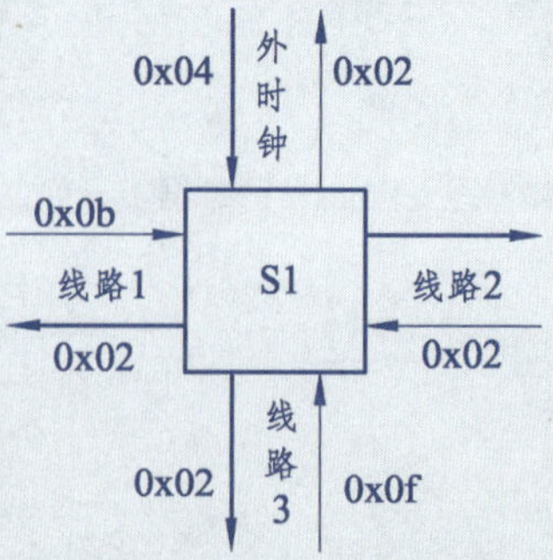

图 4.18　单网元标准 S1 处理

1）链网标准 S1 处理——时钟参考源唯一

如图 4.19 所示，网元 A 为时钟主站接收外时钟 0x02，其他网元 B、C、D 跟踪网元 A 时钟。

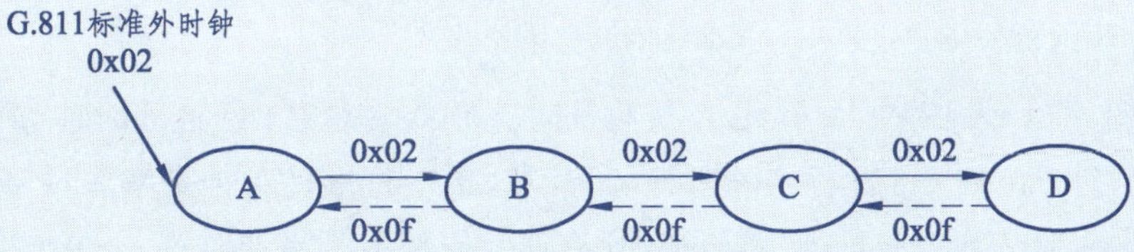

图 4.19　链网标准 S1 处理—— 时钟参考源唯一

2）链网标准 S1 处理——多时钟参考源

如图 4.20（a）所示，网元 A 接收外时钟 0x02（G.811 标准外时钟），网元 D 接收外时钟 0x04（G.812 标准外时钟）。因为 G.811 标准外时钟是基准时钟，G.812 标准外时钟是二级时钟，所以链网中所有网元跟踪级别高的时钟——0x02（G.811 标准外时钟）。

如图 4.20（b）所示，外时钟 0x02 出现故障。SDH 时钟进行保护倒换，链网中所有网元跟踪另一个时钟——0x04。

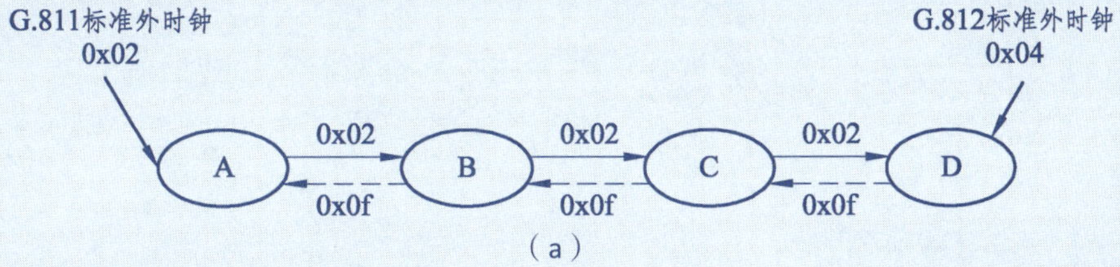

图 4.20　链网标准 S1 处理——多时钟参考源

3）环网标准 S1 处理——时钟参考源唯一

如图 4.21 所示，网元 A 为时钟主站，接收外时钟 0x02，其他网元 B、C、D 跟踪网元 A 时钟。

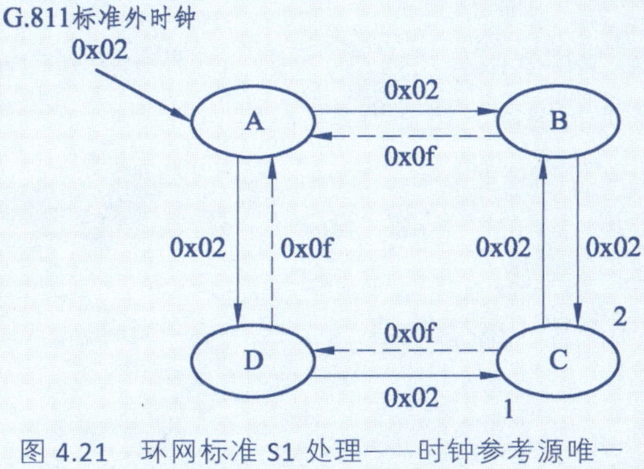

图 4.21　环网标准 S1 处理——时钟参考源唯一

4）环网标准 S1 处理——多时钟参考源

如图 4.22（a）所示，网元 A 接收外时钟 0x02（G.811 标准外时钟），网元 D 接收外时钟 0x04（G.812 标准外时钟）。因为 G.811 标准外时钟是基准时钟，G.812 标准外时钟是二级时钟，所以环网中所有网元跟踪级别高的时钟——0x02（G.811 标准外时钟）。

如图 4.22（b）所示，外时钟 0x02 出现故障。SDH 时钟进行保护倒换，环网中所有网元跟踪另一个时钟——0x04。

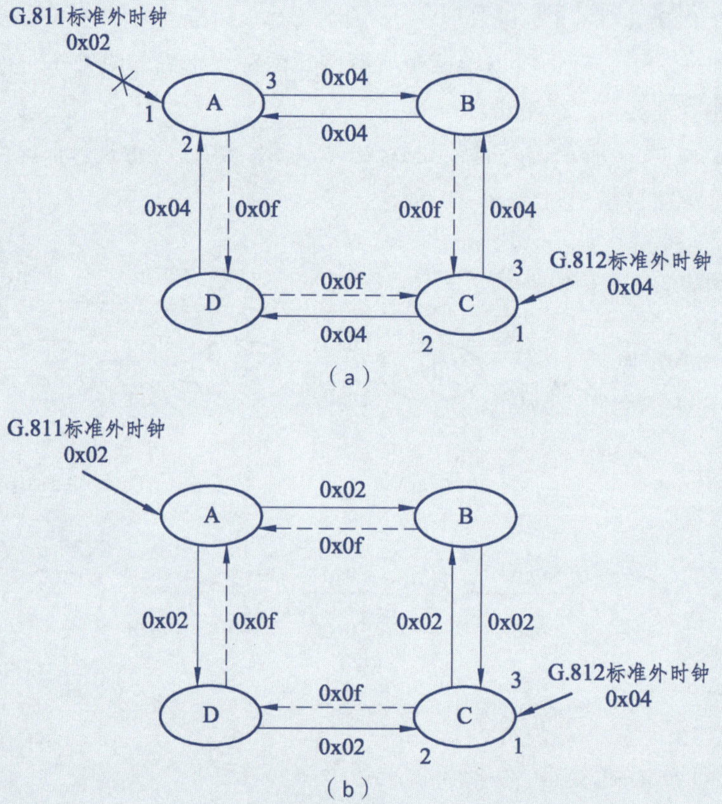

图 4.22　环网标准 S1 处理——多时钟参考源

4.5.3　业务描述

中兴通讯为广铁集团有限公司构建了如图 4.7 所示的光传输网络，其中站 A、B、C 构成二纤环形光传输网，速率为 STM-4。

业务要求如下：

采用中兴通讯 ZXMP S325 设备，传输速率为 622.080 Mb/s；

进行网络时钟源配置，确保 SDH 网络只有一个时钟源，且时钟不成环。

二维码 4.7
时钟源配置 微课

4.5.4　任务分析

按照上述的业务需求规划，画出拓扑图，如图 4.6 所示。时钟规划如表 4.20 所示。

表 4.20　时钟规划表

网元名称	第一定时源（优先级 1）	第二定时源（优先级 2）	自动 SSM
网元 A	内时钟		√
网元 B	线路抽时钟（7#OL4 板端口 1）	线路抽时钟（8#OL4 板端口 1）	√
网元 C	线路抽时钟（7#OL4 板端口 1）	线路抽时钟（8#OL4 板端口 1）	√

4.5.5　任务实施

1. 创建网元并配置单板

打开 E300 网管软件：按照表 4.1 中的配置数据，创建三个网元 A、B、C；根据表 4.9 的数据，配置单板。

2. 完成纤缆连接

按照表 4.3 中的网元连接关系，完成纤缆连接。

3. 进行时钟源配置

分别对网元 A、B、C 进行时钟源配置。

4. 查看时钟源配置结果

4.6　公务配置

4.6.1　公　务

二维码 4.8
公务配置 微课

在进行 SDH 设备的工程开通和维护管理过程中，公务联络是必不可少的。公务电话用来为不同的工作站点之间的操作工程师或维护工程师提供语音通信。公务电话是通过 SDH 中的开销字节 E1 和 E2 实现的。

公务板支持三种呼叫方式：点呼、群呼和主叫（强插）。

（1）点呼。

呼叫号码设置：$P_1P_2P_3$，其中 $P_n = 0 \sim 9$（$n = 1 \sim 3$）。

操作：摘机后，如听到拨号音，则可以拨所设 3 位号码，进行点呼。

（2）群呼。

呼叫号码设置：群呼密码为 $M_1M_2M_3$，$M_n = 0 \sim 9$（$n = 1 \sim 3$）；群呼号码为 $Q_1Q_2Q_3$，Q_n 为 0 ~ 9 和通配符*（$n = 1 \sim 3$）。其中，通配符指任意号码，如：*12

是指呼叫所有 12 为后两位的站点，***为呼叫所有站点。

操作：摘机后，如听到拨号音，拨#M_1 M_2 $M_3Q_1Q_2Q_3$七位号码，进行群呼。

（3）主呼（又称强插）。

呼叫号码设置：主呼密码为 999；主呼号码为 AAA，AAA = 111（表示强插入 E1）或 222（表示强插入 E2）。

操作：摘机后无论听到忙音或拨号音，拨#999AAA 七位号码，进行强插。

1. 网管关键配置

1）公务号码设置

网管配置公务号码、群呼密码、群呼允许、主呼密码等。

2）公务端口设置

网管配置音频端口属性为“公务”类型。

3）公务强制方向设置

如无特殊需要时，一般设置所有方向均为自动方式；有特殊需要时，可设置某一方向强制打开，由人为保证不成环。注意：要可靠打开某一光方向，需设置两端的对应光方向均为打开，需要时可设置某一方向强制关断；要可靠关断某一光方向，需设置两端的对应光方向均为强制关断。

2. 公务控制点及保护字节设置

1）公务控制点设置原则

分析组网图中每一个环路时，通过设置控制点能将网络中所有的环路打断。控制点设置应尽量少，尽量选取光方向少的网元为控制点，一般选取首网元为公务控制点，一张网一般只有一个公务控制点。

2）公务保护字节设置

设置保护字节能决定使用哪个开销作保护通道。设置是以光方向为单位的，各个光方向可以设置使用不同的开销字节。可设置的开销字节有：E2、F1、R2C9（第 2 行第 9 列）、D12。

3）各种设备保护字节的使用

150 V2 设备只可使用 E2 作保护字节；600 V2 设备可以使用 E2、F1、D12、R2C9 作保护字节；Ⅱ型机可以使用 E2、F1、R2C9 作保护字节；10 G/2500E 可以使用 E2、F1、D12、R2C9 作保护字节（注意：OL4LY4、OL1LY4、OL16L 只支持 E2、F1、D12 作保护字节）；2500C 可以使用 E2、F1、D12、R2C9 作保护字节。

150 V2 缺省值为 E2，Ⅱ型机和 600 V2 的缺省值为 R2C9，10 G 设备的 10 G 光板缺省设置为 R2C9 ，其他光板为 D12。

4）不同设备互联时使用的保护字节

不同设备互联时使用的保护字节如表 4.21 所示。如 600 V2 设备与 150 V2 互联时应选择 E2 作为保护字节。

表 4.21　不同设备互联时使用的保护字节

设备型号	150 V2	600 V2	Ⅱ	10 G
150 V2	E2			
600 V2	E2	R2C9		
Ⅱ	E2	R2C9	R2C9	
10 G	E2	D12	F1	D12

5）保护字节配置的基本原则

光纤连接的 2 个光口使用的保护字节必须一致。如果组网中有 150 V2，最好全网均使用 E2 作保护字节（此时只通一路公务）；如果全网的设备均支持 R2C9，就用 R2C9 作保护字节；如果全网没有 150 V2，且不是全部支持 R2C9，用 F1 作保护字节。注意：10 G/2500E、2500C 设备的中继不能选择 E2 作保护字节。

4.6.2　业务描述

中兴通讯为广铁集团有限公司构建了如图 4.7 所示的光传输网络，其中站 A、B、C 构成二纤环形光传输网，速率为 STM-4。

业务要求如下：

采用中兴通讯 ZXMP S325 设备，传输速率为 622.080 Mb/s；

进行公务配置，要求公务不成环。

4.6.3　任务分析

关于公务号码的配置，可以选择“自动设置”，这样做可以将全网中所有网元进行公务号码的分配，而不用再对一个个网元去配置号码了。公务号码会按照创建网元的顺序倒序安排，譬如一共有 10 个，A 是第一个创建的网元，Z 是第十个创建的网元，则 A 的号码就为 109，Z 为 100。

公务控制点的配置：当网络成环的时候，为了防止公务成环，需要配置公务控制点，如果网络是链形就没有必要了。公务控制点可以是网络中的任意一个网元，我们可以选择多个控制点，但是应注意对于每一个控制点会有一个优先级。然后可以点击“查询保护”，查看所有的公务控制点以及优先级顺序。

按照上述的业务需求规划，画出拓扑图，如图 4.6 所示。公务配置参数如表 4.22 所示。

表 4.22　公务配置参数

网元	A	B	C
公务号码	101	102	103
配置公务保护	√	/	/
控制点顺序	1	/	/

4.6.4　任务实施

1. 创建网元并配置单板

打开 E300 网管软件：按照表 4.1 中的配置数据，创建三个网元 A、B、C；根据表 4.9 的数据，配置单板。

2. 完成纤缆连接

按照表 4.3 中的网元连接关系，完成纤缆连接。

3. 进行公务配置

（1）根据表 4.21 中的公务配置参数，分别对网元 A、B、C 进行公务配置操作。

（2）分别对网元 A、B、C 配置公务保护字节。

4. 验证公务配置结果

拿起网元 B 设备连接的公务电话，拨号“101”，网元 A 的公务电话响铃，接听公务电话。

4.7　保护原理

4.7.1　概　述

二维码 4.9
保护的概念　微课

铁路通信是铁路运输的中枢神经，直接关系到铁路行车调度、客票、防灾、办公自动化等系统的安全运转，一旦中断，将打乱运输秩序，严重威胁运输安全。

1. 自愈的概念

网络的自愈是指当网络发生故障时，无须人工干预，即可在极短的时间内从失效故障中自动恢复所携带的业务，使用户感觉不到网络出了故障。自愈保护就是为受保护业务建立一条保护路由，当工作路由出现故障时，动态切换到保护路由，重新建立业务连接关系，保证业务的接续性，起到保护的作用。

自愈保护原理如图 4.23 所示。正常工作状态时，网元 A 到网元 B 的业务（用小方块表示）通过工作路由实现；当工作路由出现故障（链路断或设备故障）时，业务动态切换到保护路由。

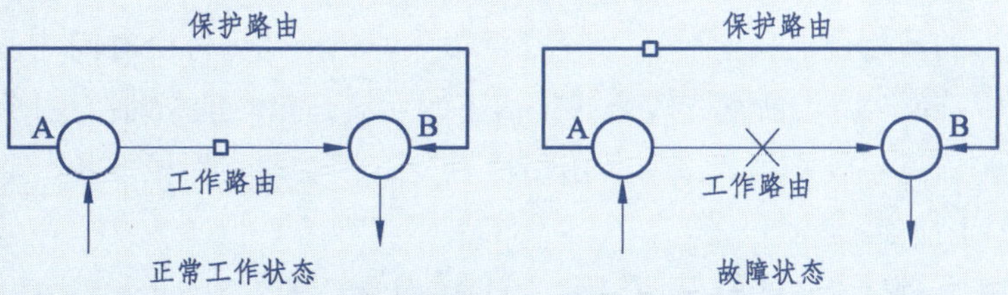

图 4.23　自愈保护原理示意图

业务中断时间的两个重要门限值：

（1）50 ms：中断时间小于 50 ms，可以满足绝大多数业务质量要求，可认为其对多数电路交换网的话带业务和中低速数据业务是透明的。

（2）2 s：中断时间小于 2 s，可保证中继传输和信令网的稳定性，这是电话、数据、图像等多数用户可忍受的，也作为网络恢复的目标值（连接丢失门限 CDT）。

2. 光传输系统的保护分类

如图 4.24 所示，SDH 网络主要依靠保护和恢复两种作用机制，保证通信业务在故障情况下可以得到保持。从网络的功能结构划分，SDH 的保护可分为路径保护和子网连接保护。路径保护包括链形网络的复用段保护、环形网络的复用段保护和环形网的通道保护等；子网连接保护是一种专用的保护机理，可用于任何网络结构。

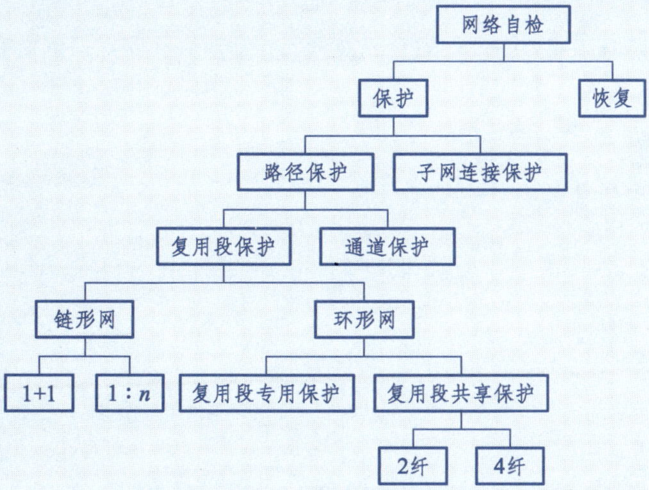

图 4.24　SDH 网络保护分类结构图

3. 自愈技术

自愈技术的工作原理是利用备用信道恢复失效的业务，但是它一般与故障的部件和线路的修复或更换无关，故障点的维修仍然需要人为因素。在网络要进行自愈时，业务自动由原来的信道切换到备用信道，切换的方式包括恢复和不恢复两种。

恢复方式指的是信道之间的切换，如果主用信道发生故障，业务切换到备用信道，如果主用信道修复，业务再恢复到主用信道。通常要使主用信道恢复使用，在主用信道的传输性能稳定后，一般需要几分钟到十几分钟的时间才能把业务从备用信道转移回来。不恢复方式指的是信道的切换是单向的，即使主用信道恢复，业务的传输信道不改变，那么原主用信道就为下一次的切换做准备，原备用信道就成为了主用信道。

有 3 种自愈技术：线路保护倒换、ADM 自愈环和 DXC 网状自愈网。前两种是保护型策略，后一种是恢复型策略。要理解自愈技术，先要明确界定再生段、复用段和通道，如图 4.25 所示。

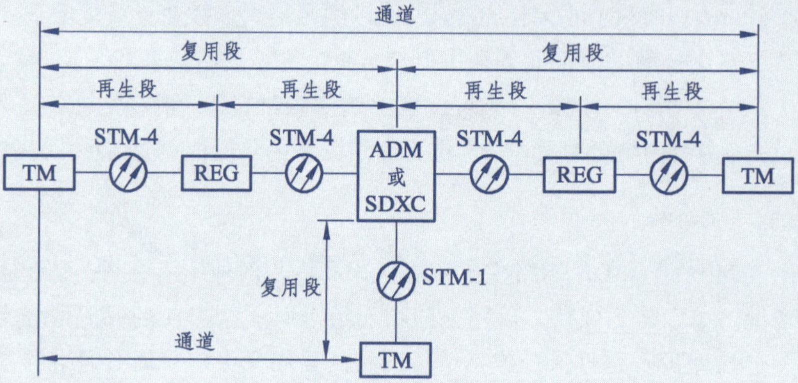

图 4.25　再生段、复用段、通道示意图

1）线路保护倒换

当出现故障时，业务由工作通道倒换到保护通道。线路保护倒换有 1+1 和 1∶*N* 两种方式。

（1）1+1 方式。

1+1 方式采用并发优收（双发选收）。

（2）1∶*N* 方式。

保护段（1 个）由 *N*（*N* = 1 ~ 14）个工作段共用，当其中任意一个出现故障时，均可倒至保护段。

（3）1+1 方式与 1∶*N* 方式的不同之处。

对于 1+1 方式，正常情况下保护段传送业务信号，所以不能提供无保护的额外业务；

对于 1∶*N* 的保护方式，在正常情况下，保护段不传业务信号，因而可以在保护段传送一些级别较低的额外业务信号，也可不传。

线路保护倒换的特点：业务恢复时间短（小于 50 ms），易配置和管理，可靠性高，但成本较高。

2）ADM 自愈环

ADM 自愈环一般是由若干分插设备 ADM 首尾相连构成的环形结构网。这种结构网具有良好的生存性和很短的恢复时间。ADM 自愈环按结构分为通道保护环和复用段保护环，按两点间所用光纤的最小数量分为二纤环和四纤环，按信号传输方向分为单向环和双向环。常用的 ADM 自愈环共四种结构：二纤单向通道保护环、二纤双向通道保护环、二纤双向复用段保护环、四纤双向复用段保护环。

3）DXC 网状自愈网

DXC(数字交叉连接)网状自愈网的拓扑结构主要是网状结构，网状结构中的物理路由有许多条，可节省备用容量的配置，提高资源利用率，灵活地支持业务的增长。但是，利用 DXC 设备建设自愈网的成本很高，主要是因为 DXC 设备价格昂贵，控制系统复杂。

4.7.2 设备级单板保护

二维码 4.10
保护的原理 微课

1. 1+1 热备份

如图 4.26 所示，ZXMP S325 传输设备的交叉时钟线路板 OCS4、OCS16，电源板 PWR，风扇单元 FAN 配置了 1+1 热备份。

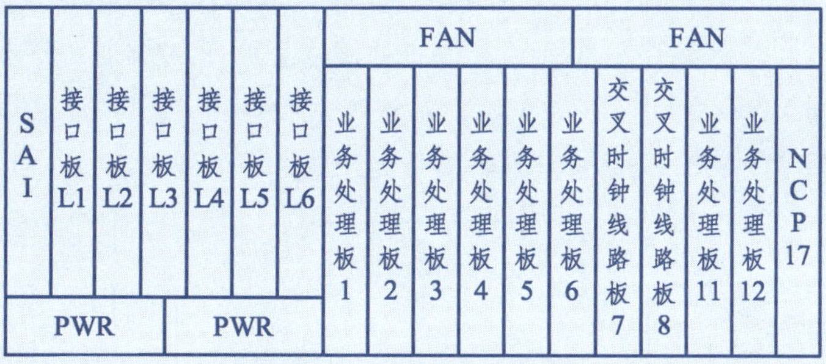

图 4.26 ZXMP S325 槽位图

2. TPS 保护

TPS（Tributary Protect Switch，支路保护倒换），属于设备级保护，不需要通过全网协议，只需要通过设备内部总线就可以达到倒换目的。通信设备在运行时其处理业务的支路板有可能损坏，TPS 则是针对这种情况的一种有效保护方式，最常见的是 1 : N 的保护，就是设备有 N 块业务处理板运行业务时，另在保护板槽位配置一块相同的业务处理板用作其他工作业务处理板的保护，任意一块工作板出现故障，其业务倒换到保护板上运行，工作板修复后业务再重新倒换回工作板。保护业务处理板和工作业务处理板属性相同，只是后面的接口板不同。被保护板所对应的是本身专用的出线板，而用于保护的单板后面加了 TPS 保护倒换板使其能倒换到任意一块被保护板的专用出线板。

4.7.3 链形网络保护

1. 通道 1+1 保护

通道 1+1 保护是以通道为基础的，倒换与否根据分出的每一通道信号质量的优劣而定。通道 1+1 保护使用"并发优收"原则。插入时，通道业务信号同时馈入工作通路和保护通路；分出时，同时收到工作通路和保护通路两个通道信号，按其信号的优劣来选择一路作为分路信号。原理如图 4.27 所示。通常利用简单的通道 PATH-AIS 信号作为倒换依据，而不需要 APS 协议，倒换时间不超过 10 ms。

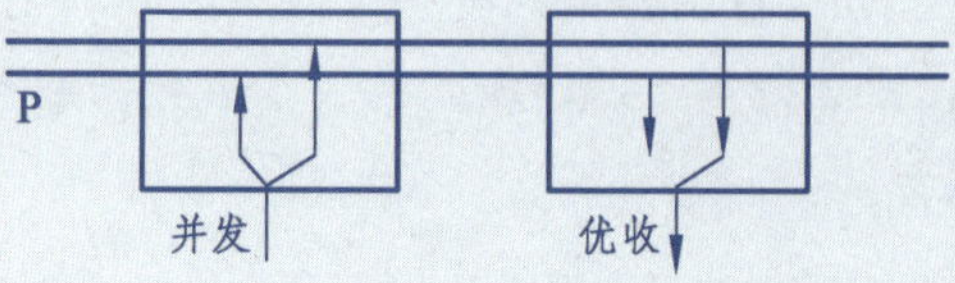

图 4.27　通道 1+1 保护原理图

2. 复用段 1+1 保护

复用段保护是以复用段为基础的，倒换与否根据每两站间的复用段信号质量的优劣而定。当复用段出故障时，整个站间的业务信号都转到保护通路，从而达到保护的目的。

复用段 1+1 保护原理如图 4.28 所示。实线为工作通路，虚线为保护通路。发送时业务信号同时跨接在工作通路和保护通路。正常时工作通路接收业务信号，当系统检测到 LOS、LOF、MS-AIS 以及误码率>10E-3 告警时，则切换到保护通路接收业务信号。采用自动保护倒换（APS）协议来实现复用段 1+1 保护。

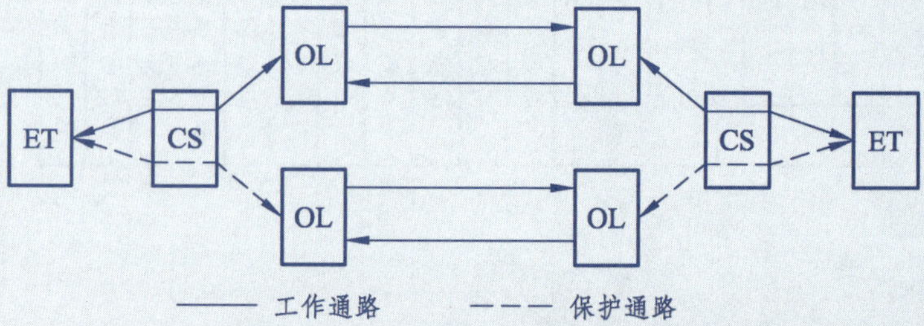

图 4.28　复用段 1+1 保护原理图

3. 复用段 1∶1 保护

复用段 1∶1 保护与复用段 1+1 保护不同，业务信号并不总是同时跨接在工作通路和保护通路上的，所以还可以在保护通路上开通低优先级的额外业务。如图 4.29（a）所示，实线为主用业务，虚线为额外业务。如图 4.29（b）所示，当工作通路发生故障时，保护通路将丢掉额外业务，根据 APS 协议，通过跨接和切换的操作，完成业务信号的保护。

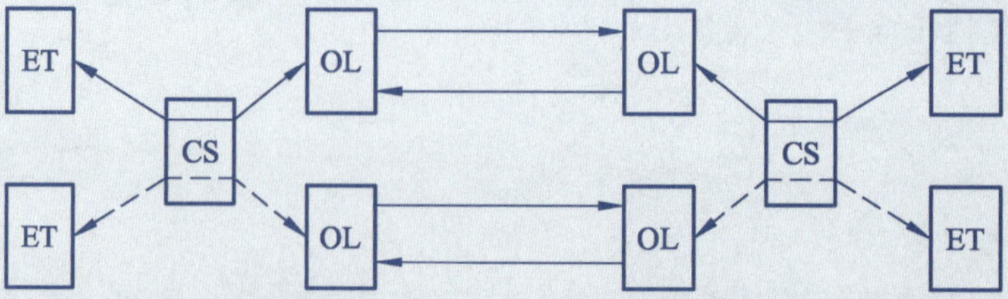

（a）

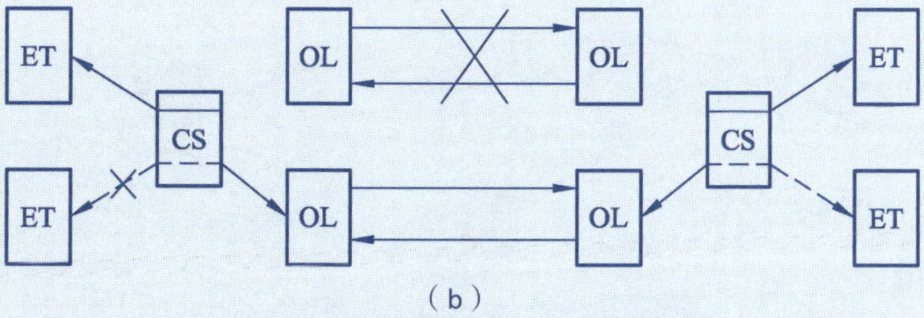

图 4.29　复用段 1∶1 保护原理图

4.7.4　环形网络保护——自愈环

自愈环有二纤单向通道保护、二纤双向通道保护和四纤双向复用段保护等几种结构。

二纤或四纤描述的是相邻两个网元之间的光纤数目。例如，相邻两个网元之间存在用于收发的两根光纤，则为二纤。单/双向描述业务传递的流向或路径，如图 4.30 所示，假设业务在 A 与 C 之间传递。单向业务如图 4.30（a）所示，传递路由不同（A→B→C、C→D→A）。双向业务如图 4.30（b）所示，传递路由相同（A→B→C、C→B→A）。

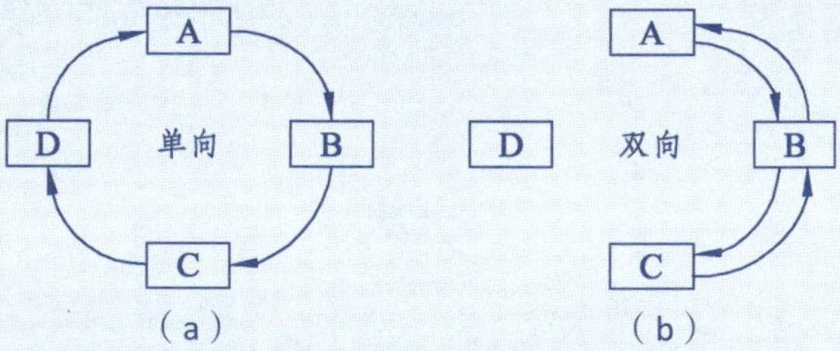

图 4.30　单/双向业务传递示意图

4.7.5　子网连接保护（SNCP）

子网连接保护（SNCP）是一种 1+1 方式采用单端倒换的保护，主要用于对跨子网业务进行保护，具有双发选收的特点，不走协议。这种保护基于子网，可应用于所有网络拓扑。

SNCP是通过在业务的接收端对业务发送端双发过来的两个业务源进行检测选收来实现保护功能的，因此双发选收是 SNCP 的特点，这与通道保护相似。SNCP 和通道保护的区别：从具体实现上看，通道保护在收端选收业务时，由支路板完成选收判断的动作，而 SNCP 保护则是在交叉板上完成选收判断的动作。因此 SNCP 可以对线路上的业务进行保护，而通道保护只能保护下到本地的支路上的业务。

子网连接保护工作原理如图 4.31 所示。A 站点向工作子网和保护子网都发送业务，B 站点收到两个子网传送来的业务，选择质量好的接收。

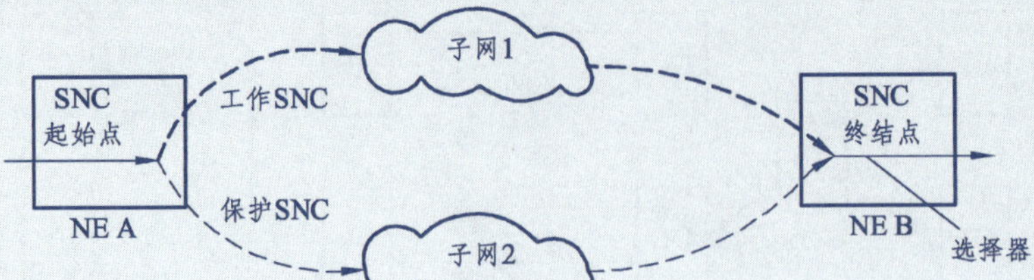

图 4.31　子网连接保护工作原理示意图

4.8　二纤双向通道环保护配置

4.8.1　二纤双向通道环保护原理

二维码 4.11
二纤双向通道环保护原理
微课

1. 二纤单向通道保护环

二纤通道保护环是由两根光纤组成的两个环。其中一个为主环——S1（用实线表示），有时称为业务环；另一个为备环——P1（用虚线表示），有时称为保护环。两环的业务流向一定要相反，通道保护环的保护功能是通过网元支路板的“双发选收”功能来实现的，也就是支路板将支路上环业务“并发”到主环 S1、备环 P1 上，两环上业务完全一样且流向相反，平时网元支路板“选收”主环下支路的业务。二纤单向通道保护环正常与继纤倒换状态分别如图 4.32、图 4.33 所示。

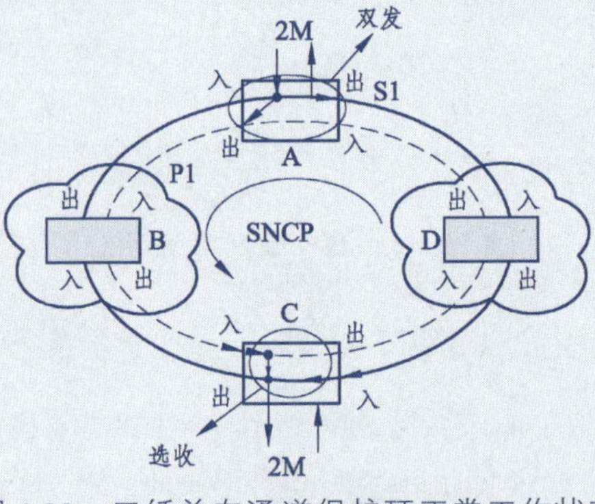

图 4.32　二纤单向通道保护环正常工作状态

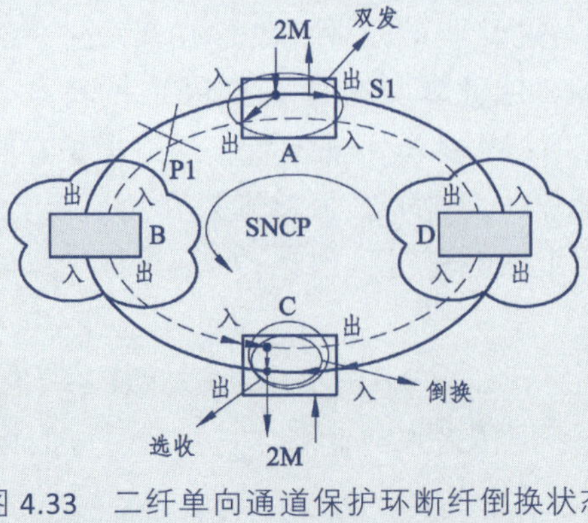

图 4.33　二纤单向通道保护环断纤倒换状态

2. 二纤双向通道保护环

二纤双向通道保护环的工作原理与二纤单向通道保护环类似，不同之处仅仅是业务信号的传输方向由单向改为双向。环网由二根光纤组成，这二根光纤都用来传送业务信号。二纤双向通道保护环状态如图 4.34 所示，外环顺时针方向为 S1，内环逆时针方向为 P1。

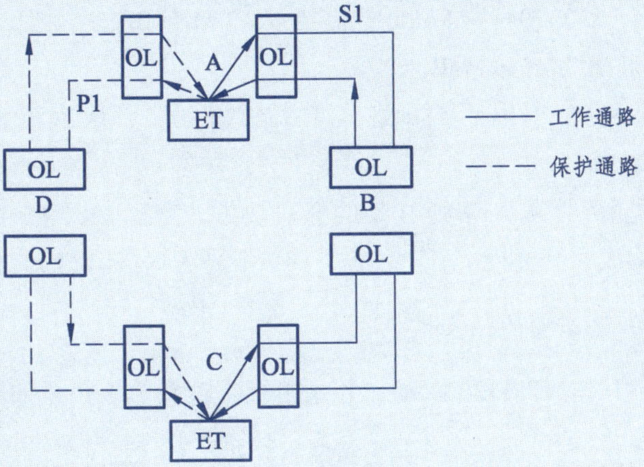

正常工作状态

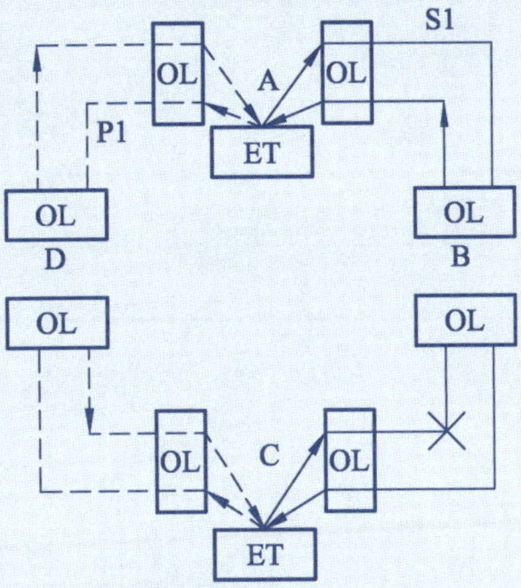

（a）单纤断

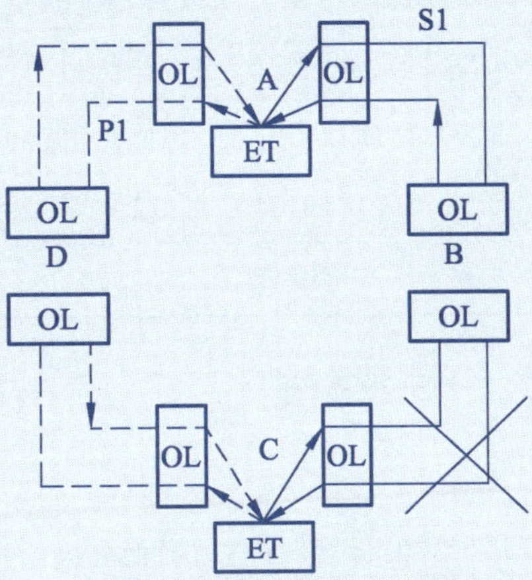

（b）双纤断

图 4.34　二纤双向通道保护环断纤倒换状态

4.8.2　业务描述

中兴通讯为广铁集团有限公司构建了如图 4.7 所示的光传输网络，其中站 A、B、C 构成二纤环形光传输网，速率为 STM-4。

业务要求如下：

采用中兴通讯 ZXMP S325 设备，传输速率为 622.080 Mb/s；

A 站与 B 站需要传输 180 路电话；

基于传输网络的生存性，要求在 A、B 间增加双向的通道保护环。

4.8.3 任务分析

1. 各站点业务分析

A 站上下的业务：对 B 站有电话 180 路，采用 64 kb/s 的 PCM 编码（180 × 64 kb/s = 11 520 kb/s，11 520/2 048 = 5.625），需要 6 × 2 M 接口；A 站到 B 站的工作通道为 A→B，保护通道为 A→C→B。

B 站上下的业务：有电话 180 路，需 6 × 2 M 接口；从 A 站到 C 站的穿通业务，需要 6 × 2 M 接口。

C 站上下的业务：从 A 站到 B 站的穿通业务，需要 6 × 2 M 接口。

A、B、C 站构成一个环网，每个站至少有 2 个光方向，所以网元类型均为 ADM。

2. 各站设备及单板的选择

3 个站均选用 ZXMP S325 设备。各站单板类型及单板数量如表 4.23 所示。

表 4.23 站点配置明细表

站点	A	B	C
单板类型	单板数量		
网元控制板（NCP）	1（17#）	1（17#）	1（17#）
公务板（OW）	1（18#）	1（18#）	1（18#）
交叉时钟线路板（OCS4）	2（7#、8#）	2（7#、8#）	2（7#、8#）
2 M 电支路板（EPE1 × 21）	1（2#）	1（2#）	

4.8.4 任务实施

1. 创建网元并配置单板

打开 E300 网管软件：按照表 4.1 中的配置数据，创建三个网元 A、B、C；根据表 4.9 的数据，配置单板。

二维码 4.12
二纤双向通道环保护配置
微课

2. 完成纤缆连接

按照表 4.3 中的网元连接关系，完成纤缆连接。

3. 配置工作通道

配置网元 A 时隙（6 × 2 M 业务），具体参数如表 4.24 所示。配置网元 B 时隙（6 × 2 M 业务），具体参数如表 4.25 所示。

表 4.24　网元 A 的时隙配置表

支路板		光板				
支路板	2 M（VC12）	光板	端口→AUG→AU4	TUG3	TUG2	TU12
2#ET1	1 ~ 6	7# OL4	1	1	1 ~ 2	1 ~ 6

表 4.25　网元 B 的时隙配置表

支路板		光板				
支路板	2 M（VC12）	光板	端口→AUG→AU4	TUG3	TUG2	TU12
2#ET1	1 ~ 6	7# OL4	1	1	1 ~ 2	1 ~ 6

4. 工作通道业务配置结果

打开【全网业务报表】对话框，查看【终结业务】标签，显示 1 条无告警业务。选中该业务，即在【业务路由拓扑图】中显示该业务的配置路径。

5. 配置保护通道

配置网元 A 时隙（6×2 M 业务），具体参数如表 4.26 所示。配置网元 C 时隙（6 条穿通业务），具体参数如表 4.27 所示。配置网元 B 时隙（6×2 M 业务），具体参数如表 4.28 所示。

表 4.26　网元 A 的时隙配置表

支路板		光板				
支路板	2 M（VC12）	光板	端口→AUG→AU4	TUG3	TUG2	TU12
2#ET1	1 ~ 6	8# OL4	1	1	1 ~ 2	1 ~ 6

表 4.27　网元 C 的时隙配置表

光板					光板				
光板	端口→AUG→AU4	TUG3	TUG2	TU12	光板	端口→AUG→AU4	TUG3	TUG2	TU12
7# OL4	1	1	1 ~ 2	1 ~ 6	8# OL4	1	1	1 ~ 2	1 ~ 6

表 4.28　网元 B 的时隙配置表

支路板		光板				
支路板	2 M（VC12）	光板	端口→AUG→AU4	TUG3	TUG2	TU12
2#ET1	1 ~ 6	8# OL4	1	1	1 ~ 2	1 ~ 6

6. 保护通道配置结果

查看【全网业务报表】对话框，在【业务路由拓扑图】中显示该业务的配置路径。显示保护通道配置结果——网元 A↔C↔B。（保护成环）

4.9　二纤双向复用段保护

4.9.1　二纤双向复用段保护原理

二维码 4.13
二纤双向复用段保护原理 微课

二纤双向复用段保护环也是使用两条光纤：S1/P2、S2/P1。每根光纤的前半个时隙（例如 STM-16 系统为 1#—8#STM-1）传送主用业务，后半个时隙（例如 STM-16 系统的 9#—16#STM-1）传送额外业务，也就是说一根光纤的保护时隙用来保护另一根光纤上的主用业务。因此，在二纤双向复用段保护环上无专门的主、备用光纤，每一条光纤的前半个时隙是主用信道，后半个时隙是备用信道，两根光纤上业务流向相反。STM-16 的光纤剖面如图 4.35 所示。

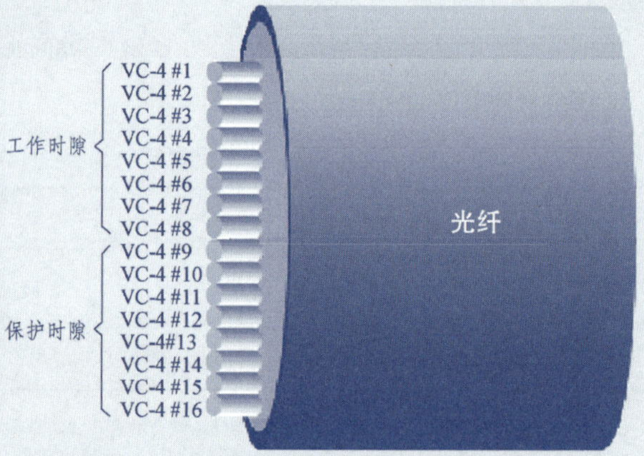

图 4.35　STM-16 的光纤剖面图

二纤双向复用段保护环工作原理如图 4.36 所示。二纤双向复用段保护环也是使用两条光纤，外环光纤为 S1/P2、内环光纤为 S2/P1。正常情况下，业务走工作时隙 S1、S2（#1 VC4 ~ #8 VC4）；发生故障时，业务走保护时隙 P1、P2（#9 VC4 ~ #16 VC4）。A→C 的业务走 S1（A→B→C），图中用实线表示；C→A 的业务走 S2（C→B→A），图中用虚线表示。当网元 A 和 C 之间发生断纤故障，断纤两端的网元 A 和 B 发生保护倒换，即 A→C 的业务走向是：网元 A 倒换（S1 到 P1）（A→D→C→B→C）网元 B 倒换（P1 到 S1），图中用实线表示。C→A 的业务走向是：S2（C→B）网元 B 倒换（S2 到 P2）（B→C→D→A）网元 A 倒换（P2 到 S2），图中用虚线表示。

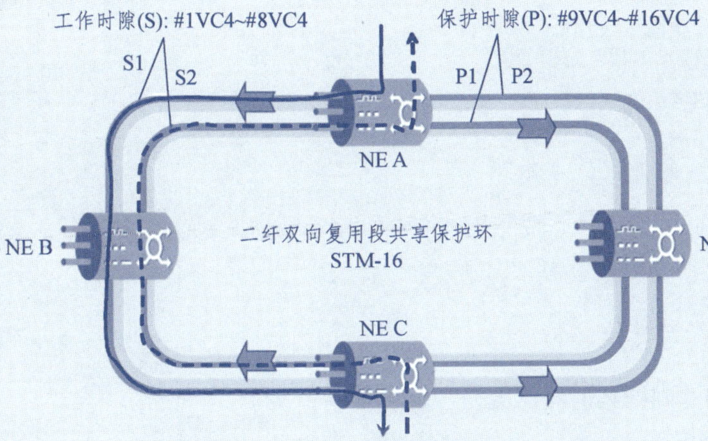

（a）正常工作状态

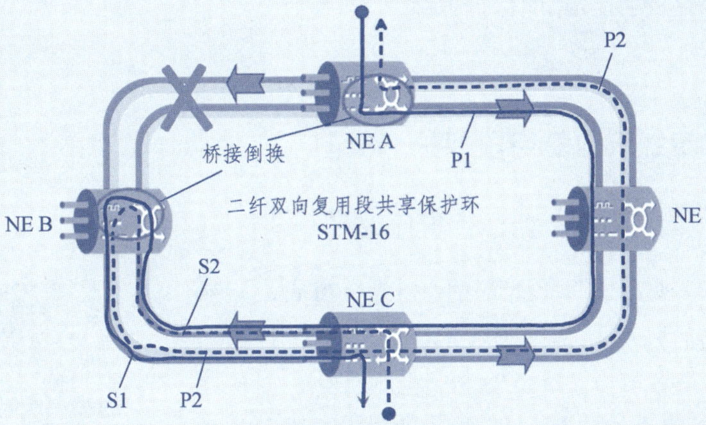

（b）保护环断纤倒换状态

图 4.36　二纤双向复用段保护环工作原理

4.9.2　业务描述

中兴通讯为广铁集团有限公司构建了如图 4.7 所示的光传输网络，其中站 A、B、C 构成二纤环形光传输网，速率为 STM-4。

业务要求如下：

采用中兴通讯 ZXMP S325 设备，传输速率为 622.080 Mb/s；

基于传输网络的生存性，要求在各站点间配置二纤双向复用段保护。

二维码 4.14
二纤双向复用段保护环
工作原理 图片

二维码 4.15
二纤双向复用段
保护配置 微课

4.9.3　任务分析

对网元 A、B、C 组成的环网配置二纤双向复用段保护。按照上述的业务需求规划，画出拓扑图，如图 4.6 所示。

4.9.4 任务实施

1. 创建网元并配置单板

打开 E300 网管软件：按照表 4.1 中的配置数据，创建三个网元 A、B、C；根据表 4.9 的数据，配置单板。

2. 完成纤缆连接

按照表 4.3 中的网元连接关系，完成纤缆连接。

3. 配置复用段保护

（1）配置复用段保护组。
（2）配置各网元复用段保护关系。
（3）启动 APS 协议。

4.10 四纤双向复用段保护

4.10.1 四纤双向复用段保护原理

二维码 4.16
四纤双向复用段保护原理 微课

如图 4.37 所示，四纤环是由 4 根光纤组成，这 4 根光纤分别为 S1、S2、P1、P2， 其中 S1 和 S2 为主纤，传送主用业务；P1 和 P2 为备纤，传送备用业务。也就是说 P1、P2 光纤分别用来在主纤故障时保护 S1、S2 上的主用业务。注意 S1、P1、S2、P2 光纤的业务流向。S1 与 S2 光纤上业务流向相反（一致路由，双向环），S1 业务流向是顺时针，S2 业务流向是逆时针。P1 和 P2 光纤上业务流向也相反，P1 业务流向是顺时针，P2 业务流向是逆时针。

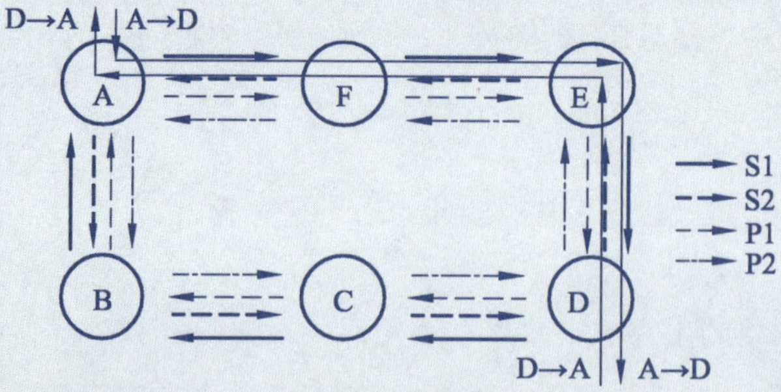

（a）正常工作状态

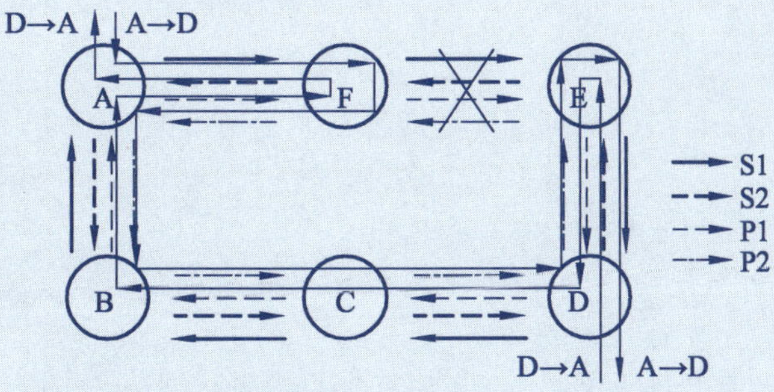

（b）断二纤倒换状态

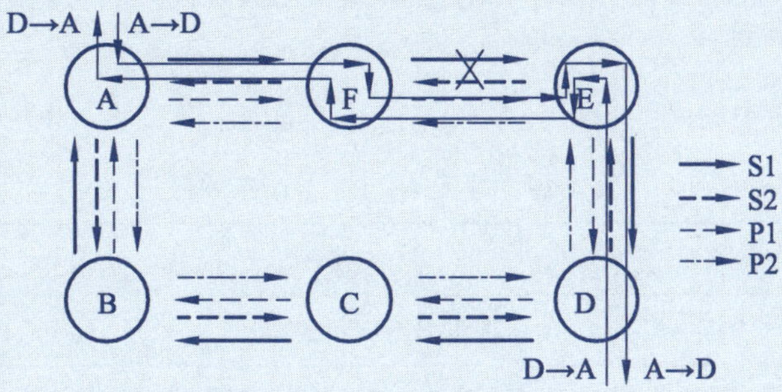

（c）断四纤倒换状态

图 4.37　四纤双向复用段保护原理

4.10.2　业务描述

中兴通讯为广铁集团公司构建了如图 4.38 所示的光传输网络，其中站 A、B、C 构成四纤环形光传输网，速率为 STM-4。

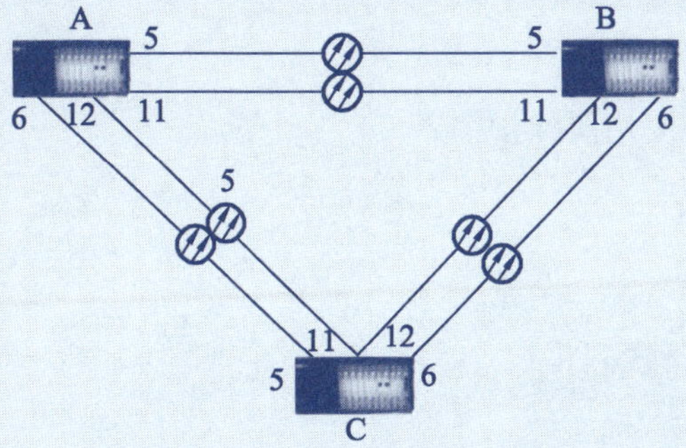

图 4.38　光传输网络示意图

业务要求如下：

采用中兴通讯 ZXMP S325 设备，传输速率为 622.080 Mb/s；

基于传输网络的生存性，要求在各站点间配置四纤双向复用段保护。

二维码 4.17
四纤双向复用段保护配置 微课

4.10.3 任务分析

对网元 A、B、C 组成的环网配置四纤双向复用段保护。

4.10.4 任务实施

1. 创建网元并配置单板

打开 E300 网管软件：按照表 4.1 中的配置数据，创建三个网元 A、B、C；根据表 4.9 的数据，配置单板。

2. 完成纤缆连接

按照表 4.29 中的网元连接关系，完成纤缆连接。

表 4.29 网元 A、B、C 连接关系

序号	始端	终端	连接类型	光纤类型
1	网元 A 5# OCS4 板端口 1	网元 B 5# OCS4 板端口 1	双向光连接	工作光纤
2	网元 A 11# OCS4 板端口 1	网元 B 11# OCS4 板端口 1	双向光连接	保护光纤
3	网元 B 6# OCS4 板端口 1	网元 C 6# OCS4 板端口 1	双向光连接	工作光纤
4	网元 B 12# OCS4 板端口 1	网元 C 12# OCS4 板端口 1	双向光连接	保护光纤
5	网元 C 5# OCS4 板端口 1	网元 A 6# OCS4 板端口 1	双向光连接	工作光纤
6	网元 C 11# OCS4 板端口 1	网元 A 12# OCS4 板端口 1	双向光连接	保护光纤

3. 配置复用段保护

（1）配置复用段保护组。

（2）配置各网元复用段保护关系。

（3）启动 APS 协议。

同步练习

二维码 4.18

SDH/MSTP 系统的组网与保护 习题

扩展资源

二维码 4.19

OSN3500 网管配置 视频

实训操作

在“城市轨道光传输网络仿真实验系统”中完成实训。

1. SDH 时钟配置

实训任务：对 SDH 设备进行时钟配置。

二维码 4.20

SDH 时钟配置 实训

2. SDH 2 M 业务配置

实训任务：对 SDH 设备进行 2 M 业务配置。

二维码 4.21

SDH 2 M 业务配置 实训

3. SDH 以太业务配置

实训任务：对 SDH 设备进行以太网业务配置。

二维码 4.22

SDH 以太网业务配置 实训

4. SDH 通道保护配置

实训任务：对 SDH 设备进行通道保护配置。

二维码 4.23

SDH 通道保护配置 实训

5. SDH 复用段保护配置

实训任务：对 SDH 设备进行复用段保护配置。

二维码 4.24
SDH 复用段保护配置 实训

6. SDH 时钟配置（OSN 系统）

实训任务：对 OSN 设备进行时钟配置。

二维码 4.25
OSN 时钟配置 实训

7. SDH 2 M 业务配置（OSN 系统）

实训任务：对 OSN 设备进行 2 M 业务配置。

二维码 4.26
OSN 2M 业务配置 实训

8. SDH 以太业务配置（OSN 系统）

实训任务：对 OSN 设备进行以太网业务配置。

二维码 4.27
OSN 以太网业务配置 实训

9. SDH 通道保护配置（OSN 系统）

实训任务：对 OSN 设备进行通道保护配置。

二维码 4.28
OSN 通道保护配置 实训

10. SDH 复用段保护配置（OSN 系统）

实训任务：对 OSN 设备进行复用段保护配置。

二维码 4.29
OSN 复用段保护配置 实训

任务 5　传输系统的测试与维护

5.1　传输设备日常维护

5.1.1　传输设备现场维护作业

日常例行维护是每天必须进行的维护项目，通过日常例行维护项目，可以随时了解设备的运行情况。

周期性例行维护是指定期进行的维护，通过周期性维护，可以了解设备的长期工作情况。将日常/周期性例行维护项目制作为表格，记录维护过程中发现的问题，以便及时维护和排除隐患，同时可以作为日后工作的参考。例行维护项目如表 5.1 所示。

表 5.1　工作项目、周期及维修类型

工作项目		修程等级	每年次数				维修类型
			干线		支线		
			车站	区间	车站	区间	
1	设备、DDF/ODF 架标签、配线检查	二级修	12	4	2	2	点外
2	设备表面清扫、防尘网检查清洗	二级修	4	4	2	2	点外
3	设备地线检查	二级修	2	2	2	2	点外
4	保护倒换检查	二级修	1	1	1	1	天窗
5	风扇清扫	二级修	1	1	1	1	天窗

突发性维护是指因为传输设备故障、网络调整等带来的维护任务。如设备损坏、线路故障时须进行的维护，同时在例行维护中发现并记录的突发事件也是突发性维护任务之一。

在系统异常工作的情况下，可以采取合适的维护操作来判断故障源，解决故障，使系统恢复正常工作。在达到测试和诊断的目的后，必须及时将先前所做的维护操作撤销，以免影响今后设备的正常运行。

维护过程中的关于安全风险的注意事项如下：

（1）毛刷金属部位须使用绝缘胶布包裹。

（2）潮湿抹布不能用来清扫机柜内部及板件。

（3）使用毛刷清扫设备机框浮灰时，注意清扫力度和幅度，严禁碰撞机框配线、波特开关，以及改变波特开关状态。

（4）爬高和用电时注意人身安全。

二维码 5.1
设备维护作业　微课

设备维护作业流程、内容、标准及图示如表 5.2 所示。

表 5.2　设备维护作业流程、内容、标准及图示

序号	作业流程	作业内容、标准	图示
1	作业前准备	1.1 工长（或作业负责人）召开班前布置会，检查作业人员有无不适合作业情况（如饮酒、发烧），确认调整人员后填发派工单；作业人员检查、试验仪器仪表，维修工具应准备齐全，并携带常用板件和维修材料；需上道作业的人员按规定穿戴防护用品，携带防护用具； 1.2 作业人员记录好设备运行状态以及当前告警，并检查试验仪表和联络工具，保证良好； 1.3 有影响外单位业务的，需提前联系外单位调度，在得到对方允许的情况下方可进行	  
2	登记联系	2.1 检修作业前须与网管联系，向网管汇报单位部门、姓名、作业内容，网管同意后方可进行作业； 2.2 由现场作业人员填写《入室登记本》； 2.3 涉及影响业务的，必须指定一名联络员按规定时间在运统-46（天窗点内作业）或《行车设备检查登记簿》（天窗点外作业）登记，到点后由联络员通知现场作业人员，方可进行作业	
3	DDF/ODF检查核对	3.1 检查 DDF 架是否干净整洁，查看 2 M 头是否松动、未接线的 2 M 口的帽盖是否齐全，查看 2 M 线是否脱落、弯曲、折痕	

续表

3	DDF/ODF检查核对	3.2 核对 DDF 标签、面板台账是否与技术台账相符，如果有变化，及时核实并修改台账、标签	
		3.3 检查 ODF 架是否干净整洁，查看法兰盘是否紧固、无尾纤的法兰头是否帽盖齐全，查看尾纤是否整齐、无折痕、弯曲幅度是否平缓	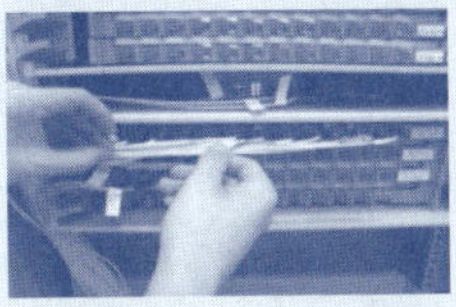
		3.4 核对 ODF 标签、面板台账是否与技术台账相符，如果有变化，及时核实并修改台账、标签	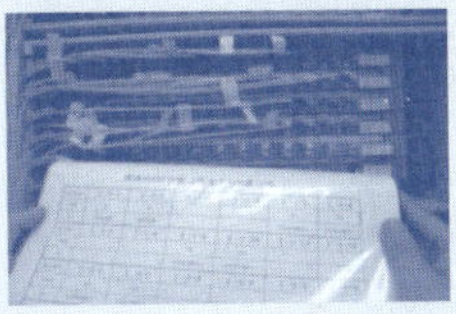
4	设备运行指示检查确认	4.1 查看机柜的指示灯，正常状态没有告警，只有电源指示灯绿灯亮。如果机柜告警指示灯亮，则需打开机柜门，查看设备面板指示灯，与网管确认告警信息并及时处理	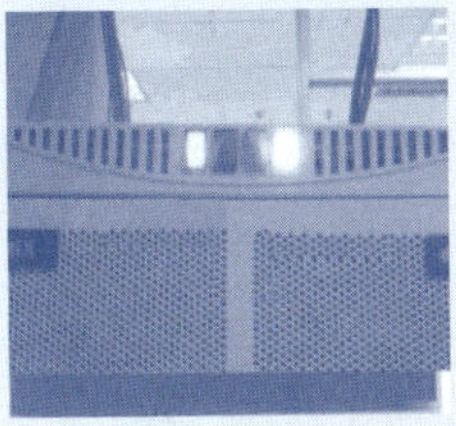
		4.2 打开机柜门，观察设备面板指示灯状态，如有告警信息（参照单板指示灯显示状态），联系传输网管，确认告警信息后及时处理	
5	设备地线检查	5.1 打开机柜门，检查机柜地线端子处的主地线是否连接紧固，另一端是否在地线排上连接紧固，且地线是否完好无破损	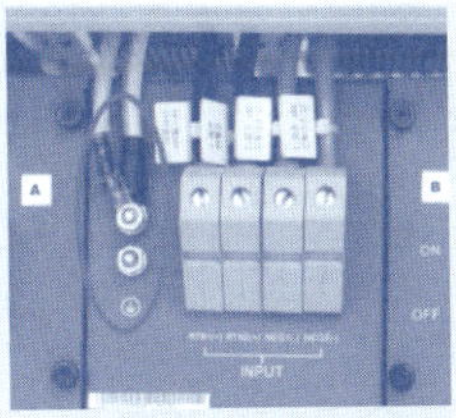
		5.2 检查机柜内设备与机柜的地线是否连接良好	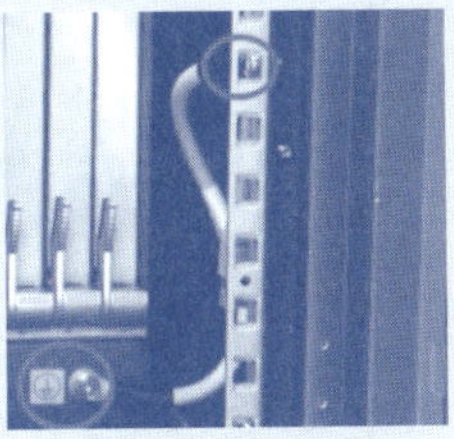

5	设备地线检查	5.3 检查机柜前后柜门处的地线是否连接良好	
6	设备风扇清扫	6.1 打开机柜门，佩戴防静电手环	
		6.2 按顺序先取出一个风扇模块	
		6.3 将风扇模块拿到机房外进行清扫检查，风扇禁止用水冲洗	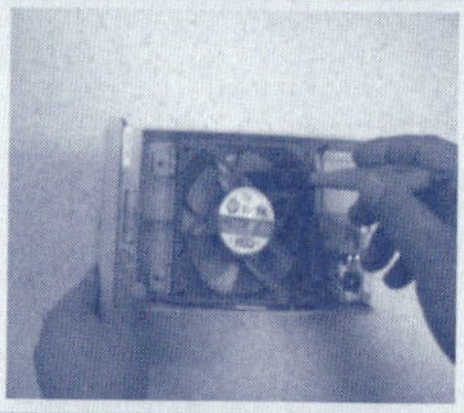
		6.4 将清扫完的风扇模块插回子架中（需卡到位），待工作灯亮并确认风扇运转后再取出第二块，重复6.2、6.3步骤，直至所有风扇模块清扫完毕	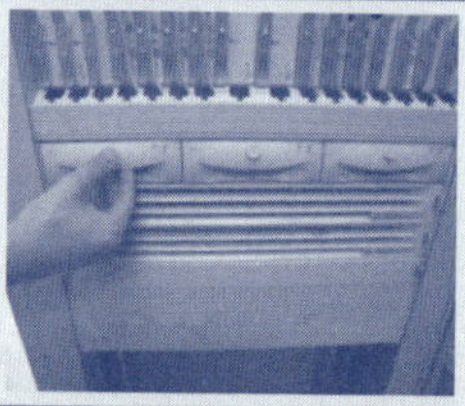
7	销记确认	7.1 现场作业人员确认所有作业设备运行良好，与网管确认无异常； 7.2 现场作业人员在《入室登记本》上登记离开时间，确认所有人员、机具、材料全部撤离至安全地带，查看机械室内无异常现象后离开； 7.3 驻站联络员在运统-46或《行车设备检查登记簿》上销记	
8	记录总结	8.1 作业负责人员对当次施工（天窗）作业质量标准、安全措施执行、联络防护等情况进行小结、点评； 8.2 作业负责人总结注意事项，相关资料归档	

注：运统-46的全称是《行车设备检查登记簿》，它是营业线施工、维修、行车设备故障处理和恢复时办理有关登记的原始记录，是确认设备使用条件的重要依据，同时也是加强行车设备养护，提高设备质量，明确划分责任，确保行车安全的一项重要内容。

5.1.2 常用工具、材料、仪表

二维码 5.2
常用工具、材料、仪表 微课

设备维护时需要准备的材料：无水酒精、无尘纸、焊锡丝、松香、绝缘胶布、扎带、2 M 自环线、自环光纤等。

一个传输网络工程可以根据网络规模只为一个或几个主要站点配备仪表，并与其他站点共用。所有仪器、仪表在使用前要注意进行检修、校准，保证仪器、仪表的准确和完好。机房均须常备温湿度计监测设备运行环境。设备维护时需配备数字万用表、光功率计、光衰减器、PDH 误码仪各一台，如果具备条件可配备一台 SDH 综合分析仪。

5.1.3 DDF 布防标准

DDF 架（数字配线架又称高频配线架），以系统为单位，有 8 系统，10 系统，16 系统，20 系统等，在数字通信中越来越具有优越性，它能使数字通信设备的数字码流的连接成为一个整体。速率为 2 ~ 155 Mb/s 的信号的输入、输出都可终接在 DDF 架上，这给配线、调线、转接、扩容带来很大的灵活性和方便性。

DDF 布防标准有以下几点：

（1）要成对布放，布放时不能把光纤弯成直角，折弯半径不得小于 30 mm。

（2）走线架上布放时需要应用专用尾纤槽或波纹管保护。

（3）在敷设光纤时应避免光纤与机柜设备的锐边直接接触，以防割伤光纤，布线与结构件的实际距离应在 10 mm 以上，若不能保证，则要有护套保护。

5.1.4 单板维护注意事项

二维码 5.3
单板维护 微课

（1）在设备维护中做好防静电措施，避免损坏设备。在接触设备时必须佩带防静电手环。

（2）注意单板的防潮处理。一般应在保存单板的防静电保护袋中放置干燥剂，当单板从一个温度较低、较干燥的位置移到温度较高、较潮湿的位置时，至少需要等待 30 min 才能拆封，否则会导致潮气凝聚在单板表面，损坏器件。

（3）插拔单板时要小心操作。设备背板上对应的每个单板板位有很多插针，如果操作中不慎将插针弄歪、弄倒，可能会引起短路，造成设备瘫痪。

（4）光线路板/光接口板上未用的光口一定要用防尘帽盖住。

（5）日常维护工作中，如果拔出尾纤，必须立即为该尾纤接头佩戴防尘帽。

（6）严禁直视光线路板/光接口板上的光口，以防激光灼伤眼睛。

（7）清洗尾纤插头时，应使用无尘纸蘸无水酒精小心清洗，不能使用普通的工业酒精、医用酒精或水清洗。

（8）更换光线路板/光接口板时，注意应先拔掉光线路板/光接口板上的尾纤，再拔出光线路板/光接口板，禁止带纤插拔单板。

5.1.5 设备电源维护

设备断电将使设备退出运行状态，导致本网元业务全部中断。鉴于传输设备在网络中的重要性，设备一旦投入使用，为保障传送的业务不中断，应尽量避免进行断电操作。

二维码 5.4
设备电源维护 微课

（1）上电步骤：

① 确认设备的硬件安装和线缆布放完全正确，设备的输入电源符合要求，设备内无短路现象。

② 接通机房对设备的供电空气开关。接通整流器开关，检查整流器监控模块的电流电压数据是否正常。

③ 接通机柜内部两路（主用和备用）空气开关。

④ 接通设备电源开关，观察风扇是否正常运转。

（2）下电步骤：

① 将设备电源开关置于“OFF”，设备下电。

② 将机柜内部两路空气开关置于“OFF”。

③ 关闭整流器开关。

④ 关闭机房对设备的供电空气开关。

（3）严禁带电安装、拆除电源线。带电连接电源线时会产生电火花或电弧，可导致火灾或眼睛受伤。在进行电源线的安装、拆除操作之前，必须关掉电源开关。

（4）在完成对设备的维护操作后，应关上机柜前门，保证设备始终具有良好的防电磁干扰性能。

5.1.6 中兴 SDH 传输网管的日常维护

二维码 5.5
网管维护作业 微课

作业项目、周期及维修类型如表 5.3 所示。

表 5.3 作业项目、周期及维修类型

序号	工作项目	修程等级	每年次数	维修类型
1	告警事件检查分析处理	一级修	365	实时监控
2	误码性能事件检查分析处理	一级修	365	实时监控
3	网元时间调整检查	一级修	4	点外
4	系统数据备份并转储	一级修	4	点外
5	线路板发送、接收光功率	一级修	4	点外
6	VC-4、VC-12 误码性能监测	二级修	2	点外
7	时钟跟踪状态检查	二级修	1	点外
8	保护倒换检查	二级修	1	天窗

维护过程中的关于安全风险的注意事项如下：

（1）若非必要，不使用高级权限用户进行作业。

（2）做保护倒换检查时，请使用“练习倒换”功能；使用此功能前，必须保证所在保护环或线性 1+1 保护链无倒换。

（3）存储各系统备份数据的移动硬盘必须由专人保管。该硬盘不准插在传输系统服务器以外的计算机上使用。

网管维护作业流程、内容、标准及图示如表 5.4 所示。

表 5.4　网管维护作业流程、内容、标准及图示

序号	作业流程	作业内容、标准	图示
1	作业前准备	1.1 作业人员作业前应先完成备份和记录网管数据的工作。	
2	告警的检查、分析处理	2.1 网管主视图下，选中网元，点鼠标右键	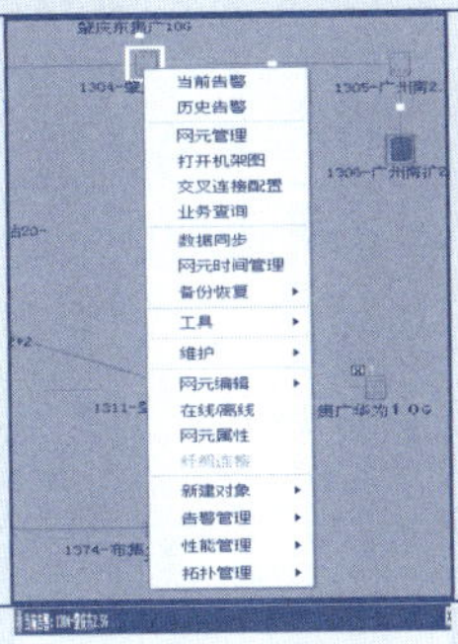
		2.2 选择当前告警，即可浏览到当前告警。正常时，告警窗口无文字显示；有告警时，告警窗口显示具体告警信息并按《故障处理流程》进行处理	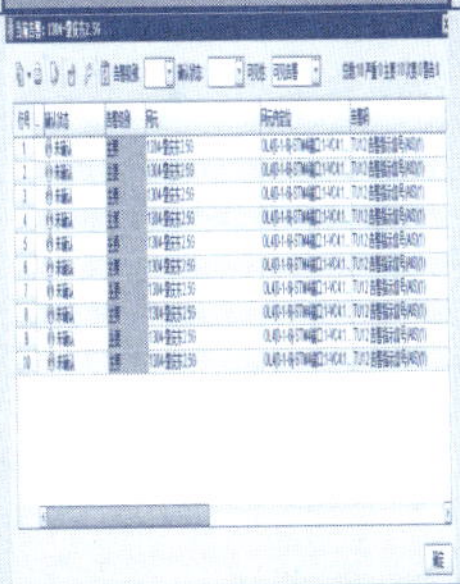
3	误码性能事件的检查、分析处理	3.1 选中网元，单击鼠标右键，单击性能管理，选择当前性能查询	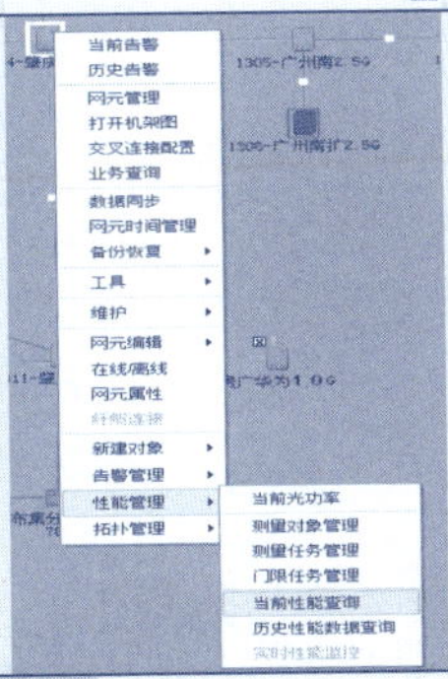
		3.2 点击此窗口任意一栏，可浏览网元任意单板的当前误码性能事件，若无误码性能事件，则不显示计数信息	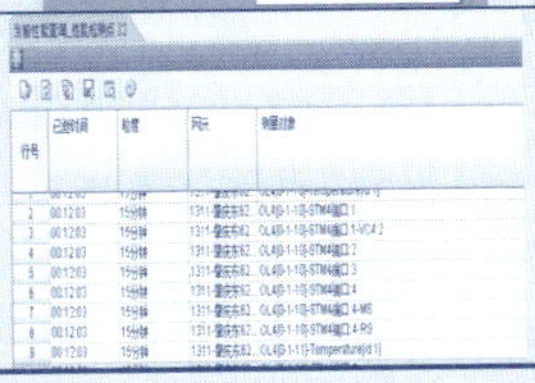

续表

序号	作业流程	作业内容、标准	图示
4	网元时间的检查调整	4.1 选中网元，点击鼠标右键，选中时间管理	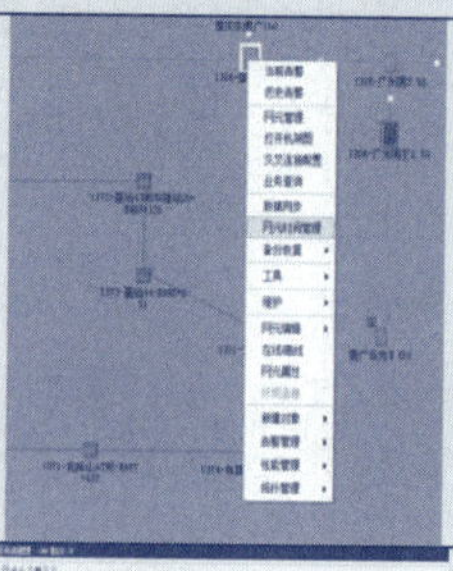
		4.2 弹出对话框，查看网元时间、网管时间是否和北京时间同步。正常状态时，时间一致；异常时，可对网元时间进行校时同步操作	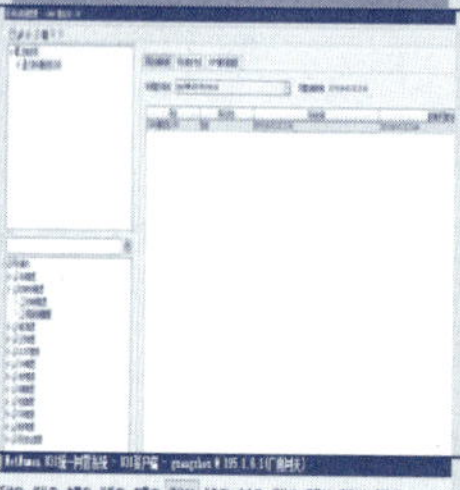
5	系统数据的备份与转储	5.1 在维护菜单中选择“系统备份”	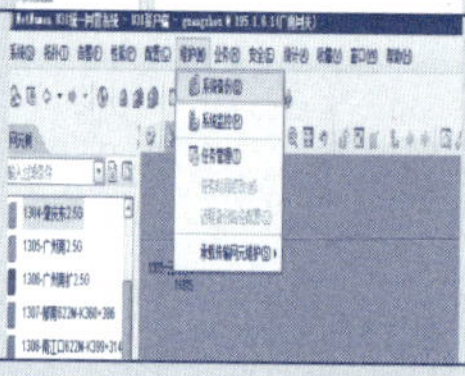
		5.2 在对话框中选择“整库结构备份”，在弹出的窗口中选择“备份文件下载到客服端路径”选项，选中“执行”即可将网元数据备份至创建好的文件夹中	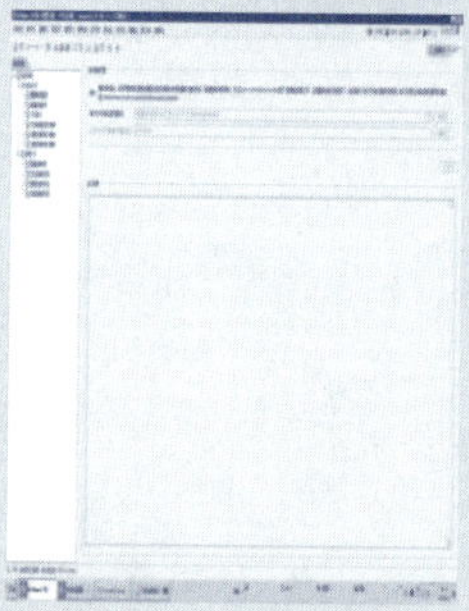
		5.3 将备份好的数据转储至移动硬盘	
6	查看线路板发送、接收光功率	6.1 点开网元面板图，选中相应光板，右键点击“当前光功率”	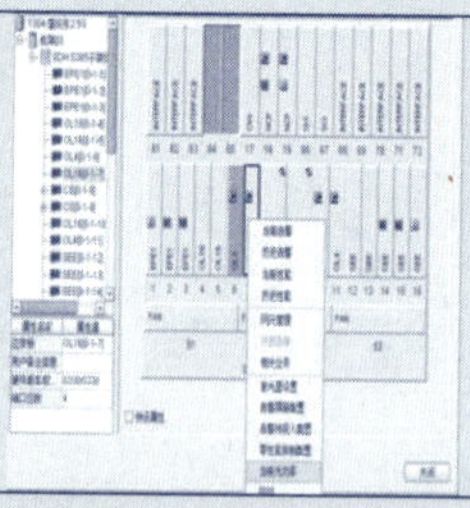
		6.2 在弹出光功率查询窗口中，可以看到该板的输入光功率、输入光功率基准值、输出光功率、输出光功率基准值等信息，并可根据输入基准值、输出基准值，判断该板光功率值是否正常。如异常，按照《故障处理流程》进行处理	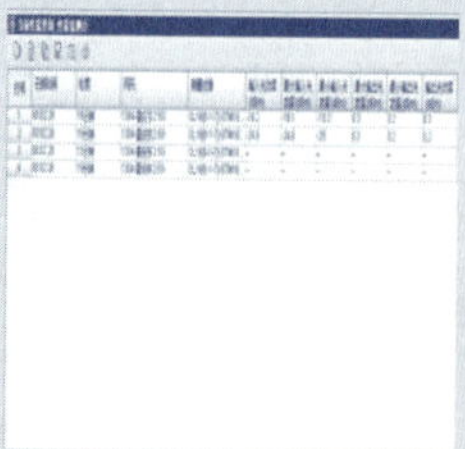

续表

序号	作业流程	作业内容、标准	图示
7	VC-4、VC-12误码性能监测（此项一般查询 2 M 电路或一条 155 电路全程的误码情况）	7.1 在性能菜单中可选择“当前性能数据查询”或“历史性能数据查询”，此处以“历史性能数据查询”为例	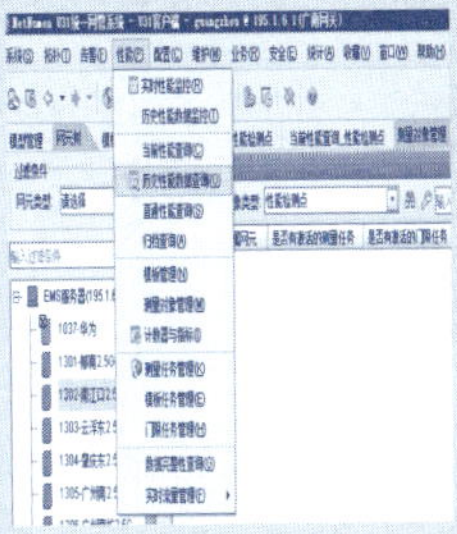
		7.2 在“查询指标/计数器”界面勾选“SDH 高阶通道”或“SDH 低阶通道”（分别对应 VC-4 和 VC-12）、“SDH 接口”或“PDH 物理接口”	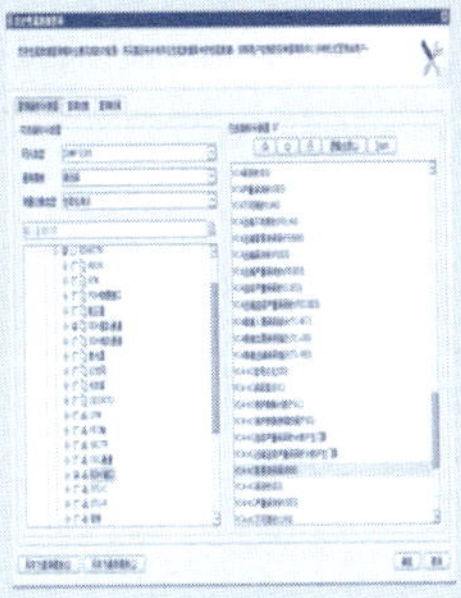
		7.3 在“查询对象”界面中选择所要查询电路所经过的网元、单板	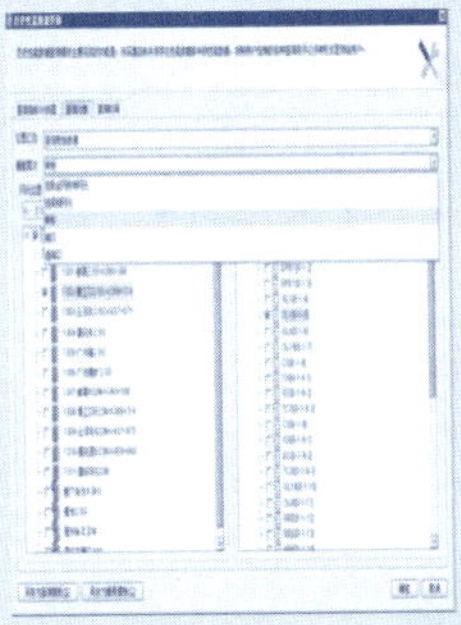
		7.4 在“查询时间”界面设置查询的时间跨度，如查询当前值，应选择“监视时间”为 15 min 或 24 h	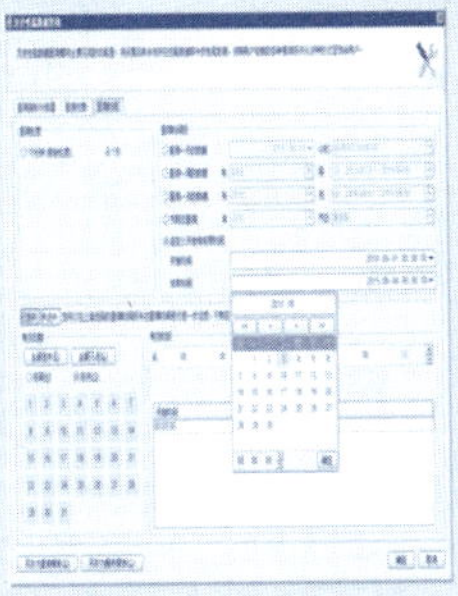
		7.5 单击“确定”，即可查询。正常情况下，结果显示为无记录；如有异常，按照《故障处理流程》进行处理	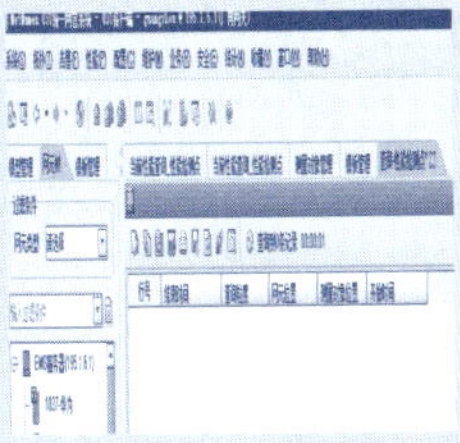

续表

序号	作业流程	作业内容、标准	图示
8	时钟跟踪状态检查	8.1 选中网元，点击鼠标右键，选中网元管理	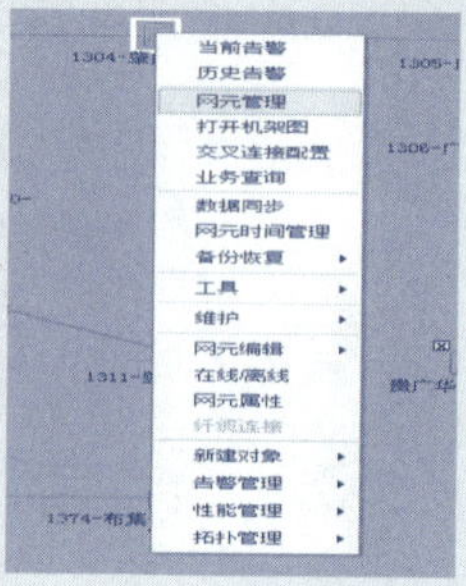
		8.2 在对话框中选择“时钟源配置”，在右侧选中“当前同步定时源”，即可查询网元当前时钟跟踪状态	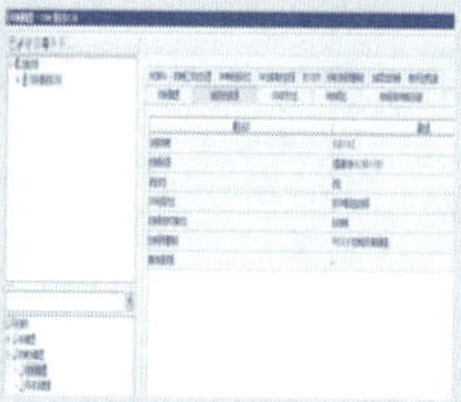
9	保护倒换检查	9.1 在“配置”菜单中选择“承载传输网元配置”中的“保护视图”	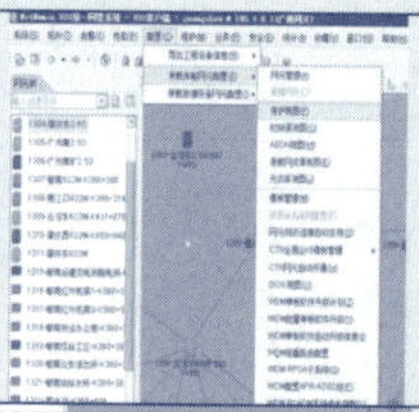
		9.2 在左侧生成树中选择需要进行保护倒换检查的子网，在“保护关系”中执行“倒换演习”	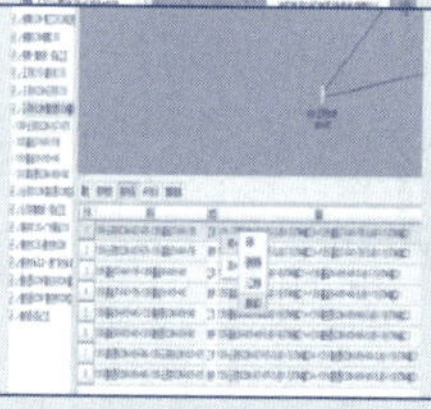
		9.3 逐段验证保护倒换是否正常。在查询倒换状态成功后，应选择界面右下角“清除倒换”，将倒换演习命令撤除；若不正常，则查询复用段配置是否正确	
10	记录总结	10.1 作业负责人员对档次作业进行登记，相关资料归档。	

注：图片具体细节详见二维码。

二维码 5.6
网管维护作业图示 图片

5.2 常用测试仪表的使用

5.2.1 光功率测试

如图 5.1 所示，将光功率计的接收光波长设置为与被测光板的发送光波长相同。将尾纤的一端连接到所要测试光板的发光口，将尾纤的另一端连接到光功率计的测试输入口，待光功

二维码 5.7
光功率测试 微课

率稳定后，读出光功率值，即为该光板的发送光功率。

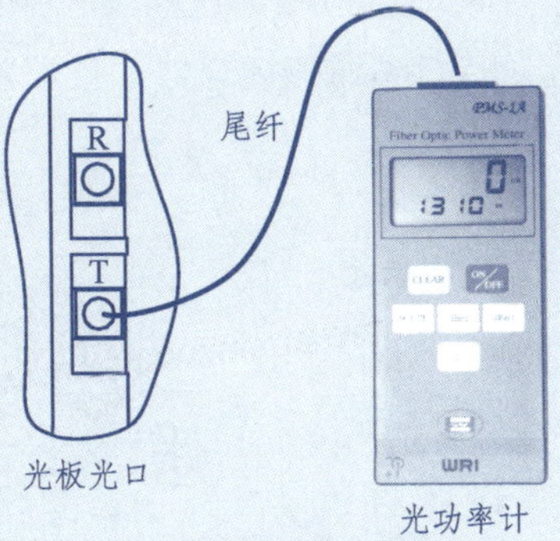

图 5.1 测试发送光功率

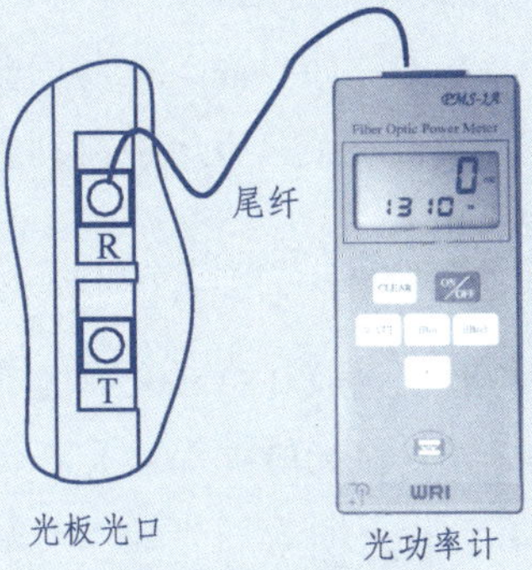

图 5.2 测试接收光功率

如图 5.2 所示，将光功率计的接收光波长设置为与被测光波长相同。在本站选择连接相邻站发光口的尾纤，此尾纤在正常情况下连接在本站光板的收光口上。将此尾纤连接到光功率计的测试输入口，待光功率稳定后，读出光功率值，即为该光板的实际接收光功率。

注意：测试光功率时，一定要保证尾纤连接头的清洁，保证光板面板上法兰盘和光功率计法兰盘的连接装置耦合良好。

5.2.2　误码测试

误码特性测试是对整个传输网业务长期稳定运行工作性能的一项测试，通过定期抽测业务通道，来判断所有业务通道的性能是否正确。SDH 设备可以实现的误码测试包括使用误码仪进行测试和软件测试两种方法。

二维码 5.8
误码测试　微课

1. 使用误码仪进行测试

使用误码仪进行测试时，有在线测试和离线测试两种方法。误码的测试点为设备提供给用户的业务接入点，如 2 M，34 M，140 M，155 M 等物理接口。

在线测试方法：先选定一条正在使用的业务通道，直接在该通道对应接口相连接的 DDF（数字配线架）或者 ODF（光纤配线架）的监测接头上挂表进行在线误码监视，正常情况下应无误码。

离线测试方法：先选定一条业务通道，找到此业务通道在本站的 PDH/SDH 接口和在对端站的 PDH/SDH 接口，然后在对端站的 PDH/SDH 接口利用网管软件做线路侧环回或者在 DDF 架上做硬件环回，在本站相应的 PDH/SDH 接口挂表测试误码，正常情况下应无误码。

2. 网管软件测试

通过网管执行“维护→诊断→插入误码”命令，可在光线路或支路上强制插入误码，如果插入成功，在连接的对端上应能查询到相应的误码性能值。插入误码操作可以用来判断通道的状况。

人工插入的 B2/B3/V5 误码对业务无影响，仪表不会检测到这些误码，仅能从网管终端查询；如果插入点为低阶 VC-12 或高阶 VC-3 通道虚容器，且配置为双向业务，则插入点单板应检测到大致等量的远端误码。

5.2.3 OTDR 测试

二维码 5.9
OTDR 测试　微课

光时域反射仪（OTDR）将窄的光脉冲注入光纤端面作为探测信号。在光脉冲沿着光纤传播时，各处瑞利散射的背向散射部分将不断返回光纤入射端，当光信号遇到裂纹时，就会产生菲涅尔反射，其背向反射光也会返回光纤入射端。如通过合适的光耦合和高速响应的光电检测器能够检测到输入端的背向光的大小和到达时间，就能定量的测量出光纤的传输特性、长度及故障点等，如图 5.3 所示。

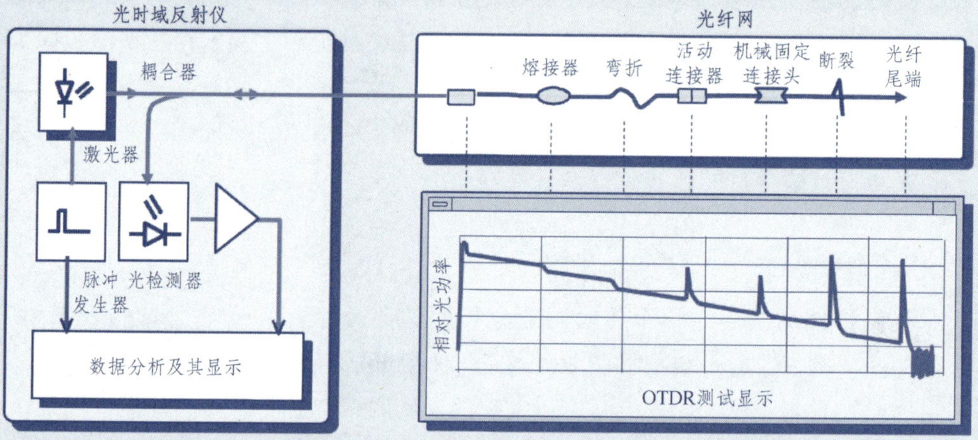

图 5.3　OTDR 工作原理

5.3 中兴 SDH 设备常见告警的分析处理

5.3.1 告警概述

二维码 5.10
常见告警的分析　微课

为了方便描述，根据信号流的流向，将其分为下行信号流和上行信号流。下行信号流，是指信号流向为 SDH 接口→交叉板→PDH 接口的这条路由；上行信号流，是指信号流向为 PDH 接口→交叉板→SDH 接口的这条路由。

两种通用告警：

AIS 告警：对下一级电路插全“1”，告知该信号不可用。常见的 AIS 告警有 MS-AIS、AU-AIS、TU-AIS 等。

RDI 告警（远端接收缺陷指示）：指示对端站检测到 LOS、AIS、TIM 等告警后，传给本站的回告。常见的告警有 MS-RDI、HP-RDI、LP-RDI 等。

注意：某站有告警并不能说明该站有问题，只能说明在该站检测到了告警。而引起该告警产生的原因可能来自对端站或其他原因。如实际中光纤断裂引起的 R-LOS、对端站交叉板坏引起本站 HP-LOM（高阶通道复帧丢失）等告警。

5.3.2 常见告警

常见告警信息如表 5.5 所示。

表 5.5 常见告警信息

告警名称	中文名称	告警级别	常见故障原因
LOS	SDH 物理输入端口信号丢失	紧急	光缆线路故障、尾纤故障、TX 模块故障、接收模块故障
LOF	帧丢失	紧急	连接错误，输入本端 STM-N 的光信号与本 STM-N 帧结构不一致
MS-EXC	复用段过量误码	主要	线路衰耗大，导致 B2 误码超过、$1/10^3$
MS-DEG	复用段信号劣化	次要	线路衰耗大，导致 B2 误码大
RS-LOF	再生段帧丢失	紧急	光缆线路故障或尾纤衰耗大导致的故障、TX 模块故障、RX 模块故障
MS-RDI	复用段远端缺陷指示	主要	线路原因、对端 STM-N 接口部分故障
MS-AIS	复用段告警指示	主要	对端站时钟板故障、本板接收部分故障
AU-AIS	AU 告警指示	主要	业务配置错误、对端站发送 AU-AIS、对端站发送部分故障
HP-RDI	高阶通道远端缺陷指示	次要	业务配置错误、对端站发送 AU-AIS、对端站发送部分故障

5.4 传输设备的常见故障处理

光传输设备在工程安装期间经过技术人员的精心安装和调测，都能正常稳定地运行。但有时由于多方面的原因，比如受系统外部环境的影响、部分元器件的老化损坏、维护过程中的误操作等，都可能导致光传输设备进入不正常运行的状态。此时，就需要维护技术人员能够对设备故障进行正确分析、定位和排查，使系统迅速恢复正常。

5.4.1 故障定位流程

故障定义流程如图 5.4 所示。

二维码 5.11

传输设备常见故障处理 微课

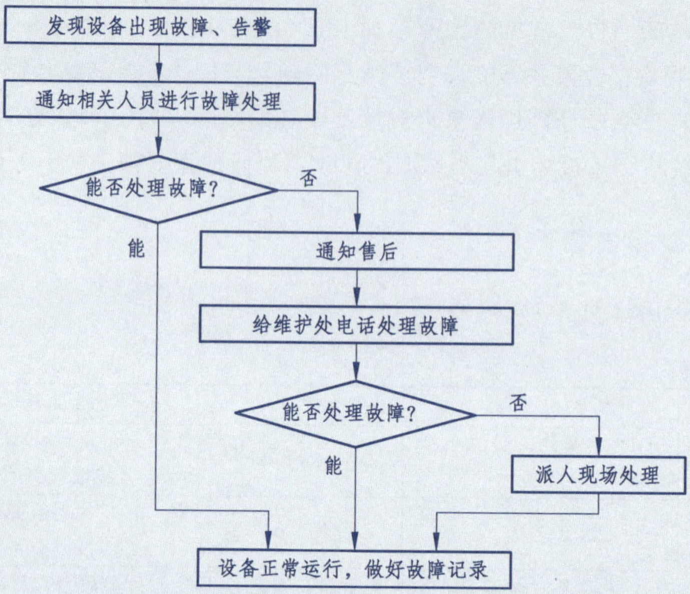

图 5.4　故障定位流程

5.4.2　故障定位原则和方法

（1）先外部，后设备：先排除外部的可能因素，如光纤断、E1 连接错误、交换故障或电源问题。

（2）先单站，后单板：将网络故障定位到某网元故障。

（3）先线路，后支路：因为线路（STM-N）板的故障常常会引起支路板的异常告警。

（4）先高级，后低级：应按照从高到低的级别顺序开始分析告警。

5.4.3　故障定位的常见方法

1. 观察分析法

SDH 帧结构里定义了丰富的、包含系统告警和性能信息的开销字节。当 SDH 系统发生故障时，一般会伴随有大量的告警事件和性能数据的产生，通过对这些信息的分析，可大概判断出所发生故障的类型和位置。方法如下：

通过网管软件查询传输系统当前或历史发生的告警事件和性能数据；通过观察设备机柜和单板的运行、告警灯的闪烁情况了解设备当前的运行状况。

2. 环回法

环回法是定位故障最常用、最行之有效的一种方法，最大的特色就是故障的定位可以不依赖于对大量告警及性能数据的深入分析。

一般环回步骤：通道采样→画业务路径图→逐段环回→定位故障站点→定位故障机盘。

环回方式分硬件环回和软件环回，硬件环回很彻底，但是必须到现场操作，软件环回定位不如硬件准确。环回法可能会影响正常的业务，建议在业务量小的时候使用。

3. 拔插法

最初发现某种电路板故障时，可以通过插拔一下电路板和外部接口插头的方法，排除因接触不良或处理机异常的故障。在插拔过程中，应严格遵循单板插拔的操作规范。插拔单板时，若不按规范执行，还可能导致板件损坏等其他问题的发生。

4. 替换法

当用拔插法不能解决故障时，可以考虑替换法。替换法通过使用一个工作正常的物件去替换一个被怀疑工作不正常的物件，从而达到定位故障、排除故障的目的。这里的物件，可以是一段线缆、一块单板或一个设备。

5. 配置数据分析法

外界环境条件的突然改变、误操作等特殊情况，可能会使设备的配置数据遭到破坏，导致业务中断等故障的发生。此时，故障定位到单站后，可通过查询、分析设备当前的配置数据（如通道保护属性等）来定位故障。对于网管误操作，可以通过查看网管的操作日志来进行确认。

6. 更改配置法

更改的配置内容包括时隙、板位等配置，用于排除配置错误导致的故障。更改配置法最典型的应用就是用来排除指针调整问题。还可以通过更改时钟的跟踪方向以及时钟的基准源进行定位。

7. 仪表测试法

仪表测试法一般用于排除传输设备外部问题以及与其他设备的对接问题。通过仪表测试法分析定位故障是比较准确的，缺点是对仪表有一些要求。

8. 经验处理法

一些特殊的情况，如瞬间供电异常、低压或外部强烈的电磁干扰，致使传输设备某些单板进入异常工作状态。此时的故障现象，如业务中断、ECC 通信中断等，可能伴随有相应的告警，也可能没有任何告警，检查各单板的配置数据可能也是完全正常的。经验证明，在这些情况下，通过复位单板、单站掉电重启、重新下发配置或将业务倒换到备用通道等手段，可有效及时地排除故障、恢复业务。

上述各种故障定位方法比较如表 5.6 所示。

表 5.6 各种故障定位方法比较

方法	适用范围	特点	维护人员要求
配置数据分析法	故障定位到单板	可查清故障原因，耗时长	最高
观察分析法	通用	全网把握，预见故障	高
更改配置法	排除指针调整问题	复杂	较高
仪表测试法	分离外部故障，解决对接问题	具说服力，对仪表有要求	较高
环回法	故障定位到单板，或分离外部故障	快捷,可能影响业务和 ECC	较低
替换法	故障定位到单板，或分离外部故障	简单，对备件有需求	低
拔插法	故障定位到单板，或分离外部故障	简单，对备件有需求	低
经验处理法	特殊情况	操作简单	最低

同步练习

二维码 5.12
传输系统的测试与维护 习题

扩展资源

二维码 5.13
传输机房维护 视频

二维码 5.14
传输机房上下电操作 视频

二维码 5.15
传输网检修作业 视频

二维码 5.16
传输网业务主备倒换作业 视频

二维码 5.17
通信电源检修作业 视频

二维码 5.18
配电柜检修 视频

二维码 5.19
蓄电池检修 视频

实训操作

在“城市轨道光传输网络仿真实验系统”中完成实训。

1. 仪器测试——光功率计

二维码 5.20
光功率计测试 实训

2. 仪器测试——误码仪

二维码 5.21
误码仪测试 实训

3. 仪器测试——光纤熔接机

二维码 5.22
光纤熔接机测试 实训

4. 故障处理——线路故障

二维码 5.23
线路故障处理 实训

5. 故障处理——设备故障

二维码 5.24
设备故障处理 实训

6. 故障处理——数据故障

二维码 5.25
数据故障处理 实训

7. 设备供电维护及注意事项

二维码 5.26
设备供电维护 实训

项目 3　构建 PTN 承载网

任务 6　理解 PTN 的基本原理

6.1　PTN 关键技术——PWE3

6.1.1　PWE3 的定义

端到端的伪线仿真（Pseudo Wire Edge to Edge Emulation，PWE3），又称虚拟专线（Virtual Leased Line，VLL），是一种业务仿真机制，它指定了在 IETF 特定的 PSN 上提供关于仿真业务的封装、传送、控制、管理、互联、安全等一系列规范。PWE3 用来在包交换网络上仿真电信网络业务的基本特性，以保证其穿越 PSN 而性能只受到最小的影响，而不是许诺完美再现各种仿真业务。简单来说，就是在分组交换网络上搭建一个“通道”，实现各种业务的仿真及传送。

二维码 6.1
PWE3 技术 微课

6.1.2　PWE3 的功能

PWE3 的功能：对信元、PDU（协议数据单元）或者特定业务比特流的入端口封装；携带它们通过 IP 或者 MPLS 网络进行传送；在隧道端点建立 PW（伪线），包括 PW ID 的交换和分配；管理 PW 边界的信令、定时、顺序等与业务相关的信息；业务的告警及状态管理等。

6.1.3　PWE3 的仿真原理

隧道提供端到端[即 PE（服务商边缘设备）的 NNI（网络侧接口）之间]的连通性，在隧道端点建立和维护 PW，用来封装和传送业务。用户的数据报经封装为 PW PDU 之后通过隧道（Tunnel）传送，对于客户设备而言，PW 表现为特定业务独占的一条链路或电路，我们称之为虚电路（VC），不同的客户业务由不同的伪线承载，此仿真电路行为称作“业务仿真”，如图 6.1 所示。

伪线在 PTN 内部网络是不可见的，网络的任何一端都不必担心其所连接的另外一端是否是同类网络。边缘设备 PE 执行端业务的封装/解封装，管理 PW 边界的信令、定时、顺序等与业务相关的信息，管理业务的告警及状态等，并尽可能真实地保持业务本身具有的属性和特征。客户设备 CE 感觉不到核心网络的存在，认为处理的业务都是本地业务。

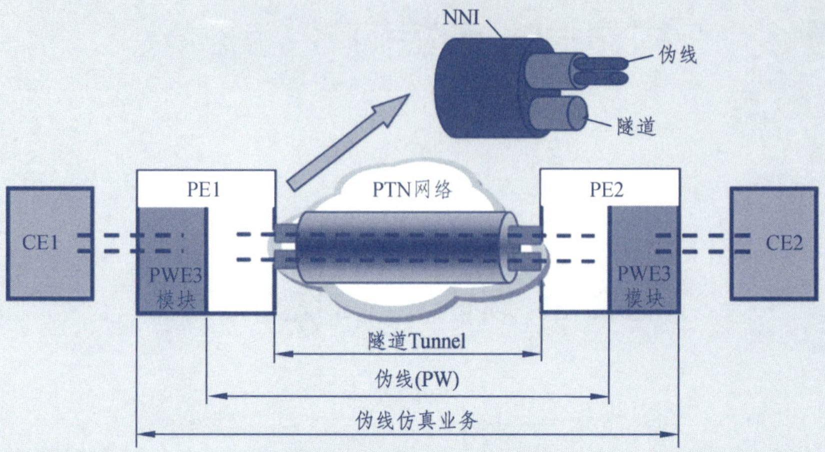

图 6.1　PWE3 的仿真原理

6.1.4　PWE3 业务网络基本要素

PWE3 的业务参考模型如图 6.2 所示。PWE3 业务网络的基本传输构件包括：

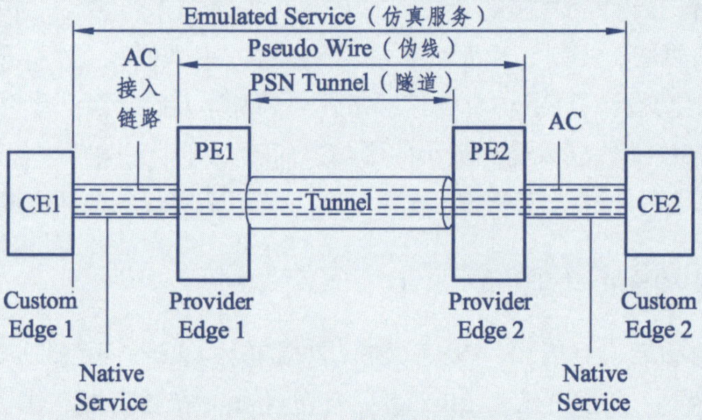

图 6.2　PWE3 的业务参考模型

1. 接入链路（Attachment Circuit, AC）

接入链路是 CE（用户边缘设备）到 PE（服务商边缘设备）之间的连接链路或虚链路，在 AC 上的用户数据可根据需要透传到对端 AC。

2. 伪线（Pseudo Wire, PW）

伪线也可以称之为虚连接，就是 VC 加隧道，隧道可以是 LSP（标签交换路径），L2TPV3，或者是 TE。虚连接是有方向的，PWE3 中虚连接的建立是需要通过信令（LDP 或者 RSVP）来传递 VC 信息，将 VC 信息和隧道进行管理，形成一个 PW。PW 对于 PWE3 系统来说，就像是一条本地 AC 到对端 AC 之间的直连通道，完成用户的二层数据透传。也可以简单理解为一条 PW 代表一条业务。

3. 转发器（Forwarders）

PE 收到 AC 上送的数据帧，由转发器选定转发报文使用的 PW，即分配 PW 标签，转发器事实上就是 PWE3 的转发表。

4. 隧道（Tunnels）

隧道用于承载 PW，一条隧道上可以承载多条 PW。隧道是一条本地 PE 与对端 PE 之间的直连通道，用来完成 PE 之间的数据透传。

5. 封装（Encapsulation）

PW 上传输的报文使用标准的 PW 封装格式和技术。

6. PW 信令协议（Pseudowire Signaling）

PW 信令协议是 PWE3 的实现基础，用于创建和维护 PW。目前，PW 信令协议主要有 LDP 和 RSVP。

7. 服务质量（Service Quality）

根据用户二层报文头的优先级信息，映射成在公用网络上传输的 QoS 优先级来转发。

6.1.5 PWE3 业务承载

PWE3 的多业务统一承载特性：支持 TDM E1/IMA E1/POS STM-n/ chSTM-n/ FE/GE/10 GE 等多种接口；可实现 TDM、ATM/IMA、Ethernet 等多种业务的统一承载；采用统一的分组传送平台，降低 CapEx 和 OpEx。

二维码 6.2
PWE3 业务承载 动画

1. TDM to PWE3 实现过程

PWE3 支持传统 TDM 业务的仿真传送。TDM 电路仿真要求在分组交换网络的两端都要有交互连接功能。在分组交换网络入口处，交互连接功能将 TDM 数据转换成一系列分组，而在分组交换网络出口处则利用这一系列分组再重新生成 TDM 电路，如图 6.3 所示。

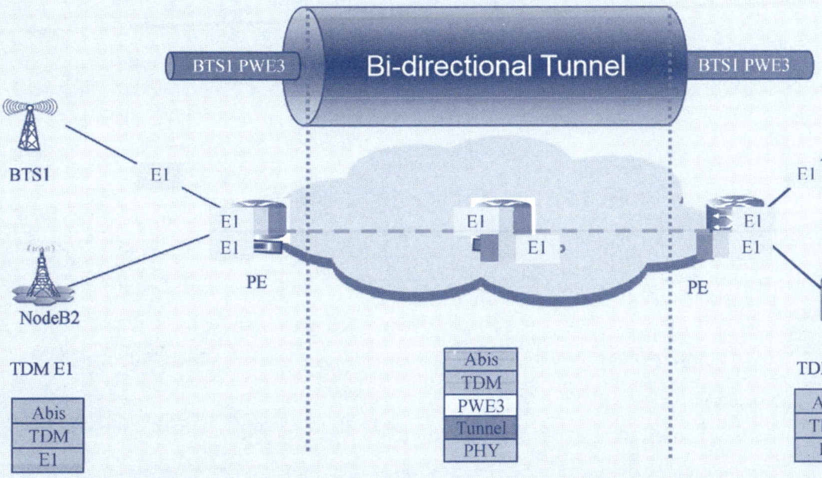

图 6.3 PWE3 承载 TDM 业务过程

2. ATM to PWE3 实现过程

ATM/IMA 支持 VPI/VCI 交换和空闲信元去除，可以通过 PWE3 实现 ATM 的业务感知和按需配置，如图 6.4 所示。

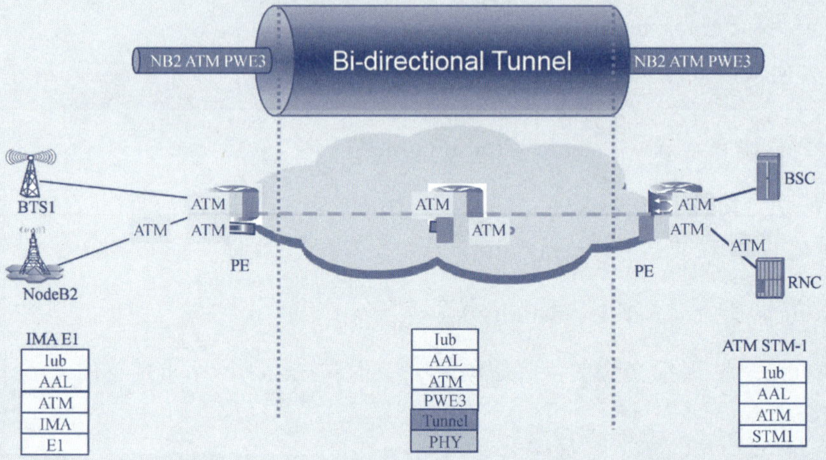

图 6.4　PWE3 承载 ATM 业务过程

3. ETH to PWE3 实现过程

PWE3 支持 ETH 业务的仿真传送，支持 E-LINE，E-LAN，E-TREE 业务，如图 6.5 所示。

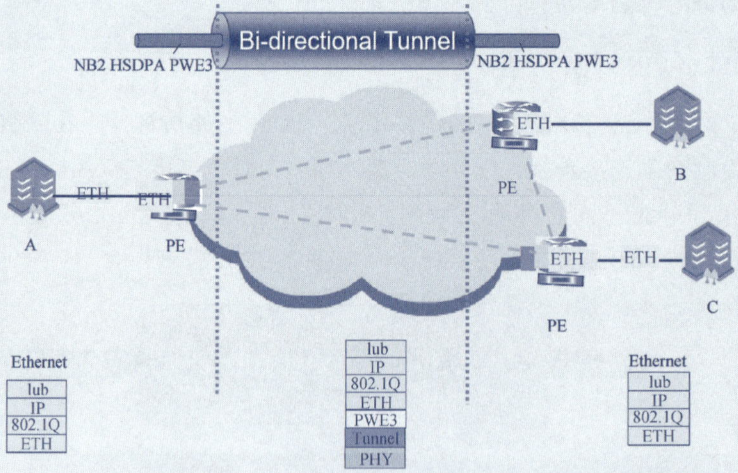

图 6.5　PWE3 承载 ETH 业务过程

6.2　PTN 关键技术——分组传送技术

二维码 6.3
分组传送技术 微课

6.2.1　MPLS 技术

MPLS（Multi-Protocol Lable Switching，多协议标签交换）是介于二层和三层之间（即 2.5 层）的技术，即 2.5 层。是将标记转发和三层路由结合在一起的一种标准化路由和交换技术解决方案。多协议表示可以与多种网络协议共存。MPLS 的解决方案是在 MPLS 网络边缘进行三层路由，而在内部进行二层交换，如图 6.6 所示。

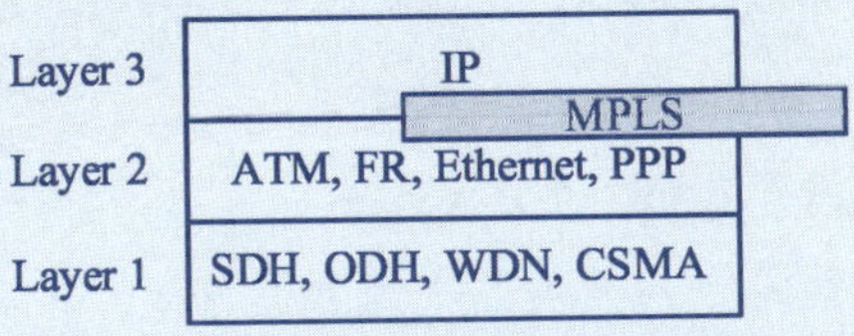

图 6.6　MPLS 解决方案

MPLS 具有以下特点：

（1）多协议：可支持任意的网络层协议（如 IPv6、IPX）和链路层协议（如 ATM、FR、PPP 等）。

（2）标签交换：给报文打上固定长度的标签，以标签取代 IP 转发过程。

MPLS 具有以下技术优势：

（1）MPLS 为 IP 网络提供面向连接的服务。

（2）提供高服务质量的 Internet 服务。

（3）支持高带宽高速率的 IP 转发。

（4）在提供 IP 业务时能确保 QoS 和安全性。

（5）具有流量工程能力。

（6）很好的支持 VPN 功能。

MPLS 网络模型如图 6.7 所示。在运营 MPLS 的网络内（即 MPLS 域内），设备之间运行标签分发协议，使 MPLS 域内的各设备都能分配到相应的标签。

二维码 6.4
MPLS 网络模型　动画

IP 数据包通过 MPLS 域的传播过程如下：

（1）入口边界 LER 接收数据包，为数据包分配相应的标签，用标签来标识该数据包。

（2）主干 LSR 接收到被标识的数据包，查找标签转发表，使用新的出站标签代替输入数据包中的标签。

（3）出口边界 LER 接收到该标签数据包，删除标签，对 IP 数据包执行传统的第三层查找。

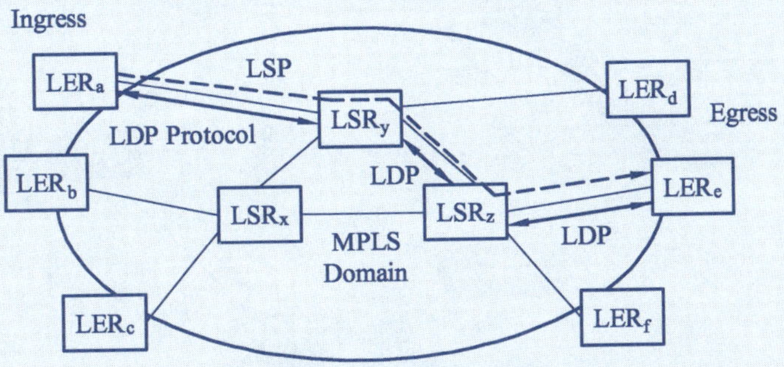

图 6.7　MPLS 网络模型

其中，用到以下关键术语：

（1）标签（Label）。

标签是一个特定长度的整数，是通常只具有局部意义的标识。这些标签通常位于数据链路层的二层封装头和三层数据包之间，标签通过绑定过程同 FEC 相映射。

（2）转发等价类（FEC）。

在转发过程中以等价的方式处理的一组数据分组：可以通过地址、隧道、COS 等来标识创建 FEC；通常在一台设备上，对一个 FEC 分配相同的标签。

（3）标签交换路径（LSP）。

一个 FEC 的数据流在不同的节点被赋予确定的标签，数据转发按照这些标签进行。数据流所走的路径就是 LSP。

（4）标签交换路由器（LSR）。

LSR 是 MPLS 网络的核心路由器，完成 LSP 的建立和下一跳改变的发起，提供标签交换和标签分发功能。

（5）边缘标签交换路由器（LER）。

LER 主要完成 FEC 的划分、流量工程、LSP 建路发起、IP 包转发、Diff-Serv 等任务。在 MPLS 的网络边缘，进入到 MPLS 网络的流量由 LER 分为不同的 FEC，并为这些 FEC 请求相应的标签。它提供流量分类和标签的映射、移除功能。

（6）标签分发协议（LDP）。

LDP 在 MPLS 域内运行并实现设备之间的标签分配。

二维码 6.5
LSP 的形成　动画

在 MPLS 网络中，标签交换路径 LSP 的形成分为 3 个过程：

（1）网络启动后在路由协议（如 BGP、OSPF、IS-IS 等）的作用下，各个节点建立自己的路由表，如图 6.8 所示。

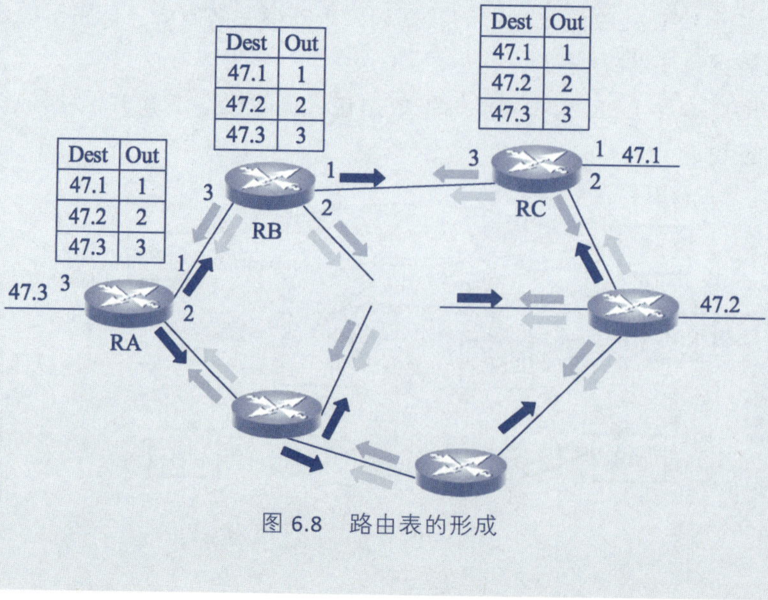

图 6.8　路由表的形成

（2）根据路由表，各个节点在LDP的控制之下建立标签交换转发信息库（LIB），如图 6.9 所示。

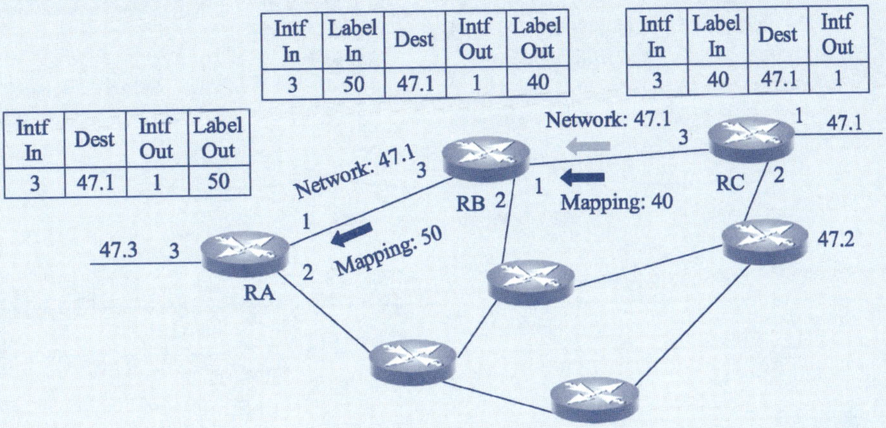

图 6.9 LIB 的形成

（3）将入口 LSR、中间 LSR 和出口 LSR 的输入输出标签互相映射并拼接起来后，就构成了一条 LSP，如图 6.10 所示。

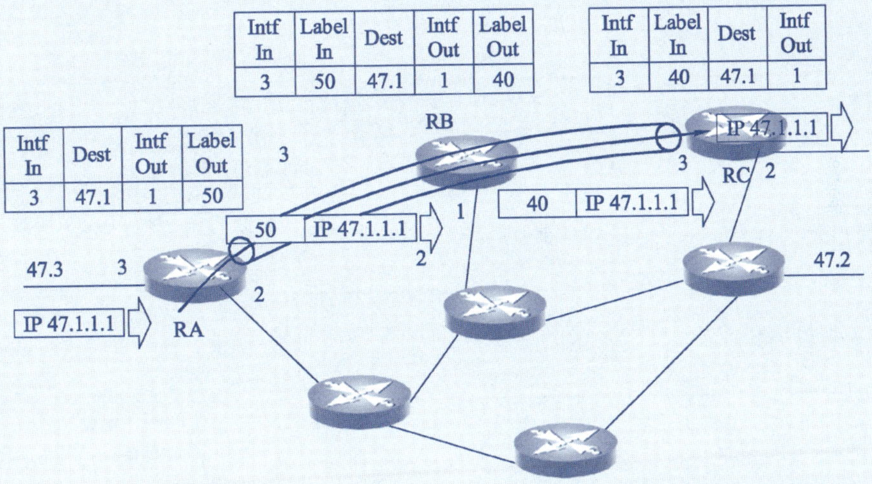

图 6.10 LSP 的形成

6.2.2 MPLS-TP 技术

MPLS-TP（MPLS Transport Profile）是一种从核心网向下延伸的面向连接的分组传送技术。MPLS-TP 构建于 MPLS 技术之上，它的相关标准为部署分组交换传输网络提供了电信级的完整方案。更重要的是，该技术基于 IP 核心网，对 MPLS/PW 技术进行了简化和改造，去掉了那些与传输无关的 IP 功能，更加适合分组传送的需求。为了维持点对点 OAM（操作、管理、维护）的完整性，MPLS-TP 引入了传送的层网络、OAM 和线性保护等概念，可以独立于客户信号和控制网络信号，符合传送网的需求，如图 6.11 所示。MPLS-TP 与 MPLS 功能比较如表 6.1 所示。

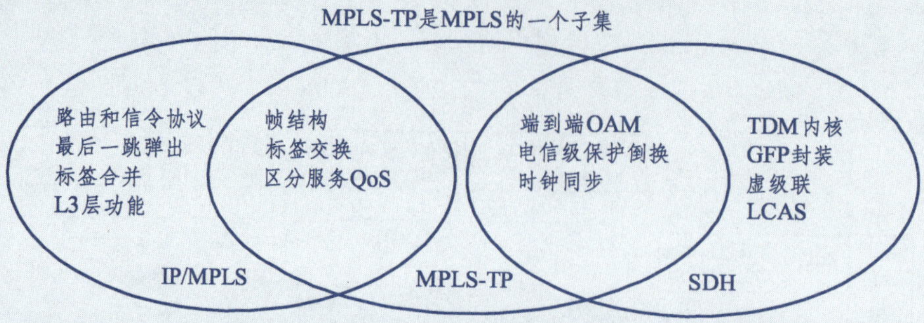

图 6.11　MPLS-TP 与 MPLS 关系

表 6.1　MPLS-TP 与 MPLS 功能比较

功能项	IP/MPLS	MPLS-TP
IP 路由和控制信令	支持 LDP、RSVP、CR-LDP、RSVPTE 等控制信令	可以支持简化的控制平面 GMPLS
PHP 功能	支持	不支持
标签合并	支持	不支持
帧结构	支持	支持
标签交换	支持，使用单向 LSP，支持 LSP 的聚合	支持，使用双向的 LSP，提供双向的连接，不支持 LSP 的聚合
Qos 区分服务	支持	支持
端到端 OAM	支持 MPLS OAM，功能较弱；仅仅支持简单的连通性检查和 APS 倒换	全面集成了 T-MPLS 技术的 OAM 功能，进一步完善 RT、DT-DPL 等功能
1588 时间同步	路由器普遍采用 NTP 协议，精度为毫秒级别；不能满足传送网络同步需求	支持 G.8261 和 1588v3 时间同步协议，满足承载网络同步需求
电信级保护	受制于 MPLS OAM 技术，缺乏环网保护能力	支持路径保护、环网保护、LAG 保护、FRR 保护等技术，提供电信级网络可靠性
与 IP/MPLS 核心网络互通	支持	在吸纳 T-MPLS 优势的基础上，注重同 IP/MPLS 网络的互通设计，更好地支持与运营商的 IP/MPLS 核心网互通

MPLS-TP 网络从上至下可分为：MPLS-TP 通道层（TMC）、MPLS-TP 通路层（TMP）、MPLS-TP 段层（TMS）和传输媒介层，如图 6.12 所示。

通道层（TMC）：为客户提供端到端的传送网络业务，即提供客户信号的端到端传送。TMC 等效于 PWE3 的伪线层（或虚电路层）。

通路层（TMP）：表示端到端的逻辑连接的特性，提供传送网络隧道，将一个或多个客户业务封装到一个更大的隧道中，以便于传送网络实现更经济有效的传递、交换、OAM、保护和恢复。TMP 等效于 MPLS 中的隧道层。

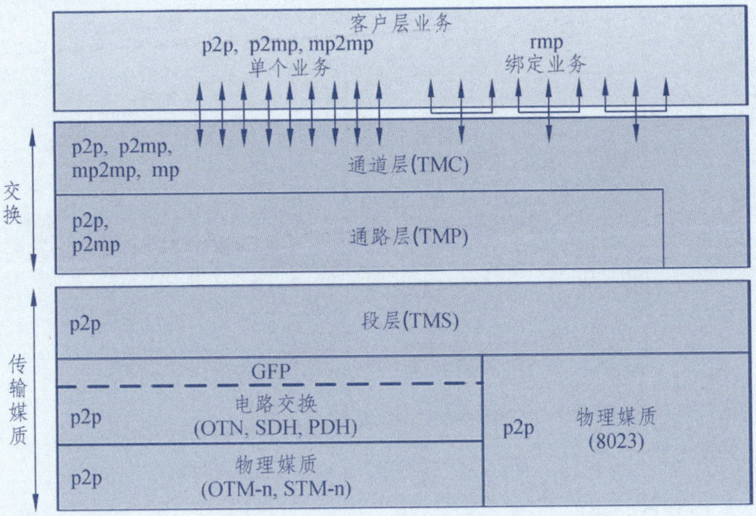

图 6.12　MPLS-TP 网络分层结构

段层（TMS）：可选，表示相邻节点间的虚连接，保证通路层在两个节点之间信息传递的完整性，比如 SDH、OTH（光传输体系）、以太网或者波长通道。

传输媒介层：支持段层网络的传输媒质，比如光纤、无线等。

MPLS-TP 的报文封装如图 6.13 所示。其中各模块含义解释如下：

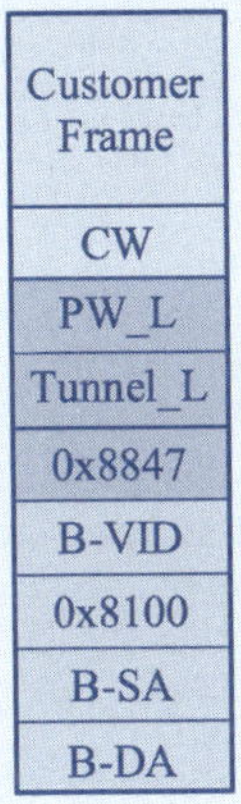

图 6.13　MPLS-TP 的报文封装

Customer Frame：用户数据，净荷（可包含用户 VLAN），一共需要在用户报文上增加 30B。

CW：伪线控制字，4B。

PW_L：伪线标签（TMC），4B。

Tunnel_L：隧道标签 Label（TMP），4B。

0x8847：Pw Over MPLS-TP 标识，2B。

B-VID：外层 VLAN tag，2B。

0x8100：以太网数据帧标识，2B。

B-SA：以太网封装源 MAC，6B。

B-DA：以太网封装目的 MAC（Tunnel_L 隧道标签确定转发路径，其中 B-DA 为下一跳节点 MAC 地址），6B。

报文转发过程如图 6.14 所示。客户边缘设备 CE1 与服务提供商边缘设备 PE1 相连，PE1 对要传输的用户数据 Customer Frame 进行打包封装处理，再通过伪线进行传输。转发过程中伪线标签被保留，每个 P 节点转发时会交换隧道标签、更新下一跳 MAC 地址。在接收端，PE2 对接收到的业务进行帧校验、重新排序等处理，还原成原始用户数据，交给客户端设备 CE2。

二维码 6.6
报文转发过程　动画

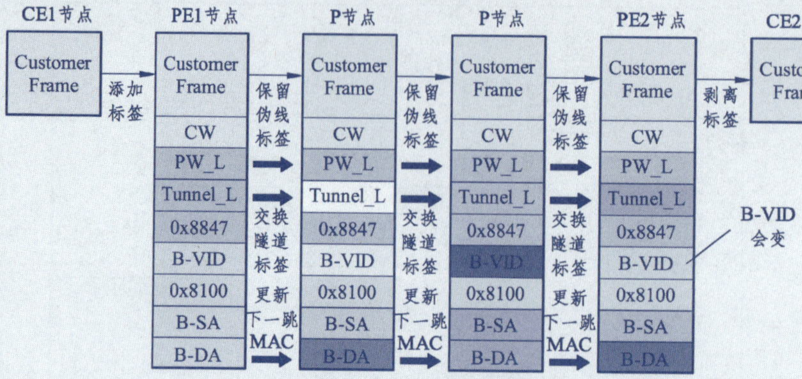

图 6.14　报文转发过程

6.3　PTN 关键技术——OAM

6.3.1　OAM 基本概念

OAM（Operation，Administration and Maintenance），即为操作、管理、维护。

操作——主要完成日常的网络状态分析、告警监视和性能控制活动，如故障检测、故障分类、故障定位、故障通告等。

管理——完成对日常网络和业务的分析、预测、规划和配置工作，如性能监视、性能分析、性能管理控制等。

维护——完成对网络及其业务的测试和故障管理等日常操作活动，如保护机制、恢复机制等。

6.3.2　MPLS-TP OAM

MPLS-TP OAM 具备像 SDH 一样的分层架构与端到端管理维护能力。分层监控实现快速故障检测和故障定位。PTN OAM 仿照 SDH 的设计达到电信级标准，OAM 功能由硬件实现，可实现固定 3.3 ms OAM 协议报文监控。OAM 可以应用于三个层面的检测，分别是：TMC 层的 OAM，检测 PWE3 伪线是否有故障 ；TMP 层的 OAM，检测整个隧道；TMS 层的检测，保护隧道的段层。

MPLS-TP OAM 功能如表 6.2 所示。

表 6.2　MPLS-TP OAM 功能

OAM 功能	常见告警
告警管理功能	CC：检测连接是否正常
	AIS：维护信号，用于将服务层路径失效信号通知到客户层
	RDI：维护信号，用于近端检测到失效之后，向远端回馈一个远端缺陷指示信号
	LB：环回功能，MEP 是环回请求分组的发起点。环回的执行点可以是 MEP 或者 MIP
	LT：链路追踪，用于相邻关系检索和故障定位

续表

OAM 功能	常见告警
告警管理功能	Lck：维护信号，用于通知一个 MEP，相应的服务层或子层 MEP 出于管理上的需要，已经将正常业务中断，从而使得该 MEP 可以判断业务中断是预知的，还是由于故障引起的
	TS：T 测试功能，用于单向按需的中断业务或非中断业务诊断测试
性能管理功能	LM：用于测量从一个 MEP 到另一个 MEP 的单向或双向帧丢失数
	DM：用于测量从一个 MEP 到另一个 MEP 的分组传送时延和时延变化；或者将分组从 MEP A 传送到 MEP B，然后 MEP B 再将该分组传回 MEP A 的总分组传送时延和时延变化
其他 OAM 功能	APS：由 G.8131/G.8132 定义，发送 APS 帧，用于保护倒换
	MCC：发送 MCC 帧，用于传递管理数据
	CSF：用于从 MPLS-TP 路径的源端传递客户层的失效信号到 MPLS-TP 路径的宿端
	SCC：用于提供控制平面通道
	SSM：用于传递同步信息

同步练习

二维码 6.7
PTN 的基本原理　习题

任务 7　理解 PTN 设备组成和工作原理

7.1　中兴 PTN 设备介绍

中兴通讯的 PTN（Packet Transport Network，分组传送网）产品包括 ZXCTN 6100、ZXCTN 6200、ZXCTN 6300、ZXCTN 9004 和 ZXCTN 9008，可以满足从接入层到骨干层的所有应用。

二维码 7.1
中兴 PTN 设备　微课

ZXCTN 6100 作为紧凑型融合的 IP 传送平台，为盒式设备，主要定位于网络接入层，可用作多业务接入设备和边缘网关设备。

ZXCTN 6200 和 ZXCTN 6300 为机架式设备，采用分组交换架构，提供设备级关键单元冗余保护。ZXCTN 6200 主要定位于网络接入层和小容量的汇聚层，ZXCTN 6300 主要定位于网络的汇聚层。

ZXCTN 9004/9008 为机架式设备，主要定位于网络的汇聚核心层，采用先进的分布式、模块化设计架构，支持大容量的交换矩阵。

中兴 ZXCTN 系列产品的交换容量、高度、业务槽位详细情况如表 7.1 所示。

表 7.1 中兴 PTN 产品概述

产品型号 参数	ZXCTN6100	ZXCTN6200	ZXCTN6300	ZXCTN9004	ZXCTN9008
交换容量（双向）	6G	88G	176G	800G	2.24T
高度	1U	3U	8U	9U	20U
业务槽位	2	4	10	16/8/4	32/16/8

7.2 ZXCTN6200&6300 的组成与功能

7.2.1 ZXCTN 6200&6300 产品概述

二维码 7.2

ZXCTN6200、6300 微课

ZXCTN 6200&6300 是中兴通讯推出的面向分组传送的电信级多业务承载产品，专注于移动 Backhual（回程线路）和多业务网络融合的承载和传送。ZXCTN 6200 可有效满足各种接入层业务或小容量汇聚层的传送要求，ZXCTN 6300 可有效满足各种汇聚层的传送要求。它们在网络中的定位如图 7.1 所示。

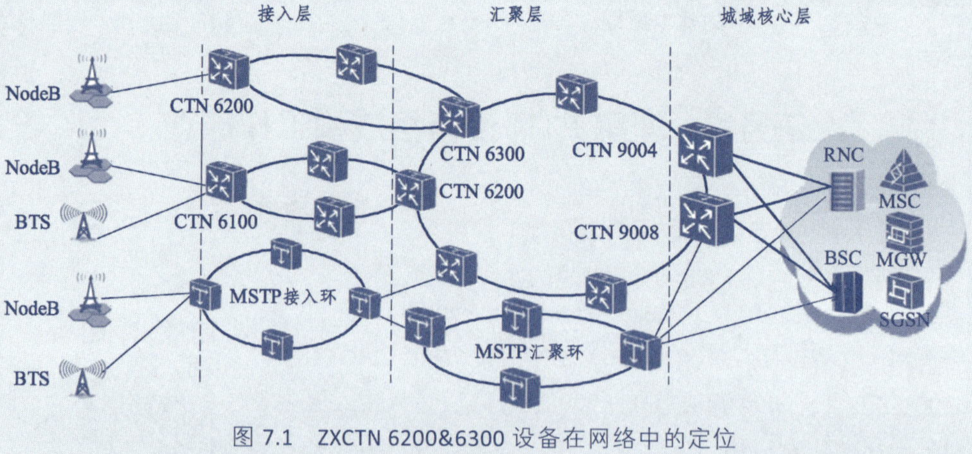

图 7.1 ZXCTN 6200&6300 设备在网络中的定位

ZXCTN 6200&6300 具有如下功能：

（1）支持二层功能：以太网基本功能、VLAN 功能、QinQ 功能、MAC 功能、STP 功能、链路聚合功能、DHCP 功能、802.1x NAC 认证功能、组播功能。

（2）支持三层基本功能及三层路由协议功能。

（3）支持 MPLS 功能：MPLS L2 VPN、MPLS L3 VPN、MPLS TE。

（4）采用 MPLS-TP 网络技术，支持 MPLS-TP OAM 和以太网 OAM 功能。

（5）系统具备 Ethernet、TDM 和 ATM 等多业务的传送功能。

（6）提供有保障的 QoS。

（7）低于 50 ms 的保护倒换时间。

（8）支持 MPLS-TP OAM 和以太网 OAM 功能。

（9）满足 MEF 定义的 E-Line、E-LAN 和 E-Tree 业务模型。

（10）支持多种 L2 VPN 业务类型。

（11）传送满足 2 G/3 G 移动通信基站要求的同步时钟和时间信息。

ZXCTN 6200&6300 适用于多种解决方案：

（1）移动基站 Backhaul 业务的接入和传送。

（2）大客户专线业务的接入和传送。

（3）NGN（Next Generation Network，下一代网络）业务的接入和传送。

（4）IPTV（Internet Protocol Television，交互式网络电视）业务的接入和传送。

（5）VOD（Video On Demand，视频点播）/ VoIP（Voice over IP，基于 IP 的语音传输）业务的接入和传送。

（6）L2 VPN、L3 VPN 业务的接入和传送。

（7）公众客户 Internet 业务的接入和传送。

7.2.2　系统结构

ZXCTN 6200&6300 产品架构如图 7.2 所示。数据、控制、管理三个平面相互独立设计，包含交换核心，多业务承载，可接入 E1、ATM、ETH 等业务，支持时钟/时间同步，满足各种应用环境中时钟/时间要求。

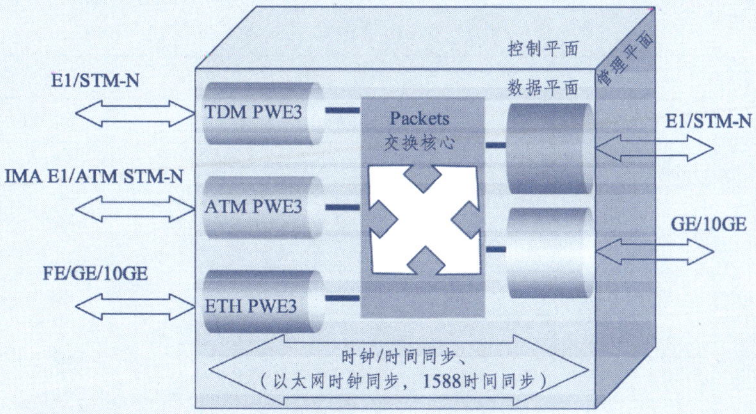

图 7.2　ZXCTN 6200&6300 产品架构

ZXCTN 6200 子架槽位如图 7.3 所示，子架板位资源如表 7.2 所示，单板命名和槽位如表 7.3 所示。ZXCTN 6300 子架槽位如图 7.4 所示，板位资源如表 7.4 所示。

<table>
<tr><td rowspan="4">风扇
Slot9</td><td rowspan="2">电源板
Slot7</td><td>Slot1 低速LIC板卡8 Gb/s</td><td>Slot2 低速LIC板卡8 Gb/s</td></tr>
<tr><td colspan="2">Slot5 交换主控时钟板</td></tr>
<tr><td rowspan="2">电源板
Slot8</td><td colspan="2">Slot6 交换主控时钟板</td></tr>
<tr><td>Slot3 低速LIC板卡10 Gb/s</td><td>Slot4 低速LIC板卡10 Gb/s</td></tr>
</table>

图 7.3　ZXCTN6200 槽位图

<table>
<tr><td rowspan="11">风扇
Slot17</td><td rowspan="5"></td><td colspan="2">Slot1 E1保护接口板</td></tr>
<tr><td colspan="2">Slot2 E1保护接口板</td></tr>
<tr><td>Slot3 接口板卡8 Gb/s</td><td>Slot4 接口板卡8 Gb/s</td></tr>
<tr><td>Slot5 接口板卡8 Gb/s</td><td>Slot6 接口板卡8 Gb/s</td></tr>
<tr><td>Slot7 接口板卡8 Gb/s</td><td>Slot8 接口板卡8 Gb/s</td></tr>
<tr><td colspan="3">Slot13 交换主控时钟板卡</td></tr>
<tr><td colspan="3">Slot14 交换主控时钟板卡</td></tr>
<tr><td colspan="2">Slot9 接口板卡10 Gb/s</td><td>Slot10 接口板卡10 Gb/s</td></tr>
<tr><td colspan="2">Slot11 接口板卡10 Gb/s</td><td>Slot12 接口板卡10 Gb/s</td></tr>
<tr><td colspan="2">Slot15 电源板</td><td>Slot16 电源板</td></tr>
</table>

图 7.4　ZXCTN6300 槽位图

表 7.2　ZXCTN 6200 子架板位

槽位号	接入容量	可插单板
1# ～2#	8 GE	R8EGF 、R8EGE 、R4EGC 、R4CSB 、R4ASB 、R16E1F 、R4 GW、R4CPS
3#、4#	4/10 GE	R1EXG、R8EGF、R8EGE、R4EGC、R4CSB、R4ASB、R16E1F、R4 GW、R4CPS
5#、6#	—	RSCCU2
7#、8#	—	RPWD2
9#	—	RFAN2

注：功能类单板的槽位固定，业务接口板的槽位不固定。

表 7.3　ZXCTN 6200 单板命名和槽位列表

单板类型	单板代号	单板名称	插槽位置
处理板	RSCCU2	主控交换时钟单元板	5#、6#槽位
业务板	R1EXG	1 路增强型 10 GE 光口板	3#、4#槽位
	R8EGF	8 路增强型千兆光口板	1#～4#槽位
	R8EGE	8 路增强型千兆电口板	
	R4EGC	4 路增强型千兆 Combo 板	
	R4CSB	4 路通道化 STM-1 板	
	R4ASB	4 路 ATM STM-1 板	
	R4 GW	网关板	
	R4CPS	4 端口通道化 STM-1 PoS 单板	
	R16E1F	16 路前出线 E1 板	
电源板	RPWD2	直流电源板	7#、8#槽位
风扇板	RFAN2	风扇板	9#槽位

表 7.4　ZXCTN 6300 子架板位

槽位号	接入容量	可插单板
1# ～2#	8 GE	RE1PI
3# ~ 8#	8 GE	R8EGF、R8EGE、R4EGC、R4CSB、R4ASB、R16E1F、R16E1B、R4 GW、R4CPS
9# ～12#	10 GE	R1EXG
13#、14#	—	RSCCU3
15#、16#	—	RPWD3、RPWA3
17#	—	RFAN3

注：功能类单板的槽位固定，业务接口板的槽位不固定。

ZXCTN 6200 采用集中式架构，以主控交换时钟板为核心，集中完成主控、交换和时钟三大功能，并通过背板与其他单板通信。系统的业务槽位可插入不同的业务单板，对外提供多种业务接口。系统采用两块 1+1 热备份的 – 48 V 电源板供电，保证设备的安全运行。硬件系统结构如图 7.5 所示。

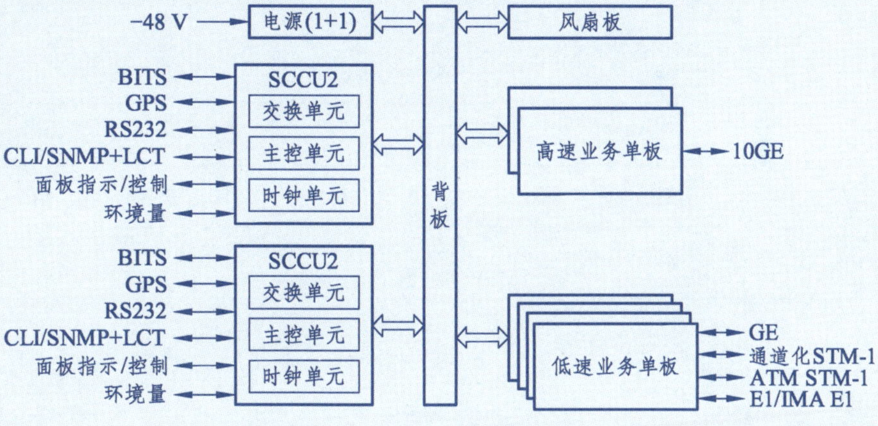

图 7.5　ZXCTN 6200 硬件系统

7.2.3　单板功能

1. 主控时钟交换单元板 RSCCU2

1）单板功能

RSCCU2 单板功能如表 7.5 所示。

二维码 7.3
RSCCU2　微课

表 7.5　RSCCU2 单板功能

单板功能	具体内容
主控功能	实现系统控制与通信、网管命令处理； 实现单板管理、单板性能事件和告警信息收集上报； 运行路由协议，维护路由转发表； 提供网管接口 Qx 和本地维护终端接口 LCT； 提供告警输入接口，可支持 4 路外部告警输入； 提供告警输出接口，可支持 3 路设备告警输出； 支持主控、交叉和时钟单元 1+1 热备份
交换功能	实现业务转发、调度； 支持 44 GE 交换容量
时钟同步功能	产生系统同步时钟； 提供 1 对 BITS 外时钟输入/输出接口（2 Mbit/s 和 2 MHz 可选）； 提供 1 对 GPS 时钟输入/输出接口，可支持相位同步信息和绝对时间值的输入/输出

2）面板说明

主控时钟交换单元板 RSCCU2 接口说明如表 7.6 所示，指示灯状态说明如表 7.7 所示。

表 7.6　接口说明

接口	功能	描述
BITS	BITS 时钟接口	外时钟 2 Mb/s 或 2 MHz 的输入输出，TTL 电平
GPS_IN	外时钟输入	支持相位同步信息（秒脉冲 1PPS，TTL 电平）和绝对时间值的输入（即 TOD）
GPS_OUT	外时钟输出	支持相位同步信息（秒脉冲 1PPS，TTL 电平）和绝对时间值的输出（即 TOD）
ALM_IN	外部告警输入	支持 4 路外部告警输入，用于接收其他设备传递过来的告警信息
ALM_OUT	外部告警输出	支持 3 路告警输出，用于发送本机产生的告警到其他设备
LCT	管理端口	用于以太网远程登录
Qx	网管端口	用于连接中兴网管系统
LAMP	指示灯端口	用于连接机柜告警指示灯
CON	即 Console 口，是系统基本配置端口	用于 ZXCTN 6300 系统的基本配置和维护

注：PPS—每秒脉冲数。

表 7.7　指示灯状态说明

单板运行状态	指示灯状态			
	RUN（绿灯）	ALM（红灯）	MST（绿灯）	CLK（绿灯）
单板正常运行，无告警	0.5 次/s 频率闪烁	灭	—	—
单板正常运行，有告警	0.5 次/s 频率闪烁	0.5 次/秒频率闪烁或长亮	—	—
单板正常运行，主备同步数据（备用板）	0.5 次/s 频率闪烁	长亮	—	—
处于主用状态	—	—	长亮	—
处于备用状态	—	—	长灭	—
时钟锁定（正常跟踪）	—	—	—	1 次/s 频率闪烁
时钟保持	—	—	—	长亮
时钟快速捕捉	—	—	—	5 次/s 频率闪烁
时钟自由振荡	—	—	—	0.5 次/s 频率闪烁

3）端口保护

当在 5#、6#槽位配置两块 RSCCU2 时，所有的端口都是上下对应保护，如图 7.6 所示。

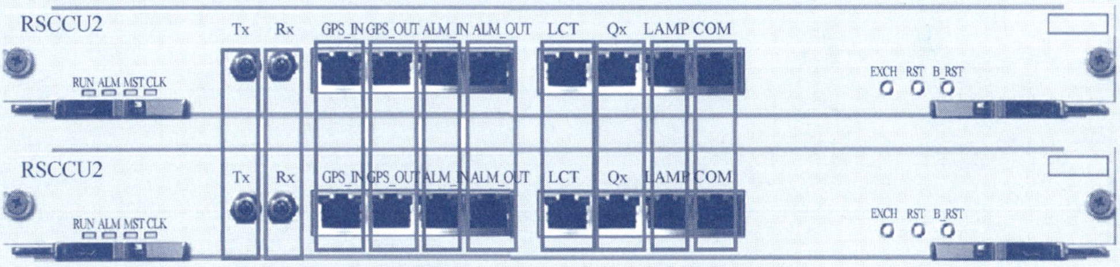

图 7.6　RSCCU2 端口保护

2. 增强型千兆 Combo 板 R4EGC

1）单板功能

R4EGC 实现 4 路 FE/GE 业务处理；

提供 4 个千兆 SFP 光接口和 4 个千兆以太网电接口。

相同编号的光接口和电接口不能同时使用，只能任选其一使用。例如，第 1 路电接口处于工作状态时，第 1 路光接口处于失效状态。

二维码 7.4
ZXCTN 6200 业务板微课

使用方法有 6 种：

（1）同时使用 4 个端口。

（2）4 光口。

（3）4 电口。

（4）2 光口+2 电口。

（5）1 光口+3 电口。

（6）3 光口+1 电口。

2）面板说明

增强型千兆 Combo 板 R4EGC 接口说明如表 7.8 所示。单板运行状态指示灯说明如表 7.9 所示；GE 光口指示灯状态说明如表 7.10 所示，GE 电口指示灯状态说明如表 7.11 所示。

表 7.8 接口说明

项目		描述
接口	GE（电）	4 路 GE 以太网电接口，采用 RJ45 插座
	GE（光）	4 路 GE 以太网光接口，采用可插拔的 SFP 光模块
接口指示灯	ACT（电）	黄色灯，指示电接口的 Active 状态
	LINK（电）	绿色灯，指示电接口的 Link 状态
	ACT（光）	绿色灯，指示光接口的 Active 状态
	LINK（光）	绿色灯，指示光接口的 Link 状态

表 7.9 单板运行状态指示灯说明

运行状态	指示灯状态	
	RUN（绿灯）	ALM（红灯）
单板正常运行，无告警	0.5 次/s 频率闪烁	灭
单板正常运行，有告警	0.5 次/s 频率闪烁	0.5 次/s 频率闪烁或长亮

表 7.10 GE 光口指示灯状态说明

运行状态	指示灯状态	
	$LINK_n$（n 为 1～4）（绿灯）	ACT_n（n 为 1～4）（绿灯）
接口接收光信号（未连接）	长亮	长灭
接口未接收光信号	长灭	长灭
接口处于连接状态	长亮	长亮
接口处于无连接状态	—	长灭
接口收发数据	长亮	5 次/s 频率闪烁

表 7.11 GE 电口指示灯状态说明

运行状态	指示灯状态	
	$LINK_n$（n 为 1～4）（绿灯）	ACT_n（n 为 1～4）（绿灯）
接口处于连接状态	长亮	长亮
接口处于无连接状态	长灭	长灭
接口收发数据	长亮	5 次/s 频率闪烁

3. 增强型千兆电口板 R8EGE

1）单板功能

R8EGE 实现 8 路 FE/GE 电业务处理。

2）面板说明

R8EGE 面板接口说明如表 7.12 所示，单板指示灯与 R4EGC 面板一致。GE 电口指示灯状态说明如表 7.13 所示。

表 7.12　接口说明

项目		描述
接口	GE	8 路 GE 以太网电接口，采用 RJ45 插座
接口指示灯	ACT	黄色灯，指示电接口的 Active 状态
	LINK	绿色灯，指示电接口的 Link 状态

表 7.13　GE 电口指示灯状态说明

运行状态	指示灯状态	
	LINK *n*（*n* 为 1～8）（绿灯）	ACT *n*（*n* 为 1～8）（黄灯）
接口处于连接状态	长亮	长亮
接口处于无连接状态	长灭	长灭
接口收发数据	长亮	5 次/s 频率闪烁

4. 增强型千兆光口板 R8EGF

1）单板功能

R8EGF 实现 8 路 FE/GE 光业务处理。

2）面板说明

R8EGF 面板接口说明如表 7.14 所示，单板指示灯与 R4EGC 面板一致。GE 电口指示灯状态说明如表 7.15 所示。

表 7.14　接口说明

项目		描述
接口	GE	8 路 GE 以太网光接口，采用可插拔的 SFP 光模块
接口指示灯	ACT	绿色灯，指示电接口的 Active 状态
	LINK	绿色灯，指示电接口的 Link 状态

表 7.15　GE 电口指示灯状态说明

运行状态	指示灯状态	
	LINK *n*（*n* 为 1～8）（绿灯）	ACT *n*（*n* 为 1～8）（绿灯）
接口处于连接状态	长亮	长亮
接口处于无连接状态	长灭	长灭
接口收发数据	长亮	5 次/s 频率闪烁

5. 增强型 10 GE 光口板 R1EXG

1）单板功能

R1EXG 实现 1 路 10 GE 光业务处理。

2）面板说明

RIEXG 面板接口说明如表 7.16 所示，单板指示灯与 R4EGC 面板一致。10 GE 光口指示灯状态说明如表 7.17 所示。

表 7.16　接口说明

项目		描述
接口	10 GE	1 路 10 GE 以太网光接口，采用可插拔的 XFP 光模块
接口指示灯	ACT	绿色灯，指示光接口的 Active 状态
	LINK	绿色灯，指示光接口的 Link 状态

表 7.17　10 GE 光口指示灯状态说明

运行状态	指示灯状态	
	LINK（绿灯）	ACT（绿灯）
接口接收光信号（未连接）	长亮	长灭
接口未接收光信号	长灭	长灭
接口处于连接状态	长亮	长亮
接口处于无连接状态	—	长灭
接口收发数据	长亮	5 次/s 频率闪烁

6. 前出线 E1 板 R16E1F

1）单板功能

E1 电路仿真单板，实现 TDM E1 或 IMA E1 业务的接入和承载。UNI 侧实现 TDM E1 或 IMA E1 业务的接入和承载，网管显示为 R16E1F-（TDM+IMA）；NNI 侧实现 ML-PPP 工作方式，网管显示为 R16E1F-（MLPPP）。

2）面板说明

R16E1F 面板接口说明如表 7.18 所示，单板指示灯与 R4EGC 面板一致。

表 7.18　接口说明

项　目		描述
接口	E1 电接口（1~8 路）	第 1 ~8 路 E1 电接口，接口插座类型为 50 芯弯式 PCB 焊接插座（针式孔）；每 1 路 E1 信号占用 4 针脚，信号定义依次为 Rx+、Tx+、Rx－、Tx－，其中，R 表示收，T 表示发，x 取值为 1、2、3……8
	E1 电接口（9~16 路）	第 9~16 路 E1 电接口，接口插座类型为 50 芯弯式 PCB 焊接插座（针式孔）；每 1 路 E1 信号占用 4 个针脚，信号定义依次为 Rx+、Tx+、Rx－、Tx－，其中，R 表示收，T 表示发，x 取值为 9、10、11……16

7. 直流电源板 RPWD2

1）单板功能

直流电源板 RPWD2 处理输入的 –48 V 直流电源，输出 –48 V 直流二次电源，并通过背板给子架各单板供电。

8. 风扇板 RFAN2

1）单板功能

在机箱左侧（从正面看）有多个风扇从内部吸风，机箱右边为进风口，形成自右向左流向的风道；风扇吸入的冷气流与单板整件和电源板的热气流进行交换，发热芯片采用铝散热器散热；接收主控时钟交换单元板的速度控制信号，控制风扇转速；检测风扇告警信息，上报给主控时钟交换单元板；检测风扇信息，驱动面板指示灯显示风扇状态；任何一个风扇出现故障，面板指示灯 ALM（红灯）长亮。

2）面板说明

RFAN2 面板运行状态说明如表 7.19 所示。

表 7.19　运行指示灯状态说明

运行状态	指示灯状态	
	RUN（绿灯）	ALM（红灯）
单板工作正常	长亮	长灭
单板工作异常	长灭	长亮

同步练习

二维码 7.5
PTN 设备组成和工作原理 习题

实训操作

在“城市轨道光传输网络仿真实验系统”中完成实训。

1. PTN 系统硬件安装

实训任务：在 3D 场景内安装电源、机柜及在机柜内安装 PTN 组网系列的硬件设备。

二维码 7.6
PTN 系统硬件安装 实训

任务 8　PTN 的组网与保护

8.1　PTN6200 设备初始化

8.1.1　设备初始化准备工作

二维码 8.1
6200 设备初始化 文档

1. 需要工具

3 台 ZXCTN 6200 设备；
计算机 1 台；
USB 转 RS232 串口线（RJ45）1 根；
6200 初始化脚本。

2. 连接设备调试口

计算机通过 USB 转串口线连接至 6200 设备主用主控板的 CON 口（主控板最右端的 RJ45 接口）。

8.1.2　配置参数

3 台 ZXCTN 6200 设备连接拓扑图如图 8.1 所示，配置参数如表 8.1 所示。

表 8.1　三台设备配置参数

设备名称	IP 地址	设备接口	VLAN 号	业务地址
6200-1	192.168.100.1	Gei_2/2	100	10.0.1.1
		Gei_2/1	300	10.0.3.1
6200-2	192.168.100.2	Gei_2/1	100	10.0.1.2
		Gei_2/2	200	10.0.2.2
6200-3	192.168.100.3	Gei_2/1	200	10.0.2.3
		Gei_2/2	300	10.0.3.3

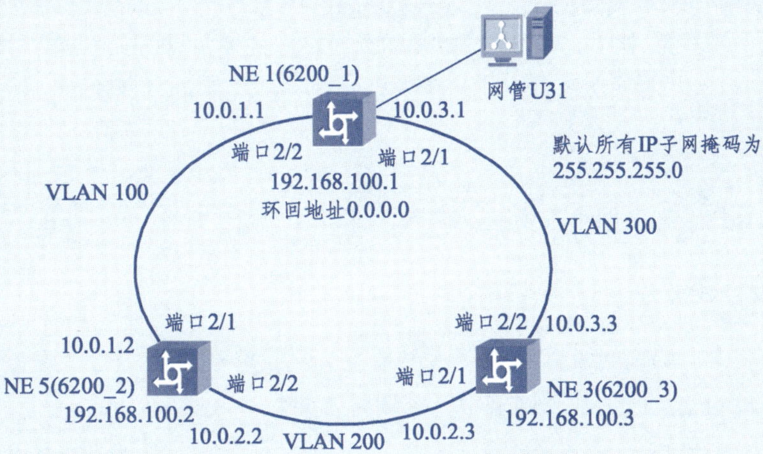

图 8.1　组网拓扑图

8.1.3　配置过程

计算机通过 USB 转串口线连接至 6200-1 设备主用主控板的 CON 口，打开超级终端，输入命令脚本，完成 6200-1 网元的配置。

计算机通过 USB 转串口线连接至 6200-2 设备和 6200-3 设备主用主控板的 CON 口，用同样的方法，完成 6200-2 网元和 6200-3 网元的配置，配置参数如表 8.1 所示。

8.2　创建网元

8.2.1　NetNumen U31 的登录

启动数据库；

启动控制台；

启动客户端。

8.2.2 创建网元

创建网元分为两种方式：手动创建网元、网元自动搜索。

二维码 8.2
创建网元 微课

1. 手动创建网元

根据表 8.2 中的数据，创建 3 个网元 6200-1、6200-2 和 6200-3。

表 8.2 网元基本信息

序号	网元名称	网元 IP 地址	子网掩码	环回地址
1	6200-1	192.168.100.1		
2	6200-2	192.168.100.2	255.255.255.0	0.0.0.0
3	6200-3	192.168.100.3		

2. 网元自动搜索

8.2.3 数据同步

在拓扑树或拓扑图中选中三个网元，进行数据同步操作。

8.2.4 单板安装

单板安装分为两种方式：手动添加单板、上载单板信息。经过数据同步操作后，设备单板信息已上载到网管中，不用再安装。

8.2.5 创建纤缆连接

创建纤缆连接分为两种方式：手动创建、链路自动发现。

1. 手动创建

在拓扑管理界面，选择 3 个网元，进行【纤缆连接】操作。连线所用参数如表 8.3 所示。

表 8.3 链路参数

链路序号	源网元（端口）	目的网元（端口）
1	6200-1（2/2）	6200-2（2/1）
2	6200-1（2/1）	6200-3（2/2）
3	6200-2（2/2）	6200-3（2/1）

2. 链路自动发现

在拓扑管理界面，选择 3 个网元，进行【链路自动发现】操作。

8.3 基础数据配置

二维码 8.3
基础数据配置 微课

在拓扑管理视图中，选择 3 个网元，单击右键弹出右键菜单，选择【网元管理】菜单项，弹出【网元管理】对话框。在【定制资源】中选择【6200-1】，在【网元操作】中选择【基础配置】→【基础数据配置】。

8.3.1 配置端口模式

在【端口模式配置】中操作。

8.3.2 配置 VLAN 接口

在【VLAN 接口配置】中操作。VLAN 参数如表 8.1 所示。

8.3.3 配置 IP 接口

配置 VLAN 100 的三层接口 IP 地址。IP 参数如表 8.1 所示。

8.3.4 配置静态 MAC 地址

MAC 地址配置分为两种方式：手动配置、自动发现。

1. 手动配置

网元离线状态下，MAC 地址必须手动配置。

2. 自动发现

网元在线状态下，配置静态 MAC 地址可以采用自动发现方式。

8.3.5 配置 ARP

配置 ARP 分为两种方式：手动配置、自动发现。

1. 手动配置

网元离线状态下，ARP 配置必须采用手动方式。

2. 自动发现

网元在线状态下，ARP 配置可以采用自动发现方式。

8.4 配置业务

8.4.1 以太网业务类型

1\. 以太网业务 E-Line

二维码 8.4
以太网业务类型 微课

E-Line 业务 MEF（城域以太网论坛组织）定义为 Point-to-Point EVC（点到点业务），客户的接入点称为 UNI。

E-Line 可细分为 EPL 和 EVPL 业务。EPL 业务中，PE 设备的一个 UNI 口只接入一个用户，如图 8.2 所示。

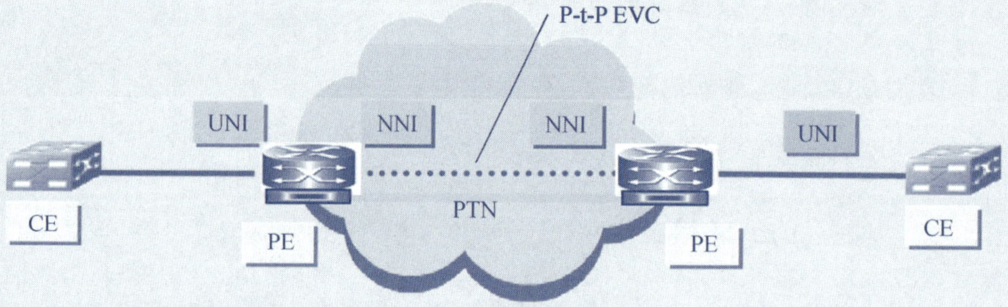

图 8.2 EPL 业务示意图

EVPL 业务中，UNI 口可以进行复用，PE 设备的一个 UNI 口可以接入多个用户，多个用户之间按 VLAN 区分，如图 8.3 所示。

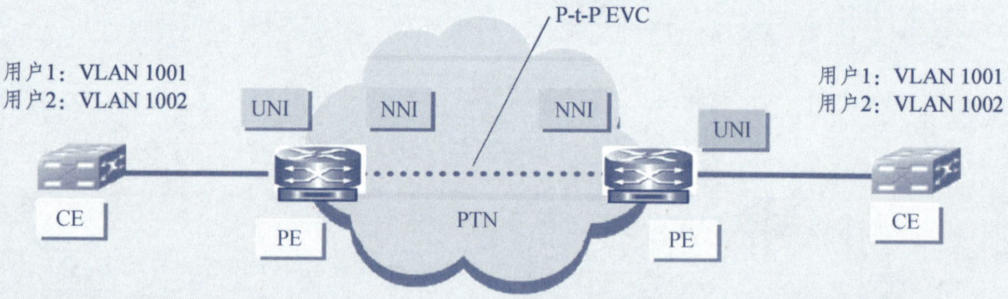

图 8.3 EVPL 业务示意图

2\. 以太网业务 E-Tree

E-Tree 业务 MEF 定义为 Point-to-Multipoint EVC（点到多点业务），业务的连通性在两个或多个点之间实现，客户的接入点称为 UNI。E-TREE 业务将 UNI 的属性分为 Root 和 Leaf，Root UNI 可以与其他 Root UNI 和 Leaf UNI 通信，Leaf UNI 只能与 Root UNI 通信。

E-Tree 可细分为 EPTree 和 EVPTree 业务。EPTREE 业务中，PE 设备的一个 UNI 口只接入一个用户，如图 8.4 所示。

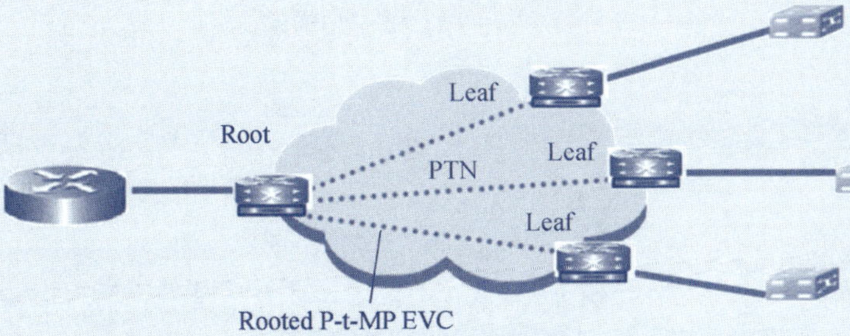

图 8.4　EPTREE 业务示意图

EVPTREE 业务中，UNI 口可以进行复用，PE 设备的一个 UNI 口可以接入多个用户，多个用户之间按 VLAN 区分，如图 8.5 所示。

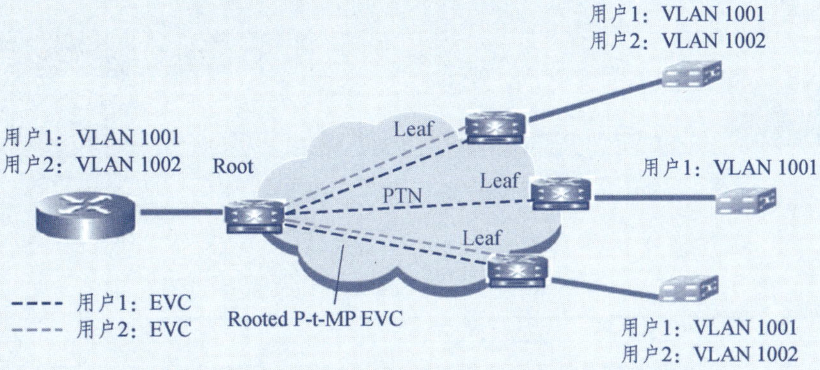

图 8.5　EVPTREE 业务示意图

3. 以太网业务 E-LAN

E-LAN 业务 MEF 定义为 Multipoint-to-Multipoint EVC（多点到多点业务），业务的连通性在两个或多个点之间实现，客户的接入点称为 UNI。

E-LAN 可细分为 EPLAN 和 EVPLAN 业务。EPLAN 业务中，PE 设备的一个 UNI 口只接入一个用户，如图 8.6 所示。

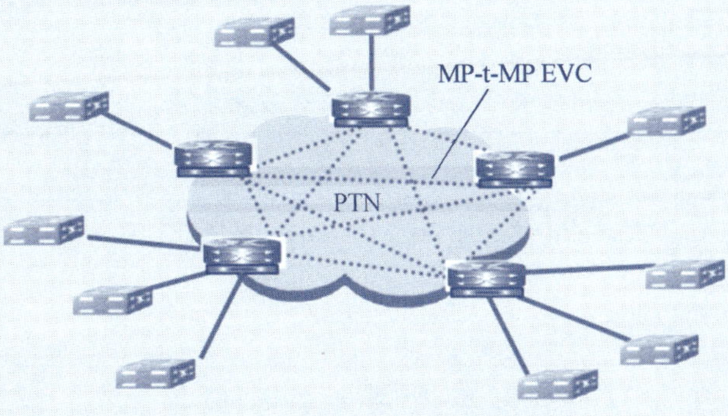

图 8.6　EPLAN 业务示意图

EVPLAN 业务中，UNI 口可以存在复用，PE 设备的一个 UNI 口可以接入多个用户，多个用户之间按 VLAN 区分，如图 8.7 所示。

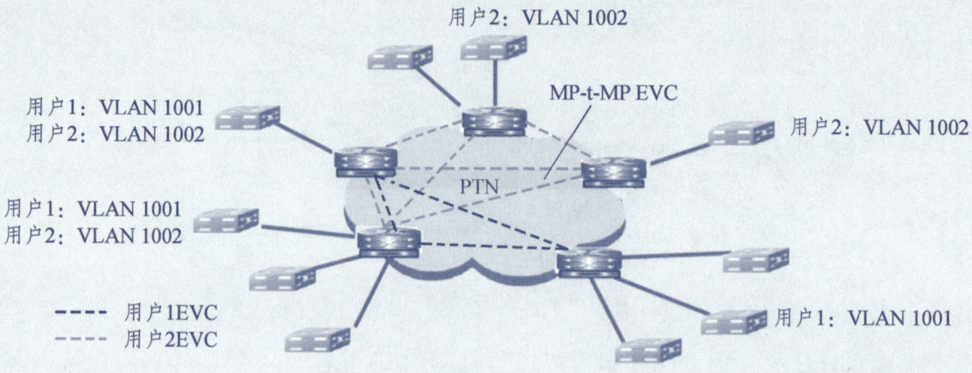

图 8.7　EVPLAN 业务示意图

8.4.2　配置 EPL 业务

二维码 8.5
配置 EPL 业务 微课

以太网业务 EPL 配置步骤如下：

步骤一：配置隧道，如表 8.4 所示。

表 8.4　配置 EPL 业务——静态隧道

隧道名称	保护	A 端点	Z 端点
tun-EPL-1-3	无保护	6200-1	6200-3

步骤二：配置伪线，如表 8.5 所示。

表 8.5　配置 EPL 业务——伪线

伪线名称	A1 端点	Z1 端点	隧道绑定
pw-EPL-1-3	6200-1	6200-3	tun-EPL-1-3

步骤三：配置业务，如表 8.6 所示。

表 8.6　配置 EPL 业务

业务名称	A 网元	A 端点	Z 网元	Z 端点	伪线绑定
EPL	6200-1	R4EGC-[0-1-3]-ETH:1	6200-3	R4EGC-[0-1-3]-ETH:1	pw-EPL-1-3

步骤四：业务验证。

在拓扑管理视图中，选择菜单项【业务】→【业务管理器】，弹出【业务管理器】对话框。点击【全量过滤】，出现已配置的以太网业务、隧道和伪线信息。点击以太网业务【EPL】，在对话框下方显示该业务拓扑图。

打开另外两台计算机，将计算机 A 和计算机 B 的网络地址配置在同一个网段。用一条网线将计算机 A 的网卡接口与 6200-1 设备的 R4EGC 板的 1 号电接口相连，再用一条网线将计算机 B 的网卡接口与 6200-3 设备的 R4EGC 板的 1 号电接口相连。然后在计算机 A 运行 CMD 命令，在 CMD 窗口输入命令“ping 192.168.231.104”。结果显示“来自 192.168.231.104 的回复：字节 = 32 时间<1 ms TTL = 128”，表示网络联通。用同样的方法在计算机 B 测得与计算机 A 网络联通。

二维码 8.6
配置 EPTREE 业务 微课

8.4.3 配置 EPTREE 业务

配置以太网业务 EPTREE 步骤如下：

步骤一：配置隧道，如表 8.7 所示。

表 8.7 配置 EPTREE 业务——静态隧道

隧道名称	保护	A 端点	Z 端点
tun-EPTREE-2-1	无保护	6200-2	6200-1
tun-EPTREE-2-3	无保护	6200-2	6200-3

步骤二：配置伪线，如表 8.8 所示。

表 8.8 配置 EPTREE 业务——伪线

伪线名称	A1 端点	Z1 端点	隧道绑定
PW-EPTREE-2-1	6200-2	6200-1	tun-EPTREE-2-1
PW-EPTREE-2-3	6200-2	6200-3	tun-EPTREE-2-3

步骤三：配置业务，如表 8.9 所示。

表 8.9 配置 EPTREE 业务

业务名称	根网元	端口	叶子网元	端口	伪线绑定
EPTREE	6200-2	R4EGC[0-1-3]-ETH:1	6200-1	R4EGC[0-1-3]-ETH:2	PW-EPTREE-2-1
			6200-3	R4EGC[0-1-3]-ETH:2	PW-EPTREE-2-3

步骤四：业务验证。

在拓扑管理视图中选择菜单项【业务】→【业务管理器】，弹出【业务管理器】对话框。点击【全量过滤】，出现已配置的以太网业务、隧道和伪线信息。以太网业务【Ethernet-6200-1_6200-2-1】，对话框右下方显示该业务拓扑图，左下方显示应该业务所有伪线和隧道信息。

进行两次测试，分别测试 EPTREE 中两条路径是否连通，测试方法如表 8.10 所示。两次测试中计算机 A 和计算机 B 都能 ping 通，说明业务配置成功。

表 8.10　配置 EPTREE——业务验证

测试内容	以太网方式连接		以太网方式连接	
6200-2 到 6200-1 间业务	6200-2 的 R4EGC 板的 1 号电接口	计算机 A	6200-1 的 R4EGC 板的 2 号电接口	计算机 B
6200-2 到 6200-3 间业务	6200-2 的 R4EGC 板的 1 号电接口	计算机 A	6200-3 的 R4EGC 板的 2 号电接口	计算机 B

8.4.4　配置 EPLAN 业务

二维码 8.7
配置 EPLAN 业务 微课

配置以太网业务 EPLAN 步骤如下：

步骤一：配置隧道，如表 8.11 所示。

表 8.11　配置 EPLAN 业务——静态隧道

隧道名称	保护	A 端点	Z 端点
tun-EPLAN-1-2	无保护	6200-1	6200-2
tun-EPLAN-2-3	无保护	6200-2	6200-3
tun-EPLAN-1-3	无保护	6200-1	6200-3

步骤二：配置伪线，如表 8.12 所示。

表 8.12　配置 EPLAN 业务——伪线

伪线名称	A1 端点	Z1 端点	隧道绑定
PW-EPLAN-1-2	6200-1	6200-2	tun-EPLAN-1-2
PW-EPLAN-2-3	6200-2	6200-3	tun-EPLAN-2-3
PW-EPLAN-1-3	6200-1	6200-3	tun-EPLAN-1-3

步骤三：配置业务，如表 8.13 所示。

表 8.13　配置 EPL 业务

业务名称	SPE 网元	端口	伪线绑定
EPLAN	6200-1	R4EGC[0-1-3]-ETH:3	PW-EPLAN-1-2
	6200-2	R4EGC[0-1-3]-ETH:2	PW-EPLAN-2-3
	6200-3	R4EGC[0-1-3]-ETH:3	PW-EPLAN-1-3

步骤四：业务验证。

在拓扑管理视图中选择菜单项【业务】→【业务管理器】，弹出【业务管理器】对话框。点击【全量过滤】，出现已配置的以太网业务、隧道和伪线信息。点击以太网业务【EPLAN】, 对话框右下方显示该业务拓扑图，左下方显示该业务所有伪线和隧道信息。

进行 3 次测试，分别测试 EPLAN 中 3 条路径是否连通，测试方法如表 8.14 所示。三次测试中计算机 A 和计算机 B 都能 ping 通，说明业务配置成功。

表 8.14 配置 EPLAN——业务验证

测试内容	以太网方式连接		以太网方式连接	
6200-1 到 6200-2 间业务	6200-1 的 R4EGC 板的 3 号电接口	计算机 A	6200-2 的 R4EGC 板的 2 号电接口	计算机 B
6200-2 到 6200-3 间业务	6200-2 的 R4EGC 板的 2 号电接口	计算机 A	6200-3 的 R4EGC 板的 3 号电接口	计算机 B
6200-1 到 6200-3 间业务	6200-1 的 R4EGC 板的 3 号电接口	计算机 A	6200-3 的 R4EGC 板的 3 号电接口	计算机 B

8.5 配置时钟源

8.5.1 同步技术

频率同步，即时钟同步，是指信号之间的频率或相位保持某种严格的特定关系，其相对应的有效瞬间以同一平均速率出现，以维持通信网络中所有的设备以相同的速率运行。相位同步（时间同步），是指信号之间的频率不仅相同，而且相位也要保持相同，时间同步要求比时钟同步更高，不仅要求频率同步，也就是各个设备的振荡频率一致，还要求各个设备的起点位置一致。

二维码 8.8
同步技术 微课

时间同步与频率同步的区别如图 8.8 所示。如果两个表（电子表 1 与电子表 2）每时每刻的时间都保持一致，这个状态叫时间同步；如果两个表的时间不一样，但是保持一个恒定的差，比如 1 h，那么这个状态称为频率同步。如果两个表的频率不相同，则其时间值无固定关系，因此时间同步的前提条件是频率同步。

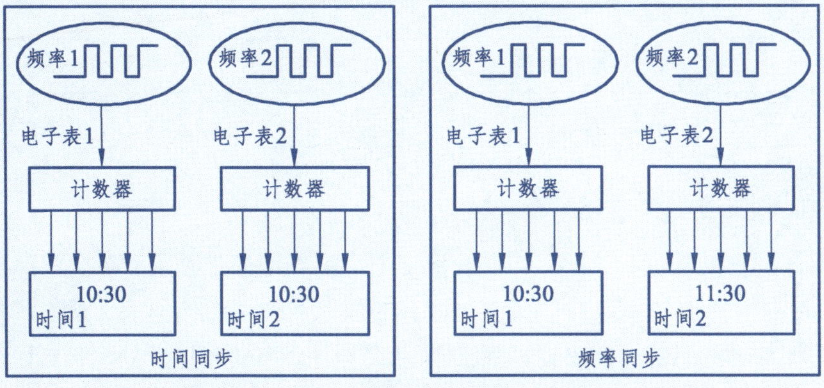

图 8.8 时间同步与频率同步的区别

传统固网 TDM 业务对时钟同步的需求：传统固网的 TDM 的业务主要是语音业务，要求业务收发两端同步；如果承载网络两端的时钟不一致，长期积累后会造成滑码。

无线 IP RAN 对同步的需求：目前时间同步的主要应用为通话计费、网间结算和网管告警。通信网络对时钟频率最苛刻的需求体现在无线应用上，不同基站之间的频率必须同步在一定精度之内，否则基站切换时会出现掉线。与前面提到的固网 TDM 应用不同的是，这里的时钟是指无线的射频时钟。这个应用场景对时钟频率的需求要高于前者。

专用时钟同步网（BITS）的需求：在传统的通信网络结构中，除了业务承载网络外，一般还会存在一个独立的时钟发布网络，采用 PDH/SDH 来分发时钟。

8.5.2 几种同步技术的实现

1. 同步以太网技术

ZXCTN PTN 设备组成同步以太网络，可以支持同步以太接口来实现以太网物理层同步。在同步以太网环境中，GPS、BITS 等设备的时钟信号，经过同步以太网接口实现全网 ZXCTN PTN 设备的时钟同步。与 BTS 或 NodeB 相连的 ZXCTN 设备，通过同步以太网接口将提取后的时钟信号传送给 BTS 或 NodeB、BSC 和 RNC，最终实现全网的同步以太网时钟，如图 8.9 所示。

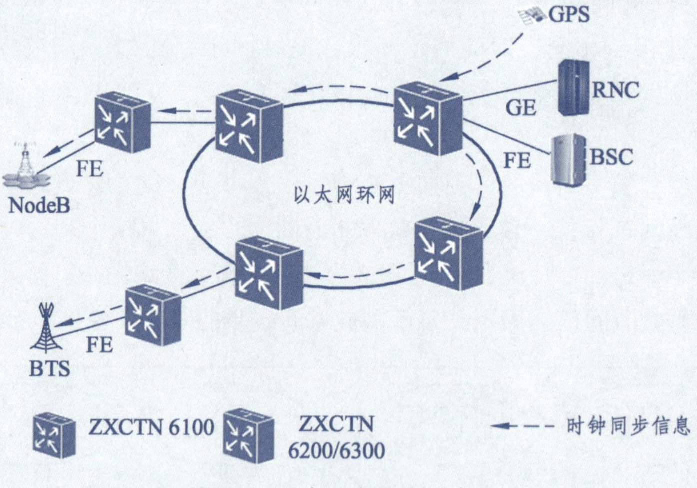

图 8.9　同步以太网典型应用

2. TOP 技术

TOP（Timing Over Packet，序分组）是一种频率同步技术，就是将时钟频率先承载在专门的 TOP 报文中，需要的时候将其从报文中分离出来，从而实现时钟频率在 PSN 上的透传。TOP 有两种工作模式，差分模式和自适应模式，如图 8.10 所示。

差分模式是由 G.8261 提出的一个典型方式，两端的设备 TOP Server 和 TOP Client 共用频率同步时钟，TOP 报文穿透的 PSN 网络同步异步都可以。

因为 TOP Server 和 TOP Client 所在的网元设备时钟不存在同步关系，所以自适应模式无法通过差分模式的机制进行时钟频率的恢复。

图 8.10 差分模式

3. IEEE1588 V2（PTP）

IEEE1588 V2 是一种精确时间同步协议（Precision Time Protocol，PTP）协议，它是一种主从同步系统。其核心思想是采用主从时钟方式，对时间信息进行编码，利用网络的对称性和延时测量技术，实现主从时间的同步。

IEEE1588 将整个网络内的时钟分为两种，即普通时钟（OC）和边界时钟（BC）。其中，边界时钟通常用在确定性较差的网络设备（如交换机和路由器）上。从通信关系上又可把时钟分为主时钟和从时钟，理论上任何时钟都能实现主时钟和从时钟的功能，但一个 PTP 通信子网只能有一个主时钟。整个系统中的最优时钟为最高级时钟（GMC），有着最好的稳定性、精确性、确定性等。

根据各节点上时钟的精度和级别以及 UTC（Universal Time Constant）的可追溯性等特性，由最佳主时钟算法（BMC）来自动选择各子网内的主时钟。在只有一个子网的系统中，主时钟就是最高级时钟 GMC。每个系统只有一个 GMC，且每个子网内只有一个主时钟，从时钟与主时钟保持同步，如图 8.11 所示。

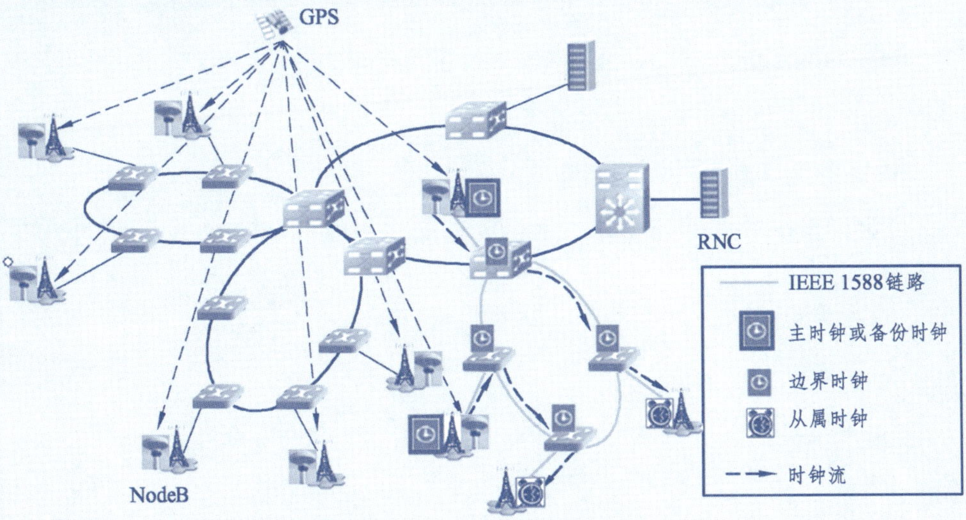

图 8.11 1588 时钟组网

IEEE1588 的关键在于延时测量。为了测量网络传输延时，1588 定义了一个延迟请求信息：Delay Request Packet（Delay Request）。

从属时钟在收到主时钟发出的时间信息后的 T3 时刻发延迟请求信息包(Delay Request)，主时钟收到 Delay Request 后在延迟响应信息包加时间戳，反映出准确的接收时间 T4，并发送给从属时钟，故从属时钟就可以非常准确地计算出网络延时，如图 8.12 所示。

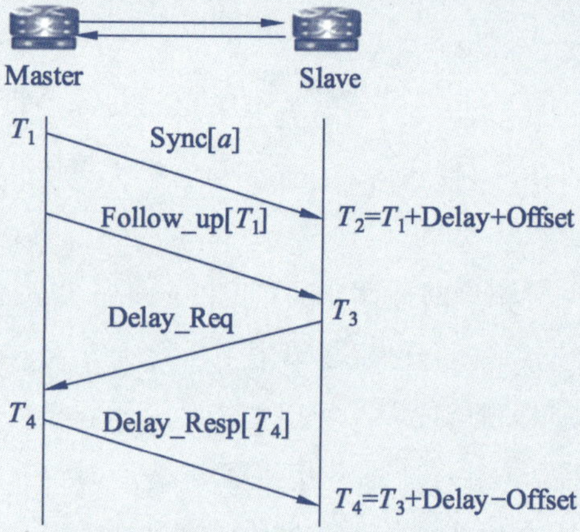

图 8.12　1588 方式下的延时测量

1588 方式下的延时测量：

由于：

T2 – T1 = Delay+Offset

T4 – T3 = Delay – Offset

故可得：

Delay = [T2 – T1+T4 – T3]/2

Offset = [T2 – T1 – T4 + T3]/2

根据 Offset 和 Delay，从节点就可以修正其时间信息，从而实现主从节点的时间同步。

4. 三种同步技术对比

三种同步技术——同步以太技术、TOP 技术、IEEE1588 V2 技术的对比如表 8.15 所示。

表 8.15　三种技术对比

实现技术	优点	缺点	优先使用场合
同步以太技术	实现简单，并且受到 PSN 网络损伤的影响小；时钟同步质量接近 SDH；架构与 SDH 方案相似，实现技术较成熟	同步以太要求网络上的每个节点都支持同步以太，才能实现整网的时钟同步；支持时钟提取的 PHY 的数量有限	PSN 网络频率同步
TOP 技术	能够跨网透传时钟，不需要网络上的每个节文的处理，运用灵活点都支持 TOP 报文	容易受到 PSN 网络的影响；没有标准化，各厂商难以互联互通	PSN 网络的跨网同步和 PSN 网络的业务时钟透传
IEEE1588 V2 技术	可以恢复时间，实现时间同步；有标准，利于互联互通。	基本不受 PSN 网络的影响；网络上的各个节点都需要支持 1588 的处理	PSN 网络时间同步使用该技术

8.5.3　时钟源配置

二维码 8.9
时钟源配置 微课

在配置业务之前，必须配置网元的时钟源并指定其优先级别，以保证网络中所有网元能够建立合理的时钟跟踪关系。

三个网元时钟源的配置信息如表 8.16 所示。配置步骤如下：

表 8.16　三个网元时钟源配置信息

网元	时钟类型	时钟源优先级	时钟源资源	SSM 字节方式
6200-1	外时钟	1	RSCCU2[0-1-5]-1	标准 SSM 算法
6200-2	以太网抽时钟	1	R8EGF[0-1-2]-1	标准 SSM 算法
		2	R8EGF[0-1-2]-2	
6200-3	以太网抽时钟	1	R8EGF[0-1-2]-2	标准 SSM 算法
		2	R8EGF[0-1-2]-1	

步骤一：配置网元 6200-1 的时钟源。

步骤二：配置网元 6200-2 和 6200-3 的时钟源。

步骤三：查看时钟源配置结果，如图 8.13 所示。

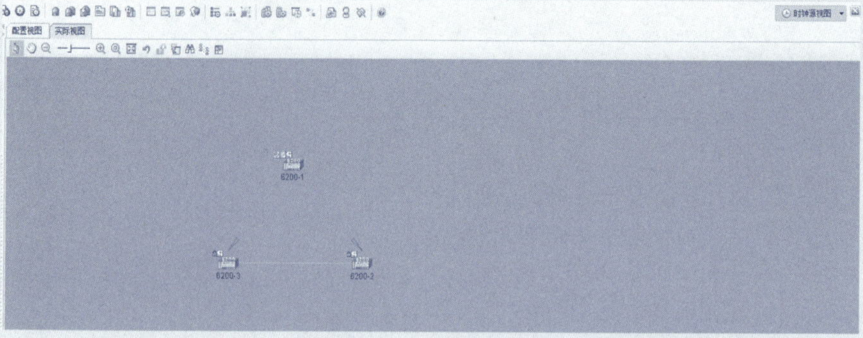

图 8.13　时钟源视图

8.6　PTN 保护

二维码 8.10
PTN 保护 微课

8.6.1　PTN 保护类型

PTN 保护类型如图 8.14 所示。

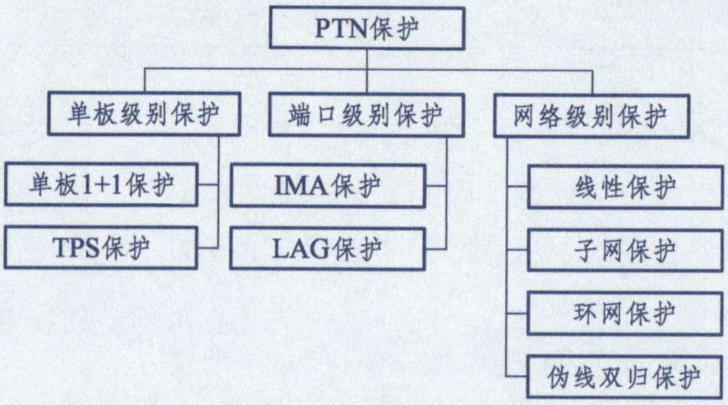

图 8.14　PTN 保护类型

8.6.2　PTN 保护原理解析及应用

1. 单板级别保护

设备单板保护如表 8.17 所示。说明如下：目前 6200/6300/9000 的主控为 1+1 保护；6000 的电源为 1+1 保护；9000 的交流电源为 2+1 保护，直流为 1+1 保护；6300 上的 TPS 1∶2 保护，实现在 Slot1 以及 Slot2 上，上面的两个单板为 E1 接口板，低速槽位为 E1 的处理板，该保护在 6300 的 2.0 版本后将会提供。

表 8.17　单板级别保护

冗余单元	核心节点	汇聚节点	接入节点
交换	*n*+1/1+1	1+1	无或 1+1
主控	1+1	1+1	无或 1+1
时钟	1+1	1+1	无或 1+1
电源	1+1	1+1	无或 1+1
风扇	1+1	1+1	无或 1+1

ZXCTN6300 槽位如图 8.15 所示。R16E1B、RE1PI 和接口板配合，可以实现 2 组 1:2 TPS 保护。

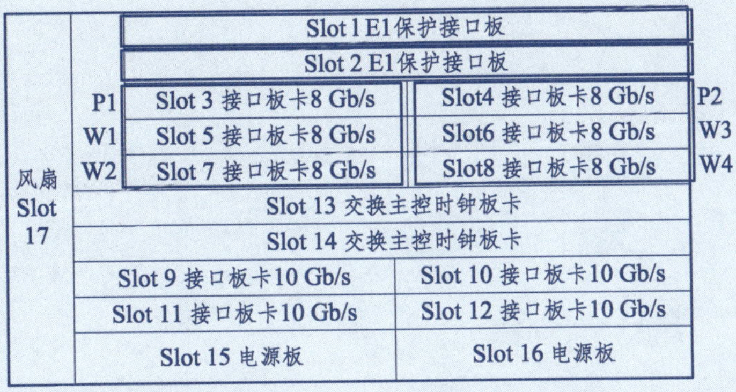

图 8.15　6300 的 E1/T1 业务子卡 TPS 保护

说明：保护板 P1 保护工作板 W1、W2；保护板 P2 保护工作板 W3、W4；接口板 Slot 1 的前 16 个 E1 接口与处理板 Slot 6 对应，接口板 Slot 1 的后 16 个 E1 接口与处理板 Slot 8 对应；接口板 Slot 2 的前 16 个 E1 接口与处理板 Slot 5 对应，接口板 Slot 2 的后 16 个 E1 接口与处理板 Slot 7 对应。

2. 端口级别保护

1）LAG 端口保护

LAG（Link Aggregation）链路聚合，有时也被称为端口汇聚。LAG 端口保护可满足 PTN 的业务落地 PE 点同业务节点之间的以太网业务的端口冗余保护，常用于和客户相对接的端口，应用场景如表 8.18 所示。网络拓扑结构如图 8.16 所示。

表 8.18　LAG 端口保护应用场景

应用场景	保护方式
PTN 与 RNC 之间	LAG 保护（主备/负载分担）
PTN 与 SR/交换机之间	LAG 保护（负载分担）
PTN 与 MSTP 对接	MSP 保护/LAG 保护

方式 1：主备方式。采用主备方式 LAG 时，流量只在一个端口里传送，主端口有流量，备端口没有流量。

方式 2：负载分担方式。该情况下，将流量统一分配到两个端口上进行传送。区分流量的方式可基于目的 IP 或者目的 MAC、源 MAC 等方法；负载分担方式可支持 2 ~ 16 个端口，目前常用于 UNI 端口的保护。

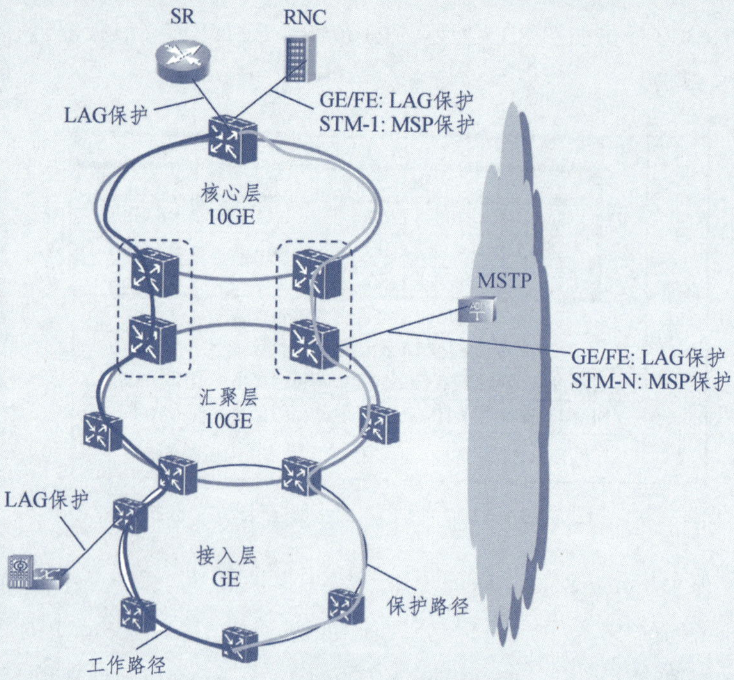

图 8.16 LAG 端口保护应用场景

2）IMA 端口保护

IMA 保护是指：如果 IMA 组中一条链路失效，信元会被负载分担到其他正常链路上进行传送，从而达到保护业务的目的。IMA 组在每一个 IMA 虚连接的端点处终止。在发送方向上，从 ATM 层接收到的信元流以信元为基础，被分配到 IMA 组中的多个物理链路上。而在接收端，从不同物理链路上接收到的信元，被重新组合成与初始信元流一样的信元流，如图 8.17 所示。

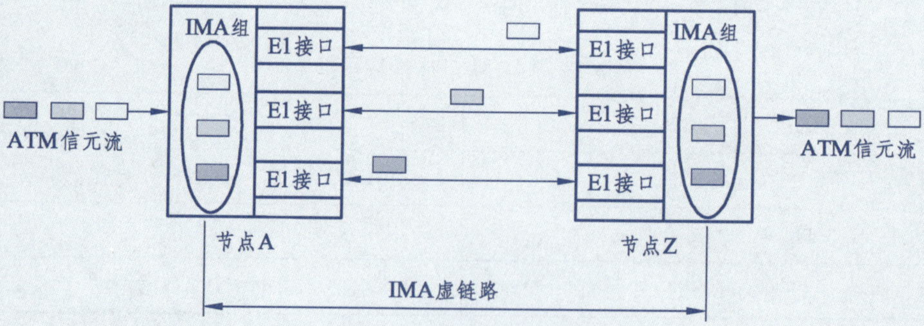

图 8.17 IMA 传输示意图

3. 网络级别保护

1）1+1/1:1 线性保护

1+1/1:1 线性保护原理如图 8.18 所示。倒换原理简析：PE 点检测 TMP 层的 OAM 报文，每 3.3 ms 发送 OAM 检测帧；若本端在 3.5 个周期未收到远端的 CC 报文，则触发本端隧道保护倒换。倒换以及桥接点均为 PE 节点。

1:1 单发单收，应用 APS 协议进行双向倒换，支持任何类型业务，现网中常用。

1+1 双发选收，选收的端口为默认的工作端口，本端和远端均为单向倒换，支持点到点业务。

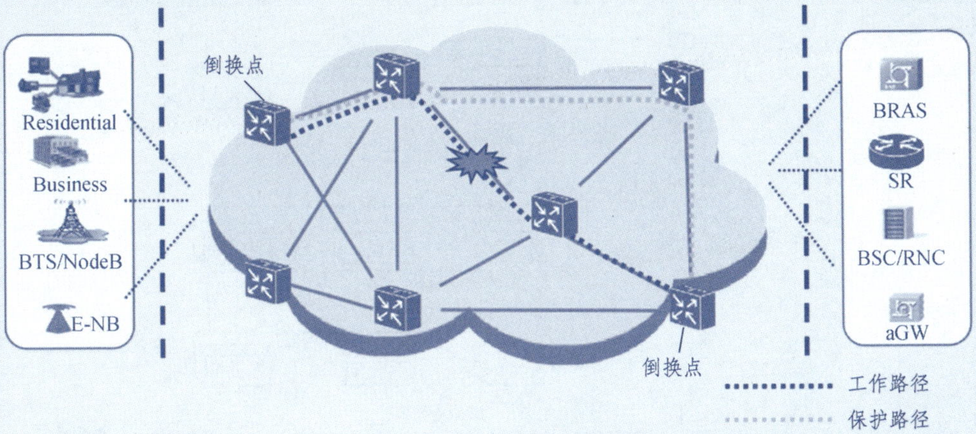

图 8.18　1+1/1:1 线性保护

2）1+1/1:1 SNC 子网保护

1+1/1:1 SNC 子网保护原理如图 8.19 所示。倒换原理简析：大部分特点与线性保护相同；不同点在于倒换以及桥接点可为 P 节点或 PE 节点；常应用于和别的厂家对接的时候，只保护我司侧的设备；也应用于环带链的组网方式，环网启用环网保护，在环带链的相接点配置子网保护。

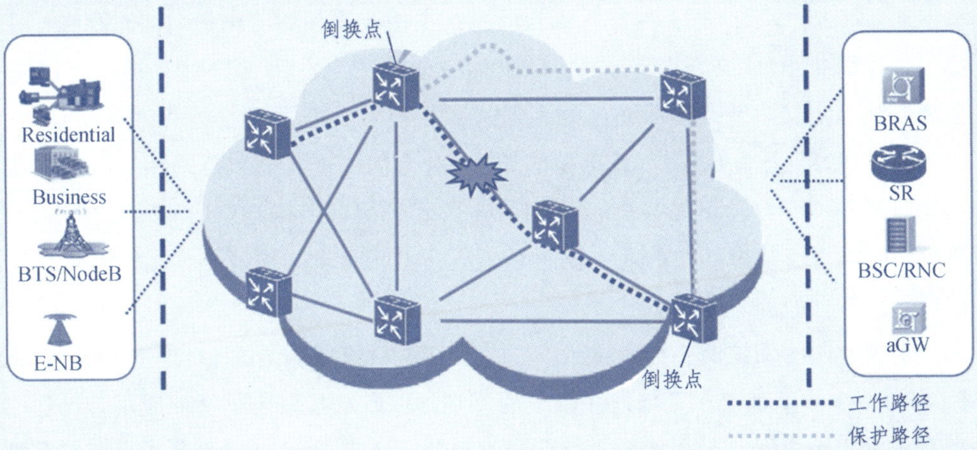

图 8.19　1+1/1:1 SNC 子网保护

3）环网保护

环网保护原理如图 8.20 所示。倒换原理简析：检测的为 TMS 的 OAM 报文，倒换点为出现故障的两个相接点；故障点倒换将业务隧道倒换至环形保护隧道上。

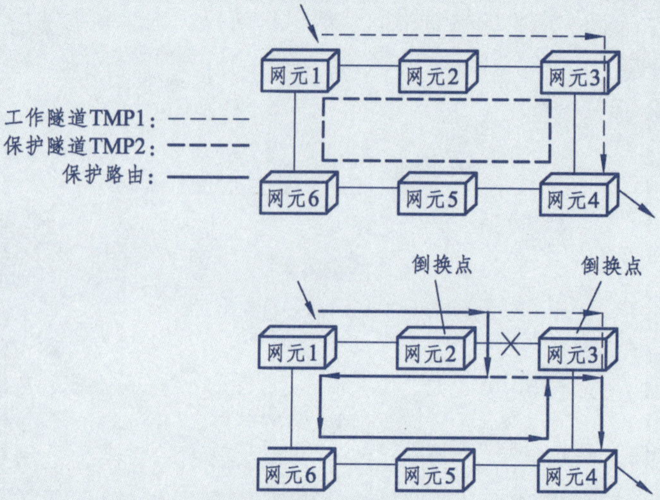

图 8.20　环网保护

4）伪线双归保护

双归保护是结合 LSP1:1/1+1 路径保护和 PW 保护来实现的保护机制。伪线双归保护原理如图 8.24 所示。断纤 1：属于 PTN 网络内部故障，TMP-LOC 触发隧道倒换；断纤 2：属于 PTN 和业务侧网络层间故障，TMC-CSF 触发伪线倒换。

倒换原理简析：

对于 RNC 采用 LAG 主备方式的情况：主伪线需和隧道保护组同时存在，主要是为了防止 PTN 网络内部断纤，而此时 RNC 不会倒换；PTN 内部网络仍可将业务倒换至主接收节点，保证业务不会中断。

对于 RNC 采用 LAG 负载分担的情况：进行伪线选收的节点采用双收单发的实现方式；对于某个基站，RNC 的 LAG 负载分担是依据基站的 IP 地址进行分流的，所以对于某个基站的业务流也是进行单收。对于这种情况不采用隧道保护即可。

伪线双归的保护倒换不依赖 APS 进行倒换，只依据本端的 LOC 和 CSF 倒换。1：1 和 1+1 的差别仅在于单发和双发的差别。双发双收属于早期的应用，目前已经不再应用；双收单发在现场暂时用得不是很多。若伪线双归的主伪线要绑定隧道保护组，那么这组隧道保护组必须配置为 1：1 的 LSP 保护。

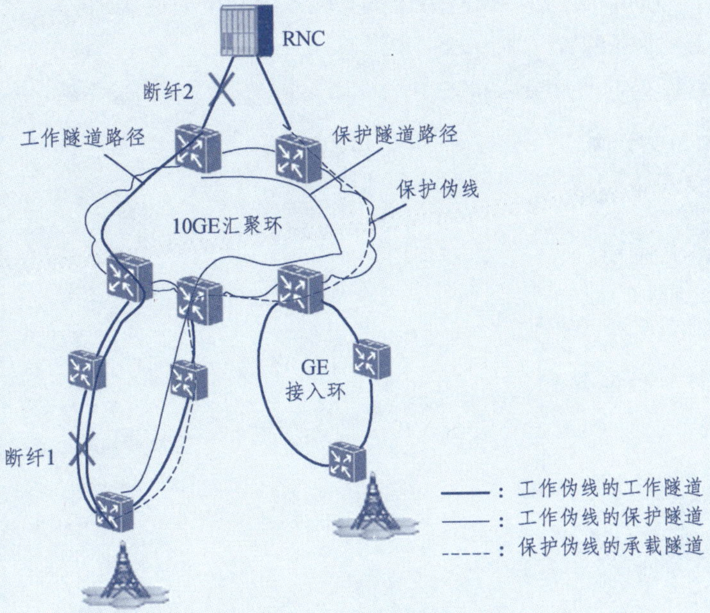

图 8.24　伪线双归保护

同步练习

二维码 8.11
PTN 的组网与保护　习题

实训操作

一、在“IUV_TPS 三网融合仿真教学软件”中完成实训

1. IP 承载网组网及实践

实训任务：

（1）按照拓扑图完成承载网中设备的添加与线缆的连接。

（2）按照数据规划完成 IP 承载网设备的数据配置。

（3）完成承载网与 Server 对接数据配置。

（4）实现各网元之间的互通。

二维码 8.12
IP 承载网组网及实践　实训

二、在“城市轨道光传输网络仿真实验系统”中完成实训

1. PWE3 业务配置

实训任务：对 PTN 设备进行 PWE3 业务配置。

二维码 8.13
PWE3 业务配置 实训

2. VPLS 业务配置

实训任务：对 PTN 设备进行 VPLS 业务配置。

二维码 8.14
VPLS 业务配置 实训

3. PTN 链型网保护配置

实训任务：对 PTN 设备进行链型网保护配置。

二维码 8.15
PTN 链型网保护配置 实训

4. PTN 环型网保护配置

实训任务：对 PTN 设备进行环型网保护配置。

二维码 8.16
PTN 环型网保护配置 实训

5. PTN 综合业务组网配置

实训任务：对 PTN 设备进行综合业务组网配置。

二维码 8.17
PTN 综合业务组网配置 实训

项目 4　构建 OTN 光传送网

任务 9　理解 DWDM 的基本原理、工作方式

9.1　WDM 的基本概念

波分复用（WDM）是光纤通信中的一种传输技术，它是利用一根光纤可以同时传输多个不同波长的光载波特点，把光纤可能应用的波长范围划分为若干个波段，每个波段用作一个独立的通道传输一种预定波长的光信号技术，如图 9.1 所示。

二维码 9.1
DWDM 的基本概念 微课

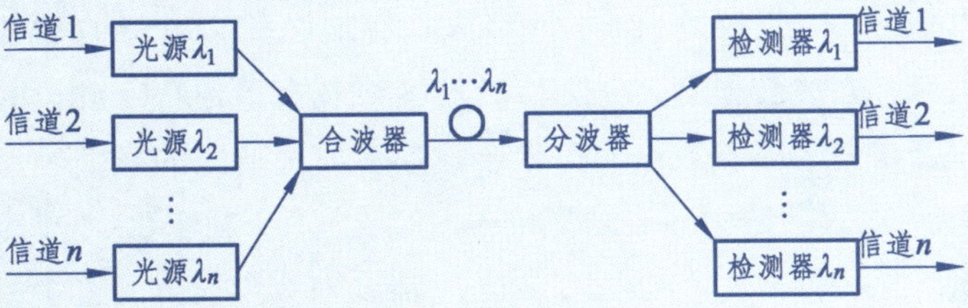

图 9.1　DWDM 工作原理示意图

波分复用技术将 1 310 μm 和 1 550 μm 的两波分复用，新的 WDM 系统只用 1550μm 窗口，称之为密集波分复用系统，即 DWDM 系统。DWDM 系统是一个与业务无关的系统，它可以承载各种格式的信号，即 PDH、SDH、ATM、IP 信号均是 DWDM 所承载的业务。一般 PDH 与 ATM 是封装在 SDH 后再进入 DWDM 系统，因此 DWDM 主要承载的业务信号是 SDH。

9.1.1　DWDM 技术的主要特点

1. 节约光纤资源

DWMD 技术能在一根物理光纤上提供多个虚拟的光纤通道。

2. 升级扩容方便

只要增加复用光通路数量与相关设备，就可以增加系统的传输容量。

3. 实现超长距离传输

EDFA（掺铒光纤放大器）可对 DWDM 系统的各复用光通路的信号同时进行

放大，以实现系统的超长距离传输。

9.1.2 DWDM 系统的基本结构

一般来说，DWDM 系统主要由五部分组成：光发射机、光中继放大、光接收机、光监控信道和网络管理系统，如图 9.2 所示。

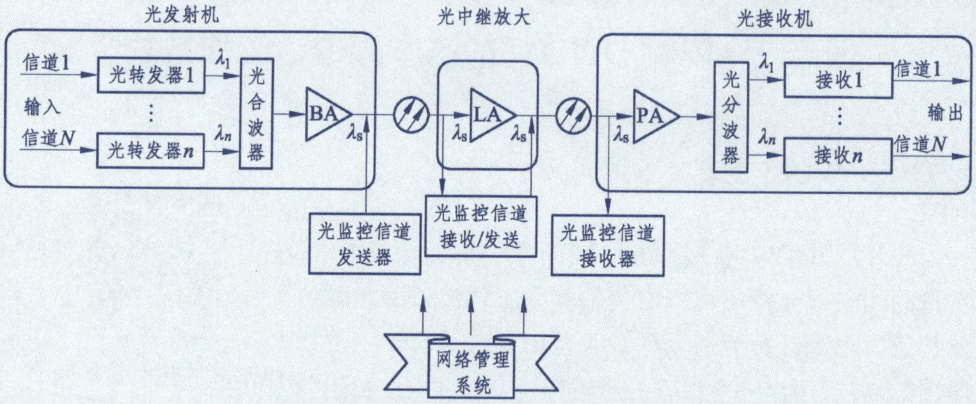

图 9.2 DWDM 系统结构

光发射机是 WDM 系统的核心，它将来自终端设备（如 SDH 端机）输出的非特定波长光信号，在光转换器（OTU）处转换成具有稳定特定波长的光信号，然后利用光合波器将各大路单波道光信号合成为多波道通路的光信号，再通过光功率放大器（BA）放大后输出多通路光信号。

经过长距离光纤传输后（80 ~ 120 km），需要对光信号进行光中继放大。目前使用的光放大器多为掺铒光纤放大器（EDFA）。

在光接收机中，前置放大器（PA）放大经传输而衰减的主信道光信号，采用分波器从主信道光信号中分出特定波长的光信道，再经 OTU 转换成原终端设备所具有的非特定波长的光信号。

光监控信道主要功能是监控系统内各信道的传输情况，帧同步字节、公务字节和网管所用的开销字节等都是通过光监控信道来传递的。网络管理系统通过光监控信道物理层传送开销字节到其他节点或接收来自其他节点的开销字节对 DWDM 系统进行管理。

9.1.3 DWDM 系统的组网方式

1. DWDM 系统的两种基本形式

1）双纤单向传输特点

需要两根光纤实现双向传输；在同一根光纤上所有光通道的光波传输方向一致；对于同一个终端设备，收、发波长可以占用一个相同的波长。双纤单向传输如图 9.3 所示。

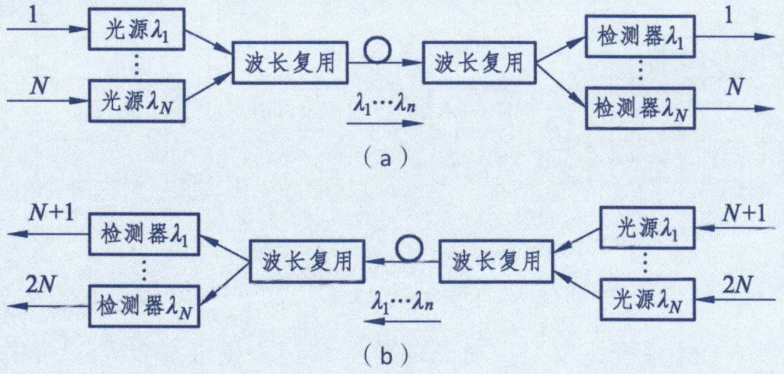

图 9.3　双纤单向传输

2）单纤双向传输特点

只需要一根光纤实现双向传输；在同一根光纤上，光波同时向两个方向传输；对于同一个终端设备，收、发波长可以占用不同的波长。单纤双向传输如图 9.4 所示。

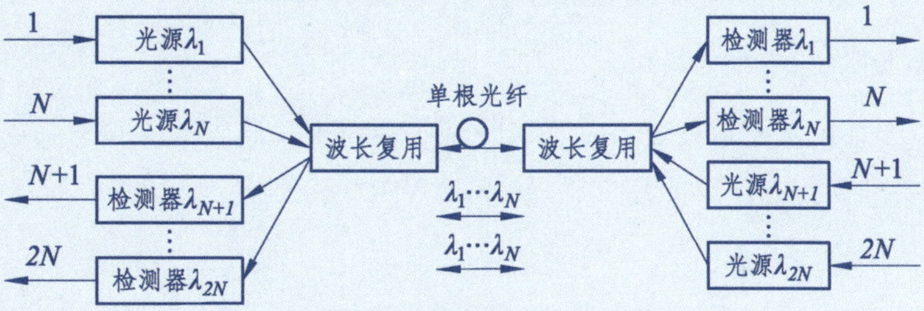

图 9.4 单纤双向传输

2. DWDM 系统的两种应用结构

1）集成式 DWDM 系统特点

DWDM 设备不需要 OUT；对 SDH 设备接口必须满足 G.692 标准；每个 SDH 信道不能互通；SDH 与 DWDM 设备应是同一个厂家生产，才能达到波长接口的一致性；不能横向联网，不利于网络的扩容。集成式 DWDM 系统如图 9.5 所示。

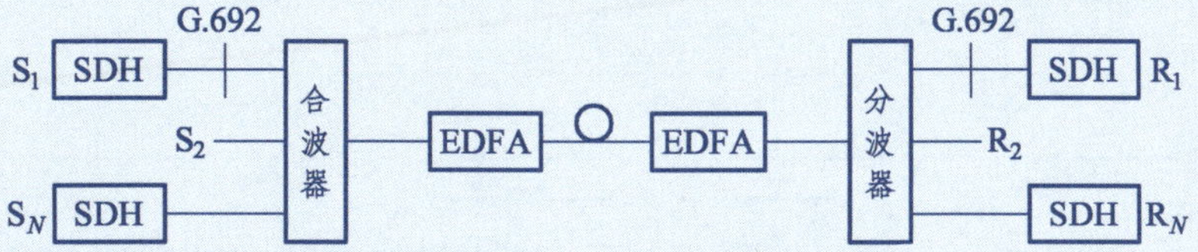

图 9.5　集成式 DWDM 系统

2）开放式 DWDM 系统特点

DWDM 设备需要增加 OTU 器件，复用波数越多，增加的 OTU 器件越多；对 SDH 设备无特殊要求，只要符合 G.957 标准即可；利于横向联网和网络的扩容。开放式 DWDM 系统如图 9.6 所示。

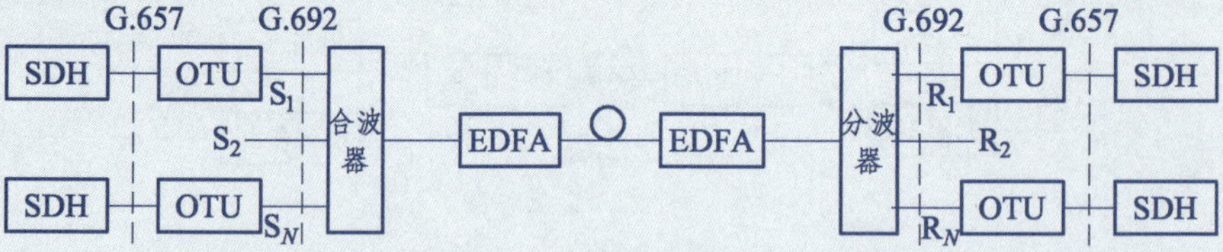

图 9.6　开放式 DWDM 系统

3. DWDM 系统的网络拓扑结构

目前，DWDM 系统主要是点对点的链形结构（光电混合器），如图 9.7 所示。今后，随着 OADM（光分插复用器）和 OXC（光交叉连接器）技术的发展成熟，将组成环形网和网状网，以提高网络的生存性和可靠性。

图 9.7　点对点型 DWDM 系统的典型组网

4. DWDM 系统的分层结构

DWDM 系统主要承载 SDH 信号，在 SDH 再生段层以下，又引入光通道层、光复用段层和光传输层，如图 9.8 所示。DWDM 系统分层结构及系统各层功能如表 9.1 所示。

表 9.1　DWDM 系统各层功能

分层结构	各层功能
电层	SDH 电信号的放大、再生、开销处理
光通道层	单波长通道层，为各种业务提供端到端的光通道信号透明传输，以及通道层的管理、监控和开销处理
光复用段层	多波长光信号的复用/解复用层，以及复用段层的管理、监控和开销处理
光传输层	多波长光信号的传输、放大、色散管理、监控等功能
物理层	G.652+DCF G.655 光纤

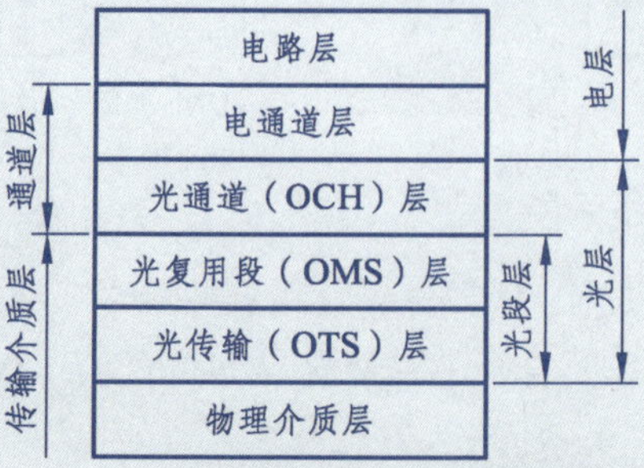

图 9.8　DWDM 系统的分层结构

9.2 DWDM 系统的关键技术

9.2.1 光源技术

1. 波长稳定问题的解决方法

精密的管芯温度控制技术；
波长反馈控制技术。

2. 提高光源色散容限的方法

外调制技术。

9.2.2 光波分复用/解复用器（合波/分波器）

光波分解复用技术主要包括：阵列波导技术、衍射光栅技术、干涉薄膜技术和光纤光栅技术等，还包括耦合器技术，如图 9.9 所示。

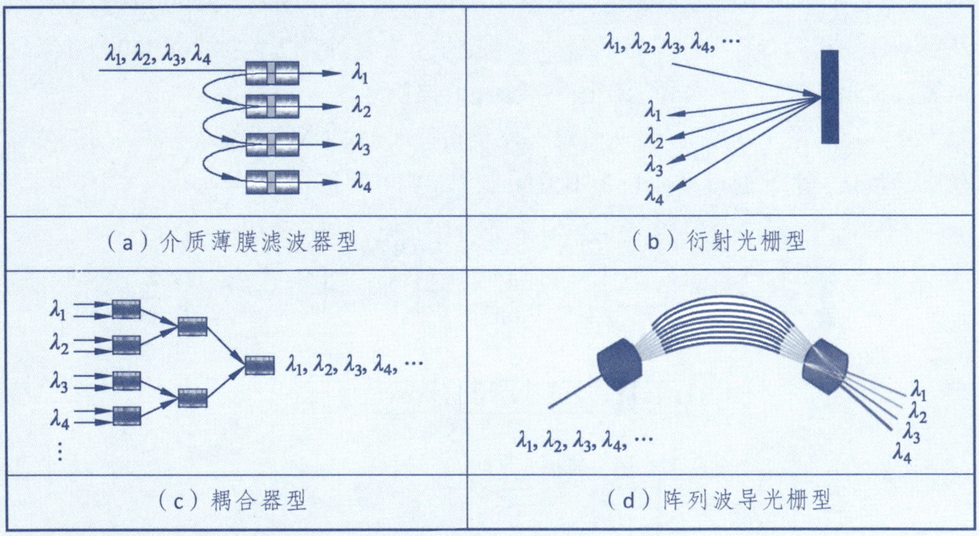

图 9.9　光波分解复用技术

9.2.3 掺铒光纤放大器（EDFA）

EDFA 主要是由掺铒光纤（EDF）、泵浦光源、光耦合器、光隔离器、光滤波器等组成。EDFA 是固体激光技术与光纤制造技术相结合的产物，其关键技术是掺铒光纤和泵浦源，如图 9.10 所示。

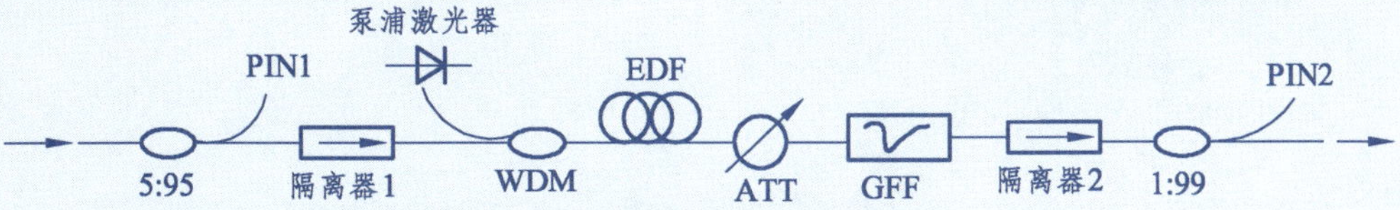

图 9.10　掺铒光纤放大器（EDFA）

9.2.4　光转换器（OTU）

OTU 采用“光—电—光”变换的方法实现波长转换，首先利用光电探测器将从 SDH 光端机过来的光信号转换成电信号，经过限幅放大、时钟提取/数据再生，最后将电信号调制到激光器或外调制器上，如图 9.11 所示。

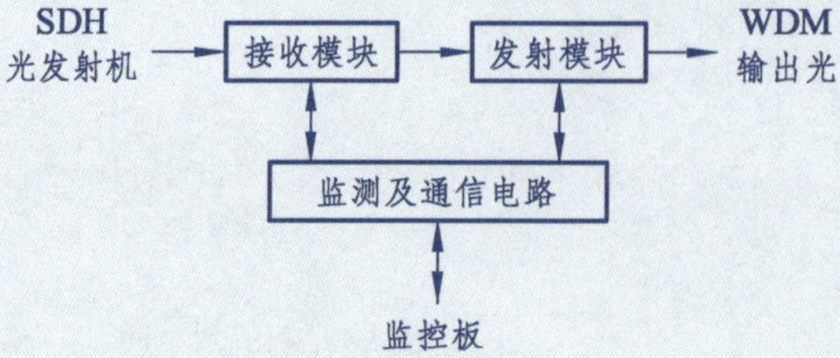

图 9.11　光转换器（OTU）

9.2.5　DWDM 系统的监控技术

DWDM 系统的监控主要是对光器件 OTU、分波/合波器、EDFA 等监控，以及对光纤线路运行情况如运行质量、故障定位、告警等进行监控。在 DWDM 系统中需设置光监控信道（OSC），用以传输光监控信号。

光监控通道（OSC）：实现监视、控制和管理 DWDM 设备的通道。实现公务联络，独立于主光通道，波长为 1 510nm，如图 9.12 所示。

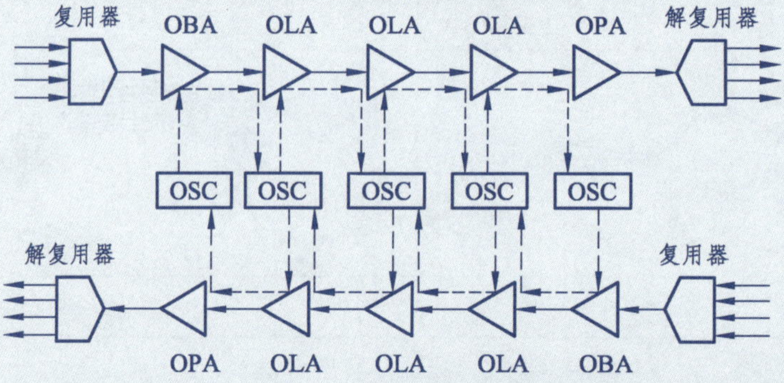

图 9.12　DWDM 系统的监控通道 OSC

同步练习

二维码 9.2
DWDM 的基本原理 习题

任务 10　理解 OTN 的基本原理

光传送网络（OTN，Optical Transport Network），是由一组通过光纤链路连接在一起的光网元组成的网络，能够提供基于光通道的客户信号的传送、复用、路由、管理、监控以及保护（可生存性）功能。OTN 的一个明显特征是对于任何数字客户信号的传送设置与客户特定特性无关，即客户无关性。

10.1　帧结构和速率

二维码 10.1
OTN 帧结构和速率　微课

从本质上讲，OTN 也是基于时分复用（简称 TDM）的传输技术，OTN 的帧结构与 SDH 很类似，但也有些区别，信号的封装也是如此。OTN 采用 TDM 帧结构，吸取了 SDH 的最好特性。

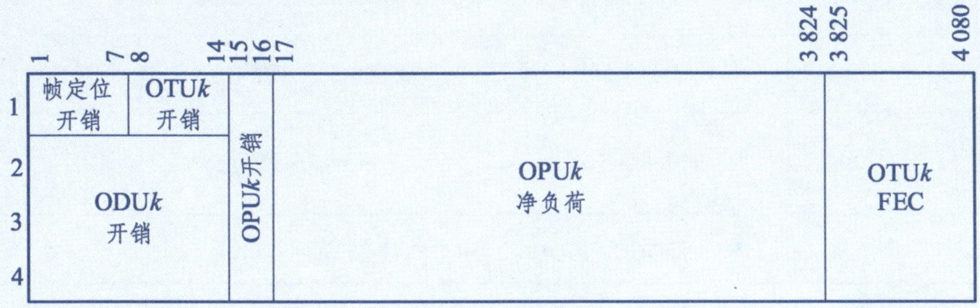

图 10.1　OTN 帧结构

如图 10.1 所示，OTN 帧由开销区、用于承载用户数据的净负荷区、FEC（前向纠错码）等三部分组成。

1. 开销区

OTN 借鉴 SDH 的开销思想，引入丰富的开销，使 OTN 真正具有 OAM&P 能力。OTN 用于运行、维护、管理的开销区中，沿用了 SDH 不中断业务的性能监测、保护等许多管理功能。为了有效解决国际以及运营商之间网络争端问题，增加了独立于客户信号的串联连接监控开销（TCM）进行网络监视。

网络的管理工作：运营操作（Operation）、管理（Administration）、维护（Maintenance），简称 OAM，P 是供应（Provisioning）保障，目标是实现网络管理的智能化。

2. FEC 区

FEC 用于前向纠错，是 OTN 帧较之 SDH 新增的一个区，是光纤传输前所未有的。FEC 是一种具有一定纠错能力的码型，利用码字与码字之间有规律的数学相关性来发现并纠正错误。它在接收端解码后，不仅可以发现错误，而且能够判断错误码元所在的位置并自动纠错，实时性好。

3. 净负荷区

信息净负荷区是存放OTN客户信息的区域,位于OTN帧结构中1~4行、17~3 824列。OTN客户信息包括IP、SDH、ODU、1/10/100 GE、ATM等。

OTUk 帧速率= 255/(239-k) × STM-N 帧速率（k=1，2，3）

ODUk 帧速率= 239/(239-k) × STM-N 帧速率（k=1，2，3）

OPUk 帧速率= 238/(239-k) × STM-N 帧速率（k=1，2，3）

速率等级如表10.1和表10.2所示。

表10.1　OTU和OPU的速率等级

OTU等级	速率简称	OTU实际速率	OPU实际速率	速率等级
OTU1	2.5G	2.666 057.143 kb/s	2 .488 320 000 Gb/s	STM-16
OTU2	10G	10 709 225.316 kb/s	9. 995 276 962 Gb/s	STM-64
OTU3	40G	43 018 413.559 kb/s	40.150 519 322 Gb/s	STM-256
OTU4	100G	111 809 973.568 kb/s	104.355 975 330 Gb/s	STM-64的10倍

表10.2　ODU和OPU的速率等级

ODU等级	OPU等级	速率简称	ODU实际速率	OPU实际速率
ODU0	OPU0	1.25G	1 244 160 kb/s	1. 238 954 310 Gb/s
ODU1	OPU1	2.5G	2 498 775.126 kb/s	2 .488 320 000 Gb/s
ODU2	OPU2	10G	10 037 273.924 kb/s	9. 995 276 962 Gb/s
ODU3	OPU3	40G	40 319 218.983 kb/s	40 .150 519 322 Gb/s
ODU4	OPU4	100G	104 794 445.815 kb/s	104 .355 975 330 Gb/s
ODU2e	OPU2e	10G	10 399 525.316 kb/s	10.356 012 658 Gb/s
ODUflex（CBR）	OPUflex（CBR）	10G	239/238 ×客户信号比特速率	客户信号比特速率
ODUflex（GFP-F）	OPUflex（GFP-F）	10G	可配置的比特速率	238/239×ODUflex速率

ODU1是OTN体系中的“1阶”光数据单元，用于传输2.5 Gb/s信号。ODU2是OTN体系中的“2阶”光数据单元，用于传输10 Gb/s信号。ODU3是OTN体

系中的“3 阶”光数据单元，用于传输 40 Gb/s 信号。ODU4 是 OTN 体系中的“4 阶”光数据单元，用于传输 100 Gb/s 信号。ODU2e 和 ODUflex 也属于 OTN 体系中的“2 阶”光数据单元，用于传输 10 Gb/s 信号。

10.2 分 层

OTN 是在传统 SDH 网络中引入光层发展而来的，其分层结构如图 10.2 所示。光层负责传送电层适配到物理媒介层的信息，在 ITU-T G.872 建议中，由上至下被细分成三层：光通道（OCh）层，光复用段（OMSn）层、光传送段（OTSn）层，如图 10.2 所示。

OTN 有 OTM-n.和 OTM-nr.两种光接口，分别称为全功能的 OTN 接口和简化功能的 OTN 接口，它们的不同之处是，全功能的 OTN 接口 OTM-n 将物理层分为 OMSn 层和 OTSn 层两层，而简化功能的 OTN 接口 OTM-nr 只有一层，整体作为光物理段（OPSn）层。

客户信号进入到 OCh 层前，从信号的映射复用，到 OTN 开销的插入，这些处理都属于时分复用的范围，是在电域内进行的；而客户信号进到 OCh 层后，从光信号的复用、放大，到光监控通道的加入，这些处理都处于波分复用的范围，是在光域内进行的。

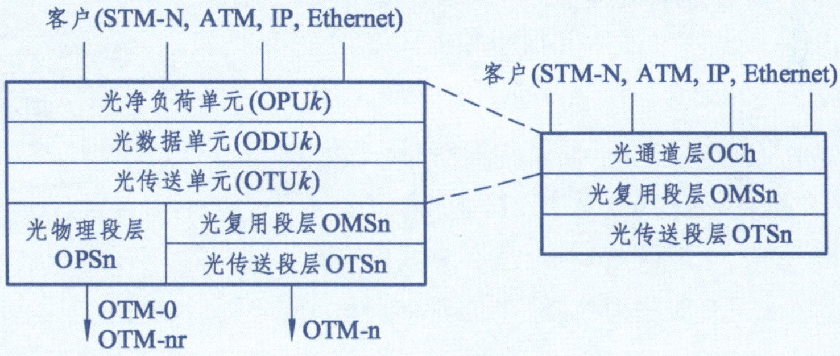

图 10.2 OTN 分层

1. 光通道层（OCh）

OCh 层又可分成光净负荷单元、光数据单元、光传送单元三层结构。它们都是数字信号，以时分复用方式复接。这一层可以进行光通道连接的重组、光通道开销处理、光通道监控，保证网络生存性能力。

2. 光复用段层（OMSn）

OMSn 层是将接入点之间的各个不同波长的光通道 OCh（一个波长就是一个光通道载波 OCC）进行波分复用，变成 OMS“净负荷”，再加上了 OMSn 开销形成的。光复用段开销的内容通过独立的光监控信道（OSC）进行传输，用于检测和管理本层的运行和维护，支持光复用段层连接和连接监控，保证相邻两个波长复用传输设备间多波长光信号的完整传输。

OMSn 层为来自电复用段层的客户信号选择路由和分配波长，为多波长信号实现网络等级上的操作和管理。本层可以为各种格式的客户信号提供透明的光通道，为选路安排灵活的光通道连接。通过重新选路来实现保护倒换和网络恢复，可以隔离和排除 OTN 中某个 DWDM 网络段的故障。OMSn 是光复用器和光解复用器之间的那一段。

3. 光传送段层（OTSn）

OTSn 层由 *n* 个光复用段组成 OTS“净负荷”，加上 OTSn 开销形成的。OTSn 开销是一些为光传送段提供维护和运营的信息，通过光监控信道 OSC 传输。

OTSn 层为光信号在不同类型的光介质上提供传输功能，进行光传送段的开销处理，对光放大器和中继器进行检测和控制。OTSn 层允许管理和监控光网络设备（如光学分插复用器、放大器或光交换）之间的光纤段，可向网络运营商报告诸如光信号功率电平、色散和信号损失等属性，以方便在物理光纤级别上隔离故障。OTSn 是一条光链路上两个放大器间的那一段。

10.3　复用和映射

二维码 10.2
OTN 复用和映射　微课

OTN 的信号处理分电域处理和光域处理。要将客户业务信号适配到光通道层（OCh），要先将业务信号映射到净负荷区，插入 OPU 开销和 ODU 开销，形成 ODU。ODU 进行时分复用，加上 OUT 开销，形成完整的 OTU，这部分信号处理在电域内进行。从光通道层（OCh）到光传送段（OTS），要将光信号进行波分复用（WDM）、放大及加入光监控开销（OOS/OSC），这部分信号处理在光域内进行。

1. 映　射

客户信号进入 OTU 帧的过程也称映射，简单说就是：调整速率与 OPU 使之同步，加上开销变成 OTU 帧，这就装进“容器”了。整个过程与 G.707 定义的 SDH 虚容器映射基本一致，只是 OTUk[V]还要映射到光通道的 OCH[r]，最后 OCH[r]被调制到光载波 OCC[r]上传输。

在 OTN 的映射中使用了异步映射（AMP）、比特同步映射（BMP）和通用映射（GMP）。通用成帧规程（GFP）是一种通用的把变长度分组信号（特别是 Ethernet 和 IP 信号）通过固定速率信道（例如 SDH VC-n 通道、OTN ODUk 通道）传输的封装方法。客户信号到低阶 OPU 的映射如表 10.3 所示。

表 10.3 各种业务信号的映射

业务（线路码速率）	映射	OTN 体系
STM-1/STM-4（155/622 Mb/s）	GMP	OPU0
FC-100（1.062 5 Gb/s）	GMP	
GE（1.250 Gb/s）	TTT+GMP/GFP-F	
CPRI-1/2 （614.4 /1 228.8 Mb/s）	GMP	
STM-16 （2.5 Gb/s）	AMP/BMP	OPU1
FC-200 （2.215 Gb/s）	GMP	
GPON（2.488 Gb/s）	AMP	
CPRI-3（2.457 6 Gb/s）	GMP	
STM-64（10 Gb/s）	AMP/BMP	OPU2
10 GE（10.312 5 Gb/s）	BMP	OPU2e
FC-1200（10.53 Gb/s）	TTT+16FS+BMP	
STM-256（40 Gb/s）	AMP/BMP	OPU3
40 GE（41.25 G b/s）	TTT+GMP	
100 GE（103.125 G b/s）	GMP	OPU4
FC400/800（4.25/8.5 Gb/s）	BMP	OPUflex
CPRI-4/5/6 （3.072 0/4.915 2/6.144 0 Gb/s）	BMP	

2. 时分复用

OTN 有时分复用和波分复用两种复用方式。时分复用的基础是传输容器。OTN 标准定义了 ODU1/2/3 容器，分别针对 STM-16/64/256 等级的速率。为适应 10 GE、100 GE LAN 的传送需求，出现了 ODU1e/ODU2e 及 ODU3e1/3e2/ODU4 等新容器。

ODU0、ODUflex（CBR）和 ODUflex（GFP）均以 1.25 Gb/s 支路时隙为复接单位，能更有效地将低阶 ODUj（j = 0，1，2，3，flex）多路复用为高阶 OPUk（k = 2，3，4）。1.25 Gb/s 的客户信号时分复用结构图如图 10.3 所示。

客户信号映射到低阶 OPUj 并加上开销形成低阶 ODUj 之后，映射进入高阶 OPUk，分成映射和复用两个步骤：先把 ODUj 以 AMP 或 GMP 方式映射进入光通道数据支路单元（ODTU）；再将多个 ODTU 的“时隙”（ODTU 中的 1 列）以字节同步方式（即字节间插）时分复用进入高阶的 OPU 净负荷区，加上高阶的 OPU 的开销（MSI 和 ODTU 开销）、OTU 开销及 FEC，就成为高阶的 OTU。

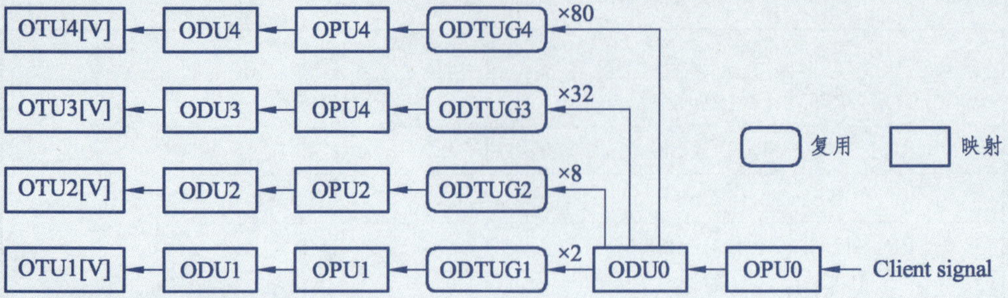

图 10.3　时分复用结构图

3. 波分复用

按照 OTN 光层结构，每个 OTU*k*（*k* = 1，2，3，4）都在一个特定波长形成的光通道 OCh 上传输，多个光通道复用形成 OMS，加上光放大器形成 OTS。OCh、OMS 和 OTS 层都有其各自的开销以实现光层的管理，这些光层的开销在 OSC 中传输。

OTN 的波分复用结构如图 10.4 所示，其中，Och 是光通道，包括 OCh 开销和 OCh 负荷，OChr 仅有 OCh 负荷；OCC 是光通道载波，复用的载波波长是不一样的。注意，进入 OTM-n.m 和进入 OTM-nr.m 的信号是不同的。

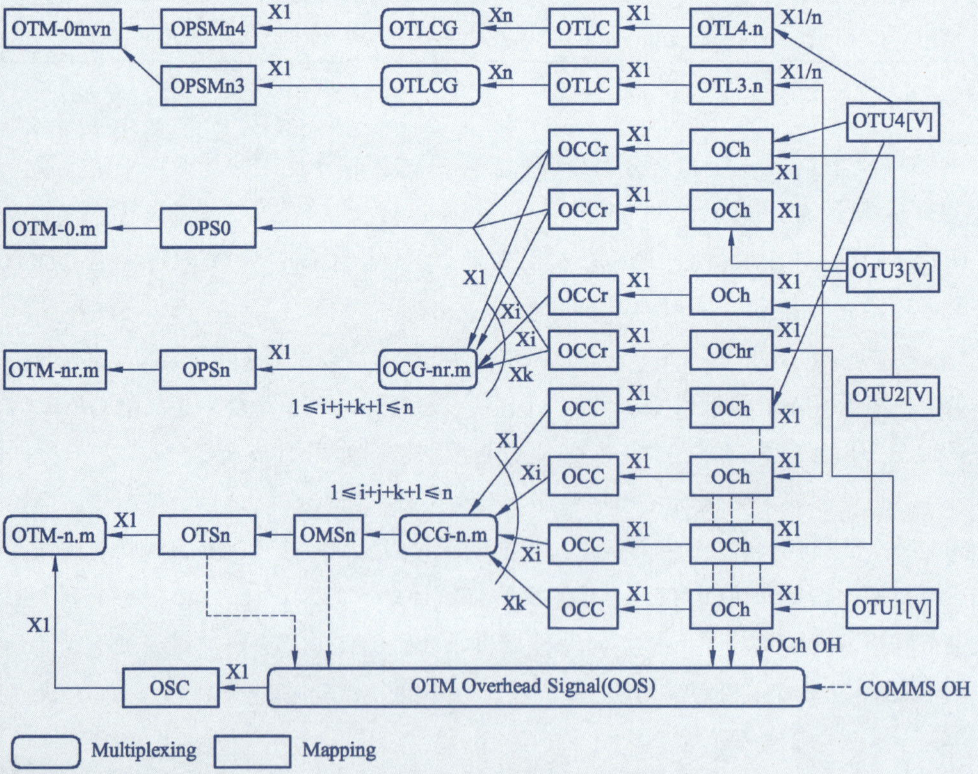

图 10.4　波分复用结构如图

10.4 开 销

为了支持多波长光网络，进行光层的监视、管理和控制，OTN 在光层设置了开销，一定程度上克服了 WDM 系统故障定位困难、无波长/子波长业务调度能力、网络生存性较弱等缺点。OTN 开销区分为 OTU 开销、ODU 开销、OPU 开销等三部分，每部分都可以进一步细分，如表 10.4 所示。

二维码 10.3
OTN 的开销 微课

表 10.4 OTN 帧的开销字节

帧对齐开销	FAS	帧对齐信号
	MFAS	复帧对齐信号
ODU*k* 层开销	TCMACT	TCM 激活/去激活协调协议控制通道
	TCMi	串行连接监视子层 i 开销
	FTFL	故障类型和故障位置上报通道
	PM	通道监控
	EXP	实验通道
ODU*k* 层开销	GCC1/2	通用通信通道 1/2
	APS/PCC	自动保护倒换和保护通信控制通道假设
OTU*k* 层开销	SM	段监控
	GCC0	通用通信通道 0
	RES	保留作国际标准化用途开销
OPU*k* 层开销	PSI	净荷结构标识符
	JC	调整控制
	NJO	负调整机会字节

<table>
<tr><th></th><th>1</th><th>2</th><th>3</th><th>4</th><th>5</th><th>6</th><th>7</th><th>8</th><th>9</th><th>10</th><th>11</th><th>12</th><th>13</th><th>14</th><th>15</th><th>16</th></tr>
<tr><td>1</td><td colspan="6">FAS</td><td>MFAS</td><td colspan="3">SM</td><td colspan="2">GCC0</td><td colspan="2">RES</td><td>RES</td><td>JC</td></tr>
<tr><td>2</td><td colspan="3">RES</td><td>TCM ACT</td><td colspan="3">TCM6</td><td colspan="3">TCM5</td><td colspan="3">TCM4</td><td>FTFL</td><td>RES</td><td>JC</td></tr>
<tr><td>3</td><td colspan="3">TCM3</td><td colspan="3">TCM2</td><td colspan="3">TCM1</td><td colspan="3">PM</td><td colspan="2">EXP</td><td>RES</td><td>JC</td></tr>
<tr><td>4</td><td colspan="2">GCC1</td><td colspan="2">GCC2</td><td colspan="4">APS/PCC</td><td colspan="6">RES</td><td>PSI</td><td>NJO</td></tr>
</table>

图 10.5 开销结构

开销结构如图 10.5 所示。OTN 用于成帧的字节有帧定位信号（FAS）和复帧定位信号（MFAS）两种。FAS 用于帧对齐和定位：长度为 6 个字节，位于第 1 行 1 ~ 6 列；内容为 3 个 OA1 + 3 个 OA2，OA1 为 0xF6，OA2 为 0x28。MFAS 用于复帧对齐和定位：长度为 1 个字节，位于第 1 行第 7 列；其字节的数值随着 OTU*k*/ODU*k* 基帧序号递增，最多包括 256 个基帧；各个复帧结构的开销可根据具体的需要调整复帧长度。

段监控开销 SM，用于路径踪迹标识、奇偶校验、后向缺陷指示和输入帧定位错误，它们为 OTN 系统重定时、重整形、重产生（3R）再生器之间的信号传输提供条件。SM 开销包括路径踪迹标识符（TTI）、奇偶校验（BIP-8）、后向输入帧定位错误（BIAE）。

OTU*k* 通用通信通道开销 GCC0/保留开销 RES：GCC0 通用通信通道开销 0，用于支持 OTU*k* 终端间的通用通信，长度为 2 个字节，位于第 1 行第 11 ~ 12 列，为透明通道；RES 是 OTU*k* 保留字节，留作将来进行国际标准化，长度为 2 个字节，位于第 1 行第 13 ~ 14 列，设置为全 0 。

PM 字节提供连接监控和管理功能，是用来监测通道错误的，它包括 TTI、BIP-8、BEI、BDI 和 STAT 字节。

串联连接监测 TCM：ODU 定义了 6 个 TCM 字段，使运营者能监测传输信号从网络入口到出口的误码性能。OTN 有 6 个级别的串联连接监测。TCMi 有与 PM 相似的结构，包含 BEI/BIAE、BDI 和 STAT 字段，串联连接监测能力的激活/禁止用 TCM ACT 字节控制。

FTFL 占 1 个字节，用作前向和后向通道级故障指示，用复帧传送 256 个字节的信息容量，用复帧定位信号 MFAS 来定位，与跨区域的 TCM 相关。

EXP 为任务说明而设置，可用于网络操作员进行应用程序的试验。

GCC1 和 GCC2 位于 4 行 1 ~ 4 列，可在任意两个 ODU 端点之间提供独立于用户信道的通信信道，与 GCC0 功能一样。

APS/PCC 字节进行工作信道与保护信道的自动倒换和保护信道的控制，类似于 SDH 中的 K1、K2 字节，但比 K1、K2 字节能力更强。APS/PCC 字节为 ODU 通路和每一个 TCM 级别以及子网连接建立保护通道。

帧的 2 行 1 ~ 3 列和 4 行 9 ~ 14 列是 RES 字节，未定义，它们保留为将来使用，正常情况全设为 0。

OPU 包括客户信号和映射所需要的开销。OPU 开销随映射进 OPU 的客户信号而变化。任意类型的客户信号都可封装到净负荷单元，常见的有比特同步和异步的恒定速率信号 STM-16/64、ATM 信元、GFP 数据帧、以太网数据帧、同步恒定比特流以及测试用的伪随机码序列等，开销各自略有不同。OPU 开销位于帧结构 1 ~ 4 行、15 ~ 16 列。

10.5　网络结构和网元类型

OTN 设备与 SDH 设备一样，可以用来组建点到点、链形、环形、网状形网络结构。根据应用场合不同分类，OTN 网元类型有：

光终端复用设备（OTM）、光纤线路放大器（OLA）、光分插复用设备（OADM）、光交叉连接设备（OXC）。

二维码 10.4
OTN 的网络结构和网元类型
微课

1. OTM

OTM 只有一个波分侧线路接口，常用于网络的终端站，可以将用户信息通过映射复用成 OTUk 信号，再合波、放大后经波分侧传送出去，也可以将波分侧传送过来的信号经过放大、分波，解复用成用户信息送往客户设备。其帧结构和客户侧信号复用路径遵循 G.709 的 OTN 技术规范，支持各种不同速率、不同粒度的业务传送，在线路侧 OTM 设备可支持各种 OTN 接口。

2. OLA

OLA 位于 OTN 网络的中间线路，只有两个波分侧线路接口。OLA 主要由 EDFA 实现，EDFA 只能放大 1 550nm 的光信号，且会引入噪声。当线路上信噪比较低时，也可以在中间线路使用电中继器或拉曼放大器。

3. OADM 和 OXC

OADM 与 OXC 设备的功能及实现方式是相似的，只是复用和交叉连接的规模、应用场合不相同。OADM 以复用为主，交叉连接用于实现少量的光信号的分接和插入，设备用作一般的传输节点。OXC 以大量的光信号的交叉连接为主，设备用作枢纽级的交换节点，交叉调度功能强于 OADM，结构比 OADM 要复杂得多。实际应用时，各厂家的 OADM 都可扩展成 OXC 功能。

OADM 和 OXC 最大的特点就是在电层和光层增加了交叉模块，用于实现电信号（ODUk）和光信号（OCh）的交叉功能。

同步练习

二维码 10.5
OTN 的基本原理　习题

任务 11　了解 OTN 设备组成和工作原理

11.1　OTN 产品介绍

11.1.1　中兴波分产品

二维码 11.1
OTN 产品介绍 微课

ZXMP M721 是定位于城域汇聚接入层的新一代 OTN 光网络产品，具有体积小、功能强、功耗低、可靠性高等特征。具体特点如下：

1．高集成度

ZXMP M721 是一款高集成度的紧凑型 OTN 产品，其单子架为 DX61（1U）、DX62（2U）、DX63（3U）、CX62A（2U）、CX63A（3U）、CX66（6U）和 CX66A（6U），可以节约机房使用面积，有效降低电源功耗，显著减少运行和维护费用，适应网络的绿色环保需求。

2．强大传输性能

支持 80×10G/100G/200G DWDM 系统，并支持模块化平滑升级；DWDM 系统支持多跨段无电中继传输（18×22 dB、7×30 dB、1×45 dB 等）。

3．丰富的多业务接入

可支持 2 Mb/s~100 Gb/s 的全业务接入：STM-1/4/16/64、FE、GE, 10GE WAN、10GE LAN、100GE、1G/2G/4G/8G/10G/16G FC、ESCON、FICON、DVB-ASI、SD-SDI/HD-SDI/3G-SDI、OTU1/2/2e/1f/1IB/4、E1 等。

4．先进的集中式统一交叉平台

ZXMP M721 CX 系列子架支持 ODUk/PKT/VC 统一交叉，可实现对各种业务的灵活接入、交换和传输。其最大交叉容量可达 1 TB。

5．ROADM 功能

ZXMP M721 支持波长上路/下路、穿通、广播、光功率均衡等功能，适用于 10G/100G/200G 波长级业务调度。可配置的 ROADM 功能包括波长相关/波长无关、方向相关/方向无关，以满足不同的客户需求。同时，可以平滑提升 ROADM 的维度和波数，以保护客户投资。

6．全面支持时间同步

ZXMP M721 支持带内/带外传输 1588V2，支持同步以太网传输。

7．完善的保护功能

支持主控板、时钟板、交叉板和电源板 1+1 保护；

支持光复用段 1+1 保护、光通道 1+1 保护、单板内置通道 1+1 保护、客户侧 1+1 保护、ODUk 1+1 保护、VC SNCP 保护、MSP 1+1 保护、MSP Ring 保护、ESR 保护、ERPS 保护、LAG 保护、MPLS-TP 隧道 1+1/1:1 保护、MPLS-TP PW 1+1/1:1 保护等。

8．完善的监控信息传输功能

ZXMP M721 系统支持带内带外监控，并支持光监控和电监控，可满足多种应用场景。

9．OTDR 智能光纤检测功能

ZXMP M721 具备 OTDR 功能，可以支持在线检测光纤长度、光纤衰减、光纤断点及光纤熔接点位置。单个板卡可同时支持 4 个方向的检测。ZXMP M721 设备具有光性能监测单板，可测量每个光通路的参数，如光功率、中心波长和光信噪比等，并可将相应数据传送到网管系统。

11.1.2 华为波分产品

1. OptiX OSN 6800 系统概述

华为波分产品 OSN 6800 具备汇聚、传送和交叉能力，支持两层动态流量疏导结构（光交叉连接、ODU 交叉连接），集成了 GMPLS 智能控制平面，并具备 WDM 的大容量长距离传送优势。平台采用 ROADM、可调光模块、ASON/GMPLS、40 G、100 G 等先进技术，架构极为灵活。OSN 6800 参数如表 11.1 所示。

表 11.1 OSN 6800 参数

子架尺寸	400 mm（高）（9U）×486 mm（宽）×290 mm（深）
电源	两路直流电源输入：－48 V±20%/－60 V±20% DC，互相备份
机架	ETS 标准机柜，可容纳 4 子架
槽位	单子架 21 个槽位，其中 16 个通用 OTU 槽位
接入	支持 40 波 DWDM，可升级到 80 波；支持 18 波 CWDM
传输距离	支持无电中继 1 500 km（16×22 dB），单跨：1×42 dB
保护	支持集中交叉，支持智能特性，交叉、主控、电源双备份

2. OptiX OSN 3800 系统概述

华为波分产品 OSN 3800 采用全新的架构设备，可配合 OSN 6800 实现动态的光层调度和灵活的电层调度，参数如表 11.2 所示。

表 11.2　OSN 3800 参数

子架尺寸	（3U）（高）×436 mm（宽）×290 mm（深）
兼容	板卡和软件完全兼容 OSN 6800
机架	ETS 标准机柜，可容纳 4 子架
槽位	单子架 11 个槽位，其中 4 个通用 OTU 槽位
接入	支持 40 波 DWDM，支持 18 波 CWDM
保护	支持主控、电源双备份，支持交流电源输入

同步练习

二维码 11.2
OTN 产品 习题

实训操作

一、在“IUV_TPS 三网融合仿真教学软件”中完成实训

1. OTN 点对点业务配置

实训任务：完成中心机房到西城区汇聚机房 OTN 设备安装配置，实现两站点之间的业务开通。

二维码 11.3
OTN 点对点业务配置 实训视频

2. OTN 穿通业务配置

实训任务：完成从西城区汇聚机房经过中心机房 OTN，到达南城区汇聚机房的 OTN 设备安装配置和业务开通。

二维码 11.4
OTN 穿通业务配置 实训视频

二、在“城市轨道光传输网络仿真实验系统”中完成实训

1. OTN 系统硬件安装——OTM 站点

实训任务：OTM 站点类型的 OTN 网元基本安装操作。

二维码 11.5
OTN 网元（OTM）硬件安装 实训

2. OTN 系统硬件安装——OADM 站点

实训任务：OADM 站点类型的 OTN 网元基本安装操作。

二维码 11.6

OTN 网元（OADM）硬件安装 实训

3. OTN 系统光纤连线

实训任务：OTN 站点-OADM 站点的站内单板连线，OADM 之间的环形组网。

二维码 11.7

OTN 系统光纤连线 实训

4.OTN 业务配置——WDM

实训任务：对 OTN 设备进行 WDM 业务配置。

二维码 11.8

OTN 设备 WDM 业务配置 实训

5. OTN 业务配置——PWE3 分组业务

实训任务：对 OTN 设备进行 PWE3 分组业务配置。

二维码 11.9

OTN 设备 PWE3 分组业务配置 实训

6.OTN 业务配置——VPLS 分组业务

实训任务：对 OTN 设备进行 VPLS 分组业务配置。

二维码 11.10
OTN 设备 VPLS 分组业务配置 实训

7. OTN 业务配置——SDH 业务

实训任务：对 OTN 设备进行 SDH 业务配置。

二维码 11.11
OTN 设备 SDH 业务配置 实训

8. OTN 网络保护配置

实训任务：对 OTN 设备进行网络保护配置。

二维码 11.12
OTN 网络保护配置 实训

9.OTN 综合业务组网

实训任务：对 OTN 设备进行综合业务组网。

二维码 11.13
OTN 综合业务组网 实训

参考文献

[1] 徐振华. 铁路传输系统[[M]. 北京：北京交通大学出版社，2020.
[2] 庞高荣. 高速铁路移动通信系统与设备维护[M]. 成都：西南交通大学出版社，2017.
[3] 昆明铁路局. 铁路通信设备维护及故障处理[M]. 北京：中国铁道出版社，2015.
[4] 余建平. 城市轨道交通传输系统维护[M]. 北京：电子工业出版社，2017.
[5] 孙学军，张述军. DWDM 传输系统原理与测试[M]. 北京：人民邮电出版社，2000.
[6] 中国铁路总公司.铁路通信维护规则设备维护[M]. 北京：中国铁道出版社，2014.
[7] 兰州铁路局职教处，兰州铁路局人事处. 铁路有线通信设备维护与常见故障处理[M]. 北京：中国铁道出版社，2012.
[8] 龙章勇，卜爱琴. 铁路通信概论[M]. 北京：中国铁道出版社，2014.
[9] 陈光伟.铁路信息系统应用技术[M]. 北京：中国铁道出版社，2017.